LE SECRET

DE

MÉLANIE

Bergère de la Salette

ET

LA CRISE ACTUELLE

par

l'Abbé Gilbert-Joseph-Émile COMBE

Curé de Diou (Allier)

« Mélanie révéla son Secret quand
« le temps marqué fut venu, bien
« qu'elle sut qu'un pareil acte lui
« attirerait les colères de ceux qui,
« perdus de mœurs, étaient enchaî-
« nés au char de la secte maçon
« nique ».

L'Osservatore Romano, 25 Déc. 1905.

Roma

Edit. JONQUIÈRES et DATI.

34, 35. Piazza S. Luigi de' Francesi.

1906

LE SECRET DE MÉLANIE

ET LA CRISE ACTUELLE

L'APPARITION DU 19 SEPTEMBRE 1846

NOTRE-DAME DE LA SALETTE
s'entretenant avec les deux Bergers

LE SECRET

DE

MÉLANIE

Bergère de la Salette

ET

LA CRISE ACTUELLE

par

l'Abbé Gilbert-Joseph-Émile COMBE

Curé de Diou (Allier)

> « Mélanie révéla son Secret quand le temps
> « marqué fut venu, bien qu'elle sût qu'un pareil
> « acte lui attirerait les colères de ceux qui, per-
> « dus de mœurs, étaient enchaînés au char de la
> « secte maçonnique. »
>
> *L'Osservatore Romano, 25 déc. 1905.*

Prix : 2 fr. 50. Par la poste : 3 fr.

Roma

Edit. JONQUIÈRES et DATI

34, 35, Piazza S. Luigi de' Francesi.

1906

DÉCLARATION

Conformément au décret du Pape Urbain VIII, je déclare que si, dans cet ouvrage, je donne à des personnes de grande vertu un titre qu'elles n'ont pas reçu de l'Eglise, ou si j'appelle révélation, prophétie, miracle, des faits surprenants sur lesquels elle ne s'est pas prononcée, je le fais selon le langage ordinaire, sans prétendre en aucune manière prévenir le jugement de la Sainte Eglise Romaine, à laquelle je soumets avec amour et sans réserve, ma personne, mes paroles et mes écrits.

Au Maître du Sacré Palais.

Reverendissime Pater,

Gilbertus-Joseph-Æmilius Combe, sacerdos diœcesis Molinensis, parvulum hunc scripsit librum cui titulus « **Le Secret de Mélanie, Bergère de la Salette et la Crise actuelle** », *quem Paternitati tuæ devolvit, enixe postulans facultatem quâ typis hoc opus mandare possit.*

Humiliter exponit quod præclarissima monita, quæ dulcis Virgo Maria, « ut notum faceret nobis sacramentum voluntatis suæ instaurare omnia in Christo », *dare dignata est, quasi lapide funerario sub signo celata sepeliuntur, carnali clamante prudentiâ :* « Pax ! Pax ! taceat Virgo ! » *dum mendaces de Virgine loquente pullulant ephemerides et libri.*

Crimen ! Verba salutis Mater loquitur, ut per ea observata nos recipiat Filius, qui per ea dulcissime data nos redimere voluit : et Matris voces inauditæ vel contemptæ jacent !... et ideo « Deus ultionum libere egit », « Invenerunt nos multa mala ! ».

Sed quod typis falso prædicatur non nisi typis refrenari potest...

Qui non habuit in votis, parvulum hunc scribens librum, nisi quod Verbum Deiparæ non sit alligatum, Paternitatem tuam deprecatur quatenus ipsa scribat : « Nihil obstat : imprimatur. »

IMPRIMATUR DONNÉ VERBALEMENT par le Maître du Sacré Palais, le 2 juillet 1906, renouvelé, le 27 juillet, en ces termes *écrits* à l'auteur : « *Ecrivez* à M. Combe que je ferme les yeux — J'ignorerai son ouvrage — *Je lui permets* de publier son ouvrage à Rome et de rééditer à Rome la brochure de Mélanie, sa propriété. »

Encouragements de plusieurs personnages du Vatican, tous très favorables au Secret : « Faites-le connaître aux âmes qu'il peut édifier ! — L'Eglise ne peut pas se prononcer..., par mesure de prudence, vu la gravité des choses contenues dans le Secret. Quant aux ennemis du Secret, ils tomberont d'eux-mêmes. »

<table>
<tr><td>

dit. JONQUIÈRES et DATI

34, 35, Piazza S. Luigi de' Francesi

ROMA

</td><td>

Librairie VIC et AMAT

11, Rue Cassette, 11

PARIS

</td></tr>
</table>

Vient de Paraître

LE SECRET DE MÉLANIE
Bergère de la Salette
ET LA CRISE ACTUELLE
Par l'Abbé Gilbert-Joseph-Émile COMBE
Curé de Diou (Allier)

Avec IMPRIMATUR verbal et formel du Maître du Sacré-Palais

Un beau volume in-8° raisin de 210 pages, orné de 12 belles gravures, hors texte, d'un plan du lieu de l'Apparition, et de deux autographes de Mélanie. *Prix : 2 fr. 50 ; franco par la poste : 3 francs.*

PREMIÈRES APPRÉCIATIONS DE LA PRESSE

Extrait de la *France Chrétienne*, organe du Conseil Antimaçonnique de France :

« Cet ouvrage, impatiemment et si longtemps attendu, de notre excellent et vénéré ami, M. l'abbé Combe, curé de Diou (Allier) vient enfin de paraître à ROME, après avoir reçu, le 2 juillet dernier, *l'Approbation orale* du Maître du Sacré Palais, particularité des plus précieuses dans les circonstances présentes.) ... Au nombre des reproductions en photogravure, on rencontre celle de l'importante carte adressée le 8 octobre 1904, par la Bergère de la Salette, à notre Directeur, M. A. C. de la Rive. »

Extrait du *Moniteur des Intérêts Catholiques* (Administrateur et Rédacteur en chef, M. le Chanoine FOURNIER), 1er novembre :

« Nous nous reprocherions comme une grave infidélité envers Notre-Dame de la Salette, de ne pas signaler aux lecteurs du *Moniteur des Intérêts Catholiques* l'ouvrage que M. l'abbé Combe, curé de Diou, au diocèse de Moulins, vient de publier à Rome, avec l'*Imprimatur* verbal et formel du Maître du Sacré-Palais.

« Nous n'en ferons pas l'analyse, convaincu qu'on n'en saurait entreprendre la lecture sans être entraîné à pousser d'un trait jusqu'à la conclusion, tant est poignant l'intérêt des trois chapitres : « Le Secret de Mélanie divulgué ; Le Secret de Mélanie médité ; L'étouffement du Secret et la crise actuelle. »

« La Vierge de la Salette a fait entendre à la petite bergère des paroles dont on n'a pas tenu compte ; bien plus, au mépris de ses ordres, on n'a pas fait connaître au monde ce qu'Elle voulait qu'on lui fît connaître de sa part. De là les châtiments privés et publics qui se sont déchaînés sur la France, et qui tous ont été prévus et annoncés dans le *Secret*. Un appendice contient des prophéties anciennes et modernes, dont la concordance saisissante semble viser les temps où nous vivons.

« Quel que soit le jugement à porter sur l'ouvrage de M. l'abbé Combe, nous devons louer le courage, l'esprit de foi et d'obéissance de l'auteur, qui se soumet d'avance aux décisions de la Sainte Église. Mais nous serions surpris si M. le Curé de Diou, qui n'a pas hésité à se faire le porte-paroles de Notre-Dame de la Salette, ne trouvait pas la récompense de son zèle dans des épreuves et persécutions variées.

« Le livre se vend au profit de la Chapelle de Notre-Dame de la Salette, où sera placé le tombeau de la pieuse bergère, sur l'initiative et suivant le désir de S. G. Mgr Cecchini, évêque d'Altamura (Bari), où Mélanie passa les derniers mois de sa vie. »

Chanoine FOURNIER.

Extrait de *La Croix Nantaise*, (Administrateur, F. DIET), 24 novembre 1906 :

« Cet ouvrage, qui vient de paraître à Rome même, annoncé par la *Civilta Catholica*, traite à fond la question de l'authenticité du Secret de la Salette. La discussion n'est plus possible à cet égard. Nous ne doutons pas que cet ouvrage ne produise une grande sensation dans le monde catholique. »

Extrait de *La Patrie*, organe de la Défense Nationale, 15 décembre 1906 :

« Avec l'autorisation verbale et formelle du Maître du Sacré Palais vient de paraître à Rome un livre qui fera d'autant plus sensation que, écrit depuis cinq ans, il annonçait *la Crise actuelle* dans ses détails et la marche qu'elle suivra.

« L'auteur, avec preuves solides et concluantes, établit d'abord l'authenticité du *Secret de la Salette*, dans lequel non seulement étaient annoncés les grands événements de notre époque, mais encore les moyens donnés par le Ciel pour éviter les châtiments.

« Après la méditation de ces moyens, l'auteur expose, avec une sincérité et des accents qui émeuvent, la façon singulière dont on a reçu les paroles de la Sainte Vierge, et les dévastations qui vont frapper la chrétienté entière. A la miséricorde repoussée succède l'inévitable marche de la justice ; et ne sommes-nous pas à l'heure où la période des menaces est close et où l'expiation commence ?

« Mais qui sait, dit l'auteur en terminant, qui sait si, avec MARIE, il est jamais trop tard ? Qui sait ce qui arriverait si, avant les catastrophes définitives, la voix de la douce Vierge était entendue, « méditée », mise en œuvres » ?

« L'auteur se défend de traiter les questions de curiosité : elles détourneraient l'attention de l'objet principal ; mais son commentaire du Secret, verset par verset, d'après la voyante elle-même, qui fut sa paroissienne plus de trois ans et l'encouragea à écrire cet ouvrage, éclaire d'une vive lumière l'avenir.

« Œuvre de sincérité, de conviction, de courage et d'érudition profonde, cet ouvrage sérieux est en même temps une lecture captivante.

« Ajoutons pour les amateurs de beaux livres, que ce magnifique volume, le seul publié à Rome sur ce sujet délicat avec la permission de l'autorité, est d'une admirable exécution typographique, malgré la modicité extrême de son prix. »

UN HOMMAGE
à la mémoire de MÉLANIE CALVAT

Nous avons reçu, trop tard pour en parler dans cet ouvrage *déposé* à Rome depuis le 22 décembre 1905), la belle lettre suivante ue Mgr Cecchini adresse à ses vénérés collègues, et qu'il a bien oulu nous communiquer :

A Sa Grandeur Mgr l'EVÊQUE de

Monseigneur,

C'était au mois de février 1904 ; la Bergère de a Salette, Sœur Marie de la Croix, Mélanie Calvat ntendit une voix intérieure qui lui disait comme utrefois Dieu à Abraham : " Egredere de terrà tuà t de cognatione tuà. " A cette intimation, la pieu- e Mélanie laissait la France pour toujours et venait n Italie dans la petite ville d'Altamura, province le Bari. Ici, après avoir vécu sept mois, édifiant out le monde par le parfum de ses belles vertus, lle acheva de mourir pour vivre éternellement dans e sein de Dieu. Ses funérailles furent un véritable riomphe ! Le peuple s'écriait : " Elle est morte la Sainte française ! " Et tous voulaient la voir encore ne dernière fois et baiser respectueusement sa dé- ouille mortelle. Le corps de l'humble Bergère de a Salette fut déposé dans le tombeau de famille de Mademoiselle Emilie Giannuzzi. Mais demeurera-t-il oujours dans ce sépulcre ?... Non ; j'ai conçu le rojet de le mettre dans un lieu plus digne ; je veux que la pieuse française repose à l'ombre de la Croix et ous le regard aimant de la T. S. Vierge de la Salette, qu'elle a eu le bonheur de contempler sur la terre !

Vous me demanderez, Monseigneur ; " Mais com- ent ? " J'explique ma pensée.

J'ai l'intention d'acquérir un fonds situé en lehors de la ville, endroit que la pieuse Mélanie vait choisi de préférence pour son habitation et ù elle est morte. Dans ce lieu solitaire, avec l'aide de Dieu, devra s'élever une église dédiée à la Sainte Croix et dans cette église, en une cha- elle consacrée à N.D. de la Salette sera placé le

tombeau de notre chère Mélanie. Des Religieux, les
Fils de Saint Paul de la Croix en seront les gardiens.
Là, sur ses précieux restes, planera l'esprit de la
pieuse voyante; là les catholiques de France, dévots
de N.D. de la Salette aimeront à venir en pélerinage
tremper leur courage pour les nouvelles épreuves à
souffrir, auprès de Celle dont la vie est une reproduction du mystère de la Croix; là enfin, un jour que
nous espèrons assez prochain, se vérifiera encore cette
parole prophétique : " Et erit sepulchrum ejus glorio-
sum. " Tel est mon vif désir, tel est le vœu de mon
cœur! Mais comment pourrai-je le réaliser ? L'entre-
prise est grande ; il s'agit d'ériger une église et
une maison religieuse !... Mais Dieu est infiniment
grand ! Je ferai ce que je puis. La bonne population
d'Altamura m'aidera selon ses modestes ressources.
Et la France? Oh ! La généreuse France et les bons
catholiques français ne me refuseront pas l'obole de
leur inépuisable charité.

J'ose me recommander à Vous, Monseigneur, pour
la diffusion de cet appel aux Catholiques Français
et spécialement aux prêtres, aux fidèles dévots de
N. D. de la Salette et aux personnes amies ou admi-
ratrices de la pieuse Mélanie Calvat. Assuré que
Votre Grandeur m'aidera à réaliser mon dessein pour
la plus grande gloire de Dieu, je vous prie d'agréer
d'avance, Cher Monseigneur, mes plus vifs et sin-
cères remerciements en même temps que mes très res-
pectueuses salutations.

Votre très humble et affectionné en N.S.
Altamura (Bari) 5 mai 1906.

+ fr. Carolus Joseph Cecchini Episcopus
Praelatus Ordin. Altamuren et Equensis

LE SECRET DE MÉLANIE

Bergère de la Salette

ET LA CRISE ACTUELLE

PRÉLIMINAIRES

Nous n'avons pas à rééditer les phrases toutes faites sur le malheur des temps. On devrait en avoir assez des lamentations stériles. Somnolences incompréhensibles d'un côté, triomphes insolents de l'autre, menaces de toutes parts, naufrages de toutes les libertés, perplexités cruelles, chaos social, tout cela est entendu ; il s'agit d'en sortir.

Le mot typique de la situation fut dit, le jour de sa prise de possession, par un évêque de France : « *A cette heure, la difficulté n'est pas de faire son devoir, mais de savoir où il est.* » Parole que reprenait un autre évêque, le 26 août 1902, à Notre-Dame de la Délivrande : « *Il est toujours facile de faire son devoir ; il est plus difficile de le connaître.* »

Oui, c'est bien cela ! Les armes, les énergies, les dévouements sont encore prêts. Jusqu'à cette heure on n'a pas marchandé les efforts. Les ateliers, les tribunes populaires, les parlements, les collèges, les misères contemporaines, aucun champ de bataille n'a rebuté les combattants. Et la lutte a été belle, brillante, chevaleresque. On devait vaincre, parce qu'on avait mis en mouvement les forces surnaturelles. On n'avait pas oublié les Ligues de prières, les Pèlerinages pleins d'espérances enthousiastes, tout ce qui devait forcer le Ciel à la pitié. Et le Ciel a été d'airain... sur toute la ligne nous sommes vaincus ! Les timides, la foule se croise les bras en disant : « Il n'y a plus rien à faire ! » L'élite, les meilleurs, les forts sont comme réduits à l'impuissance : « Il est facile de faire son devoir », ils l'ont prouvé, ils ne demandent qu'à le prouver encore. Mais, disent-ils, « la difficulté est de savoir où est le devoir ».

Il appartenait à des évêques français d'exposer le problème : car c'est chez nous, c'est en France que la solution a été donnée. Elle a été donnée et on n'y a pas pris garde.

Elle a été donnée, il y a plus d'un demi siècle. La génération présente semble ne l'avoir jamais su : il est bon de lui rappeler cette Histoire.

On n'y a pas pris garde : et ce fut un grand malheur d'où découlent les malheurs actuels. Ce fut plus que cela : ce fut un grand crime, et les malheurs actuels sont des châtiments.

Le fait donc de la Révélation de la Salette, sa méconnaissance et le forfait de son étouffement, voilà la division de ce travail. La conclusion sera : il reste une espérance, il reste surtout un impérieux devoir ; mais l'heure est pressante et le devoir est urgent.

—

Dans la manifestation surnaturelle du 19 septembre 1846, il y a deux parties bien distinctes qui, en réalité, ne font qu'un tout indivisible.

La première, c'est le fait de l'apparition de la Sainte Vierge à deux petits bergers et le discours qu'elle fit sur la profanation du dimanche et du nom très saint de Dieu, sur les irrévérences dans les églises pendant l'office divin, sur le mépris de l'abstinence en Carême et sur la prière soir et matin. Les châtiments qu'elle annonçait si l'on ne se convertissait pas se sont réalisés : « LES RÉCOLTES, avait-elle dit, SE GATERONT, LES RAISINS POURRIRONT etc. » Ce sujet est connu : plus de quatre-vingts livres de tous formats l'ont publié.

La seconde partie est moins connue, elle est surtout mal connue : c'est celle des Secrets.

On sait que chacun des enfants avait reçu un secret, et que Pie IX ayant manifesté quelque désir de connaître ces secrets, ils lui furent portés sous pli cacheté, et remis, le 18 juillet 1851, par les délégués de l'évêque de Grenoble : M. Rousselot, vicaire général, et M. Gérin, curé de la cathédrale. Ecoutons le récit de M. Gérin :

« ...Le Saint Père avait à peine commencé à prendre connaissance du second secret, celui de Mélanie, que son visage auguste se contracte et, nous regardant avec angoisse, il nous dit : « Encore des fléaux pour la France ! Elle n'est pourtant pas seule coupable, l'Italie l'est bien aussi, et la Suisse, et l'Allemagne, et l'Europe entière ! ...Ah ! ce n'est pas sans raison que l'Eglise est appelée militante !... »

Le secret de Mélanie était donc très grave. Aujourd'hui ce secret est connu : tous les voiles ont été levés. Il commence par ces mots :

« Mélanie, ce que je vais vous dire maintenant ne sera pas toujours secret, vous pourrez le publier en 1858. »

En 1858, Mélanie était enfermée au Carmel de Darlington, en Angleterre. Elle demanda à sortir pour remplir sa mission. Quand elle revint en 1860, la gravité de ce secret effraya les membres du clergé auxquels elle en parla. Elle se borna pour lors à le donner manuscrit. C'est ainsi que de nombreuses copies s'en répandirent avant 1870.

Plusieurs publications suivirent.

Celle qui parut en 1872 fut honorée de la bénédiction de Pie IX.

Celle qui parut en 1873 fut approuvée par le Cardinal Xyste-Riario Sforza, archevêque de Naples.

Celle qui parut en 1879 fut publiée par la Bergère elle-même, avec l'imprimatur de Mgr de Lecce, le Comte Zola, son directeur.

Celle enfin qui parut en 1904 fut son testament suprême, comme elle le déclare par ces paroles :

« J'obéis à la Très Sainte Vierge, Mère de Dieu et Mère de tous les croyants. » — « Je proteste hautement contre un texte différent qu'on oserait publier après ma mort. Je proteste encore

Très Vénéré Monsieur de la Rive,

Je vous suis très reconnaissante de ce que en ce temps de morte foi, vous avez osé publier le secret dans Soeur Marie de la Croix la France Chrétienne, tel NÉE CALVAT que je l'avais publié en 1879 avec l'imprimatur de Mg. Zola Évêque de Lecce (Italie) ; et que je l'ai

fait réimprimer cette année à Lyon avant de quitter la France. Je proteste hautement contre un texte différent qu'on oserait publier après ma mort. Je proteste encore contre les très faux dires de tous ceux qui ont osé dire et écrire : 1° que j'ai brodé le secret, 2, contre ceux qui affirment, que la Reine de la Sagesse n'a pas dit de faire passer le secret à tout son peuple. Ce 18 Octobre 1904. Mélanie C. Bergère

contre les très?faux dires de ceux qui ont osé dire et écrire :
1º que j'ai brodé le Secret ; 2º contre ceux qui affirment que la
Reine de la Sagesse n'a pas dit de faire passer le Secret à tout
son peuple. »

—

Les deux témoins de l'Apparition ont été beaucoup
persécutés et calomniés. Il n'y a que les faux prophètes
qui ne soient pas persécutés : les autres l'ont été tous.
« *Quem prophetarum non sunt persecuti patres vestri ?* »
Isaïe, quoique de la famille royale de David, fut scié en
deux. Jérémie, plusieurs fois condamné à mort par le
sacerdoce hébreux, n'échappa que par l'intervention des
princes et du peuple.

Il en a été ainsi toujours, parce que les prophètes
de Dieu prononcent de sa part des paroles de reproches
que l'homme n'aime pas entendre.

Maximin vit se déchaîner autour de lui tout ce que
la malice humaine peut inventer pour contrecarrer
l'action divine et fut, dans ces épreuves, constamment
digne de sa mission. Il est mort à Corps (Isère), dans son
pays, le 1ᵉʳ mars 1875, à l'âge de 39 ans.

Sa mort fut admirable : personne ne conteste que
ce fut celle d'un saint ; mais beaucoup croient que sa vie
des plus accidentées, qui lui fit traverser à peu près tous
les milieux actifs et jeunes de la société, ne fut pas celle
d'un bon chrétien.

C'est une erreur. Cette existence tourmentée semble
lui avoir été départie afin que son témoignage se pro-
duisît partout : et sa fidélité, ses vertus n'en ont été que
plus méritoires et providentielles.

Voici le témoignage que lui rend M. Barbe, Maire
de Corps, son voisin et ancien zouave pontifical.

« Maximin, d'un caractère très affable malgré l'asthme dont il souffrait, était
humble, doux, d'une bonté sans égale, d'un désintéressement sans bornes et d'une
piété envers la Sainte Vierge qui remuait jusqu'au fond de l'âme. »

Voici le témoignage d'un autre zouave pontifical,
son camarade de lit, l'honorable M. de Guidecoq, sur la

maison duquel la Sainte Vierge apparut à Pontmain, le 17 janvier 1871 :

« Ses précautions de modestie étaient *excessives* et je ne pouvais l'empêcher de prier toute la nuit. — La franc-maçonnerie avait juré de perdre le Berger de la Salette, et pour cela, plusieurs Carbonari, singeant le dévouement au Saint-Siège, s'étaient glissés dans le corps des zouaves pontificaux, uniquement pour corrompre l'Enfant de la Sainte Vierge. Mais la Sainte Vierge gardait trop bien son témoin, qui fut toujours d'une chasteté angélique. Alors ils cherchaient à l'enivrer : ils lui faisaient raconter l'Apparition, le contredisaient, et quand, haletant, ruisselant de sueur, il leur avait tenu tête, ou lui disait : « Bois un coup, Maximin, tu en as besoin. » Au préalable, on avait frelaté sa boisson. Le pauvre garçon fut pris au piège plusieurs fois ; et l'on se hâtait d'aller le démonétiser auprès de Pie IX. »

L'humble Maximin se reprocha amèrement, jusqu'à la fin de sa vie, ces surprises qui n'étaient pas une faute et qu'il appelait ses « bêtises d'autrefois (*sic*). »

Un témoignage plus précieux encore, s'il est possible, est celui du Père Archier, missionnaire de la Salette, puisque, dans le discours qu'il prononça à ses funérailles, il put lui faire devant tous ses concitoyens l'application de ces belles paroles : « *Virginitate clarâ floruit !* Sa pureté virginale était connue de tous ! »

A ces trois témoignages ajoutons celui que Mélanie elle-même portait sur le Berger de la Salette :

« Non, mon Père, pas de *De Profundis* sur sa tombe, il n'en a pas besoin, chantons le *Gloria Patri* et le *Te Deum*, il lui en surviendra un surcroît de gloire au ciel où il habite. » — Vous êtes sûre, ma chère Sœur, qu'il est au ciel ? — « Oui, mon Père. » — Bien sûre ? — Etendant la main sur la tombe : « Je vous le jure ! »

Cueillant une fleur sur la tombe :

« Gardez-la, mon Père, elle a poussé sur le corps d'un grand saint. »

Lettre du 10 octobre 1901 : « Tous les soirs, je lis quelques pages de la vie admirable du bon Maximin, ses souffrances variées et continues me touchent et me font envie, mais je suis loin, très loin d'avoir sa naïve générosité et surtout ses vertus. En un mot, il a été martyr pour l'accomplissement de sa mission mais, Vive Dieu ! on peut bien dire avec vérité : il nage dans la gloire et recueille ce qu'il a semé dans les pleurs. » (*Paroles dites et lettre adressée à l'Abbé H. R.*)

Mélanie fut une âme plus privilégiée encore ; et plus encore que Maximin elle vit se déchaîner autour d'elle tout ce que la malice humaine et même diabolique peut forger pour contrecarrer l'action divine. L'enfer savait trop combien était grande la mission de cette enfant ! Mais il suffisait de l'approcher pour entrevoir ses héroïques vertus.

Dans les montagnes où elle gardait les troupeaux avant l'Apparition, on l'appelait déjà « *la petite sainte* » et on lui attribuait des miracles.

Pendant sa vie, une grande réserve s'est imposée à ceux qui l'ont connue pour parler de ses vertus. Néanmoins, certaines attaques passionnées dépassant toute mesure, Mgr Pétagna et Mgr Zola, ses directeurs, écrivirent des lettres remarquables pour défendre, à son insu, cette âme insatiable d'humiliations et de souffrances, à qui Dieu, en la comblant de ses grâces, cachait si bien ses vertus, qu'elle se croyait la plus grande pécheresse de la terre [1].

---

[1] Extrait d'une Lettre de Mgr Pétagna à Mgr l'Evêque de Luçon, le 5 mars 1872 : « La pieuse Bergère est très édifiante... « Je vous prie, Monseigneur, de faire « connaître la vérité au Saint Père, afin « de le délivrer de la peine que lui causent « ces calomnies. »

Extrait d'une Lettre de Mgr Zola, Abbé des Chanoines réguliers de Latran, au même, le 29 janvier 1872 : « Monsei- « gneur Pétagna vous écrira aussitôt qu'il « sera un peu rétabli, pour vous prier de « faire tout ce que votre sagesse jugera « utile, afin de détruire les calomnies que « l'on répand partout sur le compte de « cette chère enfant,... sa conduite a tou- « jours été vraiment religieuse et édifian- « te, elle est soumise en tout et à tout « à son évêque et à tous ceux qui ont « autorité sur elle...

« On voit bien que cette guerre est « suscitée par le démon, moins contre « cette pauvre et chère enfant, qui a été « toujours PERSÉCUTÉE, que contre les « célestes révélations de la Salette, afin « de les détruire, ou tout au moins de « les affaiblir pour empêcher le bien des « âmes et la conversion du monde, si « c'était possible. Bien que tous ces efforts « ne puissent aboutir à rien, parce que, « contre Dieu et sa divine parole, il n'y « a nul moyen de résister, cependant je « crois qu'il est de notre devoir d'en- « lever le voile du mensonge qu'on jette « sur la vérité, et de la défendre contre « les calomnies, tout en laissant le résul- « tat dans la main de Dieu qui dispo- « sera toujours toutes choses pour sa plus « grande gloire et le salut des âmes. »

Mgr Zola adressa des lettres semblables à M. l'abbé Girard, le 6 janvier 1872 ; à M. l'abbé Roubaud, curé de Saint-Tropez (Var), le 24 mai 1880 ; à M. Nicolas, avocat à Marseille, le 27 mai 1880 ; au Révérend Père Jean Kunzlé, Directeur Général des Prêtres Adorateurs de la Suisse, de l'Allemagne et de l'Autriche-Hongrie, à Feldkirch (Autriche), le 5 mars 1896.

Livrées à la publicité dès leur apparition, elles ont été réunies en un petit opuscule de 0 fr. 30 c. par M. Henri Douchet, imprimeur à Méricourt-Ribemont (Somme).

Etant au Noviciat des Sœurs de la Providence de Grenoble, elle prit le nom, qu'elle conserva, de *Sœur Marie de la Croix*. Il lui avait été donné par l'Enfant Jésus et lui convenait bien, car, toute petite enfant, elle s'était offerte pour le salut des pécheurs, et on ne les sauve, à la suite de Jésus, qu'en montant comme lui au Calvaire pour y être crucifié.

Mélanie ne s'est *jamais* plainte dans la souffrance, elle n'en fut *jamais rassasiée*, même quand, en échange de sa fidélité à remplir son mandat, on l'obligeait à mener une existence tourmentée et errante dans divers pays d'Europe et, l'année même de sa mort, à des pérégrinations qu'on mettait ensuite sur le compte de sa prétendue inconstance. Plus Dieu multiplie les croix sur quelqu'un, plus il perfectionne en lui l'image de son Fils : mais la copie n'est parfaite, conforme, que lorsque la croix est bien longue, pesante, amère sans consolation. Alors Dieu dit, en voyant cette âme couronnée d'opprobres, revêtue de la pauvreté : « *Voilà le diadème, la tunique et le sceptre de mon Fils !* »

Cette humble fille, dont les âmes même religieuses ne peuvent, avant que sa vie intime soit publiée, soupçonner la haute sainteté et la grande mission dans l'Eglise, fut comblée, dès l'âge de trois ans, des dons surnaturels les plus étonnants qu'on trouve dans les vies de quelques saints. Instruite par l'Enfant Jésus qu'il fallait cacher ces grâces — car il lui avait dit que « *les yeux des hommes sont des voleurs* » — elle les cachait avec tant d'humilité et d'habileté, et quand on les surprenait, on voyait tant combien on la faisait souffrir, que ses directeurs eux-mêmes, celui même qui l'a fait le plus souffrir et qui écrit ces lignes, n'en ont connu qu'une faible partie. La grande Apparition de 1846 ne fut qu'un épisode de son enfance. On le sut, dès 1852, par le Père Sibillat, missionnaire de la Salette, qui avait obtenu quelques confidences par écrit de cette enfant étonnante, et dont les religieuses de Corenc lui disaient : « Personne ne prie comme elle : son recueillement est *incomparable !* » Aujourd'hui il faut dire que la grande Apparition de 1846 n'a été qu'un épisode de sa vie, car ces grâces n'ont jamais cessé. Certaines de ces grâces ne permettent de la comparer qu'à l'Apôtre bien-aimé, légué par JÉSUS à sa Mère... [1]

Mais si elle cacha, avec quelque succès, sa vie *intime*, elle ne put dérober aux regards de ceux qui l'approchaient sa science des vérités divines et sa profonde connaissance des voies de DIEU dans les âmes. Ce qui frappait surtout chez elle, c'était sa « distinction modeste », cette belle et bonne simplicité chrétienne que Notre-Seigneur recommande dans le Saint-Evangile, ce reflet divin qui illuminait son visage et toute sa personne. Tous ceux qui l'ont connue disaient : « C'est vraiment une âme privilégiée ! »

Elle est morte à Altamura, province de Bari en Italie, la nuit du 14 au 15 Décembre 1904, à l'âge de 73 ans, un mois et sept jours.

Elle avait quitté Cusset (Allier), sa dernière résidence en France, le 13 juin, sur l'invitation de Mgr Cecchini [2], qui lui avait fait écrire de Naples, par le Père Fusco, rédemptoriste, que dans sa ville d'Altamura elle vivrait cachée, connue de lui seul.

DIEU la conduisait où, deux ans avant sa mort, elle avait prédit qu'elle mourrait. Elle était encore ma bonne paroissienne. Quelques jours après avoir reçu (26 janvier 1903) à l'article de la mort, les derniers sacrements, elle avait dit à Mlle Marie Janin, couturière à Diou, qui lui prodiguait ses soins et répéta immédiatement ses paroles :

---

(1) Je possède ces précieuses notes écrites par la Bergère, à Corenc, en 1852. Ce manuscrit m'a été légué par M. l'abbé de Brandt, Chanoine de la Cathédrale d'Amiens. Il lui avait été remis en 1879 par Sœur Marie-Thérèse de Jésus (Mademoiselle Camille de Maximy), assistante de la Supérieure Générale.

(2) Mgr Cecchini, de l'Ordre de Saint-Dominique, est évêque titulaire d'Halicarnasse. Il était Recteur de la basilique, à Valle di Pompei, près Naples, lorsqu'il fut élu, le 21 janvier 1904, comme Ordinaire de l'Archiprêtrure d'Altamura et Acquaviva delle Fonti, dans la province de Bari, (de la Pouille, pays pauvre), qui est restée l'une des plus religieuses de l'Italie.

« Monsieur le Curé croyait que je mourrais ici — je ne mourrai pas ici — je mourrai en Italie — dans un pays que je ne connais pas — où je ne connais personne — pays presque sauvage — mais où l'on aime bien le Bon Dieu — je serai seule — un beau matin, on verra mes volets fermés — on ouvrira de force la porte — et on me trouvera morte. »

Ces dix circonstances si précises se sont réalisées à la lettre. Elle aurait certainement ajouté, si ce n'eût été parler de sa modestie et de son amour incompréhensible de la Croix, qu'on la trouverait, les vêtements modestement disposés, étendue par terre, la face sur la croix formée par ses deux bras. — Elle m'avait dit souvent qu'elle désirait mourir toute habillée, afin qu'on n'eût qu'à la mettre dans le cercueil, tant sa pudeur *excessive* lui faisait redouter l'épreuve de l'ensevelissement... Un jour, en causant avec elle, la pensée m'étant venue qu'à sa mort on constaterait le stigmate de sa poitrine, elle dit subitement, en me regardant bien en face, bien que la conversation fût sur un sujet différent:

« Si l'on me touchait après ma mort, je crois que je ressusciterais pour me fâcher !... [1] »

Le trépas de cette fille chérie de Marie, trépas non imprévu ni subit mais prédit, attendu, désiré et accompli dans le pur amour de Dieu comme toute la vie qu'il a couronnée, est pour beaucoup d'âmes l'occasion de nombreuses questions. Ce mouvement des esprits et des cœurs vers la Bergère de la Salette ne serait-il pas la

---

(1) Mélanie habitait à Altamura une petite maison « hors les murs ». Elle y était *seule* depuis peu de temps; et seul de son diocèse Mgr Cecchini savait quelle était la sainte dont on lui avait confié la garde. Tous les matins elle se rendait à la cathédrale, assistait au Saint-Sacrifice, communiait et allait ensuite à l'évêché prendre un peu de café sans pain, puis se retirait dans sa solitude. C'était toute sa nourriture pour la journée. Vers midi, Monseigneur, qui n'avait pas eu encore l'occasion de *surprendre* ce don de vivre presque sans nourriture, lui faisait porter, par un familier de l'évêché, son repas, qu'elle donnait aux pauvres. Le 15 décembre, ne la voyant pas à la cathédrale, il prit de l'inquiétude et envoya chez elle comme d'habitude. Les volets étant fermés et aucune réponse n'ayant été faite, il se décida à faire prévenir les autorités civiles. La porte fut ouverte et on trouva la pieuse fille morte par terre. Elle était entièrement vêtue, ses vêtements modestement disposés, ses bras en croix formaient comme un appui pour son front. « *Il semblait encore qu'elle dormait.* » On n'eut qu'à la mettre religieusement dans le cercueil.

VUE DU BOURG DE CORPS

DU COUVENT DE LA PROVIDENCE ET DE L'ENTRÉE DE LA GORGE DE LA SALETTE

Corps est un chef-lieu de canton (population 1500 âmes), duquel dépend la commune de la Salette. Après l'Apparition, les jeunes Bergers chargés de publier ce *Prodige* (Maximin Giraud et Mélanie Mathieu, natifs de Corps), eurent pour asile, pendant quatre ans, le Couvent de la Providence

réalisation de l'une des mille prophéties qu'elle a faites ? En parlant de ceux qui s'opposaient à sa mission elle a dit :

« Ils m'ont tuée, je reste morte, et je ne recommencerai à vivre que lorsque j'aurai tout à fait cessé de vivre. »

L'article de l'*Osservatore Romano* du 25 décembre 1904, dont la presse du monde entier a reproduit des extraits, a commencé ce mouvement ; et c'est pour répondre à tant d'âmes désireuses de s'orienter vers la vérité du plus grand fait religieux du dix-neuvième siècle, que je complète et livre mes *Autographies* [1] à l'impression.

Voici comment s'exprime le correspondant du journal Romain:

« ... La Très Sainte Vierge choisit Mélanie comme son ambassadrice auprès des hommes pour les retirer du vice horrible du blasphème contre le nom très sacré de Dieu, et d'un autre péché, celui de la profanation du dimanche. De même que Jeanne d'Arc avait, par mandat céleste de MARIE, soustrait sa patrie au honteux esclavage de l'étranger, Mélanie fut chargée par la Sainte Vierge de rappeler sa patrie, enserrée dans les anneaux de l'infernal serpent, au doux empire du Roi des rois, JÉSUS-CHRIST.

« Ce secret que, sur l'avis de MARIE Très Sainte, elle ne voulut, ainsi que son compagnon Maximin, jamais révéler, *elle le révéla quand le temps marqué fut venu, bien qu'elle sût qu'un pareil acte lui attirerait les colères de ceux qui, perdus de mœurs, étaient enchaînés au char de la secte maçonnique.*

« Timide jeune fille, elle n'eut pas peur d'accomplir son mandat, et elle eut en échange, comme les prophètes de la perfide Jérusalem, des injures, des persécutions. Elle mena dès lors une existence tourmentée et errante dans divers pays d'Europe.

« Elle vint enfin dans l'hospitalière Italie et elle habita, pendant plusieurs années à Castellamare di Stabia, à Lecce, à Galatina etc... Puis elle retourna en France... et vécut tout à fait ignorée à Diou (Allier) (2).

« Voyant que les choses allaient fort mal en France, elle se dit en juin dernier, bien qu'elle fût vieille et infirme : « *Je ne veux point mourir au milieu des francs-maçons ! Je ne veux point rester plus longtemps en France !* » Elle écrivit à un vieux religieux qui avait été son confesseur, pour lui demander un conseil : il lui dit de se rendre à Altamura, et en même temps il la recommanda à notre évêque. C'est ainsi qu'elle vint dans notre ville, où elle a fini saintement sa vie.

« Mgr Cecchini a voulu honorer la mémoire de la pieuse défunte, en célébrant lui-même pontificalement ses obsèques. Le Chapitre a voulu, spontanément et généreusement, que les funérailles fussent solennelles ; et le corps a été accompagné à sa dernière demeure par tout le clergé, et suivi par une population nombreuse

---

(1) Autographie in-4° du 19 septembre 1902. Epuisée. — Autographie in-8° du 1er février 1904. Franco recommandée : 2 fr. 50.

(2) Un peu plus de trois ans à Diou ; précédemment, un an à Saint-Pourçain-sur-Sioule ; et après Diou, dix mois à Cusset. Saint-Pourçain et Cusset sont deux chefs-lieux de canton du département de l'Allier.

qui, pleurant la perte de Mélanie comme celle d'une personne très chère, se félicitait cependant de posséder dans son cimetière le corps de celle qui, de ses yeux mortels, avait vu la Reine du Ciel.

« A la nouvelle de sa mort, veuille, hélas ! sa patrie, jadis si zélée pour la foi, se réveiller, écouter la céleste voix qui l'invite au salut, et briser pour toujours le joug de la secte infernale qui l'entraîne chaque jour de plus en plus au fond du précipice.

« Plongée maintenant dans le torrent de la lumière de DIEU, oublieuse des souffrances que ses frères lui ont fait endurer, Mélanie est pour toujours auprès de MARIE, Reine du Ciel, la suppliant de venir une fois encore au secours de sa patrie bien-aimée.

« Jette aussi sur nous qui t'avons connue trop tard, ô blanche Colombe, un regard de bonté du haut du Ciel ! Cette terre d'Italie qui te fut chère, où tu as voulu te reposer dans les derniers jours de ta laborieuse vie, et d'où tu as pris ton vol pour le Ciel, est aussi la tienne. Fais qu'elle écoute aussi ta voix régénératrice, qui est la voix de MARIE, et qu'elle redevienne, comme autrefois, la glorieuse terre des Saints ! »

Le moment n'est pas venu de faire publiquement la preuve des signes surnaturels très touchants qui, **avant** les lettres et les journaux, ont annoncé en France cette mort précieuse devant Dieu : car il faudrait produire des témoignages respectables qui seraient discutés à cette heure. D'ailleurs le Ciel semble impatient de nous donner davantage et de réaliser, par l'éclat des prodiges , la prédiction de son émérite ambassadrice méconnue : « Je recommencerai de vivre lorsque j'aurai tout à fait cessé de vivre » ; et ces prodiges qu'on attribue déjà à son intercession[1], depuis un an qu'elle a

---

(1) En voici deux parmi ceux dont nous avons les preuves. Si l'on m'a prié de ne pas citer les noms, c'est en raison des temps mauvais que nous traversons et aussi de cette parole de Notre-Seigneur : « *Adhuc multa habeo vobis dicere ; sed non potestis portare modo !* » Les témoignages ne manqueront pas quand l'heure de DIEU aura sonné.

Le 3 septembre dernier 1905, au diocèse de*** le curé de*** avait, depuis trois jours : transport au cerveau, congestion d'estomac, inflammation d'intestins, 42 DEGRÉS DE FIÈVRE, hématurie. On n'avait pu trouver de prêtre pour le remplacer (c'était un dimanche). Songeant à sa paroisse plus qu'à sa vie, il voulait se lever pour dire ses deux messes !!! Son confesseur lui ayant, le samedi soir, défendu de faire cette folie et la personne qui le veillait voulant,

après minuit, lui faire boire un peu de tisane, il s'adressa à Mélanie : « Vous m'aimez, lui dit-il, vous aimez*** (sa paroisse), montrez donc que vous êtes *ma Mère* et sauvez-moi ! Je dirai mes deux messes ou bien nous nous brouillerons : c'est bien pour vous que j'ai bataillé tout le mois d'août ? Rendez-moi mes souffrances après la messe de 10 heures et j'accepte de souffrir au double ! » — A 5 heures, il était sur pied, tous ses maux avaient disparu et, après ses deux messes, elle ne lui rendit pas ses souffrances. Guérison complète, instantanée et sans rechute.

L'autre guérison est du 25 octobre : Une femme très pauvre, qui élève chrétiennement ses cinq petits enfants, dont l'aîné n'a que 9 ans, avait été conduite, le 18 août, à l'hôpital de*** pour subir une opération d'entrailles très déli-

quitté cette terre d'exil, permettront peut-être dans quelques années de faire connaître (non au grand public, mais aux personnes religieuses, pour la glorification et la joie de la Sainte Eglise Catholique) les merveilles surnaturelles et les miracles incroyables dont la vie cachée de cet ange terrestre fut remplie. « *Sacramentum regis abscondere bonum est ; opera autem Dei revelare et confiteri honorificum est.* » (Tobie, XII, 7.)

Tout cela sera dit quand il faudra le dire. A l'heure où nous sommes, une nécessité unique s'impose, mais très pressante, devant laquelle l'éminente personnalité de Mélanie restera dans l'ombre. Elle n'a été d'ailleurs que le porte-voix de Marie, et c'est cette voix de Marie qui, à tout prix, doit arriver à nos oreilles. Certes, la

---

cate. Elle avait emporté sur elle l'image de la « chère petite Bergère » la priant surtout pour ses enfants qu'elle laisserait orphelins... L'opération réussit, mais pas de cicatrisation possible, les médecins constatant que la plaie était cancéreuse. Après un mois de soins inutiles, la pauvre fut ramenée chez elle, plus souffrante qu'avant. Elle avait fait placer « son image » contre la muraille, au pied de son lit, pour la voir continuellement et invoquait nuit et jour la « chère petite Bergère ». Le mardi, 24 octobre, le médecin de la localité *visita* cette malheureuse, qui était épuisée par la privation de sommeil et de nourriture et par le sang qu'elle perdait, et constata aussi que la plaie était cancéreuse : cette plaie, plus large que la main, s'agrandissait. « Il faudra, dit-il, la reconduire à l'Hôtel-Dieu et refaire l'opération (!) » — La pauvre mère ne voulut pas quitter ses enfants. Mais, le lendemain toute la famille commença une neuvaine à Notre-Dame de la Salette, en priant « sa chère petite Bergère » de s'y unir. Le père et les enfants étaient agenouillés autour du lit. — Le jour même toutes les souffrances cessent !... Le lendemain, jeudi, le médecin trouve la malade « très bien », elle avait faim, et il constate que la plaie est parfaitement cicatrisée !!! — On continue la neuvaine : la figure ravagée se reconstituait à vue d'œil. Le samedi, se sentant forte, la maman veut mettre de l'ordre dans son ménage : elle

se lève à quatre heures du matin, lave les pauvres nippes du mari, des enfants et du vieux père infirme, repasse tout le butin et sort pour aller prier devant une statue de la Sainte Vierge, élevée hors du village, que des misérables avaient mutilée... Le dimanche et le jour de la Toussaint elle communie et, sans fatigue, assiste à tous les offices ; communie le jour des morts et, après l'office, va prier sur la tombe de sa sœur enterrée dans une paroisse voisine, et, après avoir fait à *pied* dix kilomètres, assiste encore à l'Heure Sainte dans l'Eglise !!! Ainsi finissait la neuvaine. — Le lendemain, vendredi, toutes les personnes pieuses de la paroisse firent avec elle une communion d'actions de grâces. Elle raconta que cette nuit la Sainte Vierge s'était montrée à elle deux fois, près de l'image de « sa chère petite Bergère », souriante, tout étincelante de lumière et s'était penchée vers elle avec bonté : « J'étais éveillée, dit-elle ! — Rêve ? peut-on dire ». Mais la guérison n'est pas un rêve ; et cette apparition à une mère chrétienne très pauvre, qui n'avait pu témoigner sa reconnaissance que par des communions, n'est-elle pas encore plus touchante et plus instructive que le miracle de la guérison instantanée d'une plaie cancéreuse ? Notre très bonne Mère du Ciel demande-t-elle, en retour de ses dons, autre chose que notre sanctification ?

Reine du Ciel avait su bien choisir sa messagère, et la messagère s'est, jusqu'à son dernier jour, fidèlement acquittée de sa mission. A qui la faute si le message n'a pas été reçu ?... Et nous n'avons pas de temps à perdre dans des regrets stériles : nous n'avons plus même le loisir de contempler, autrement que dans l'Oraison funèbre qui va suivre, la vie si sainte et méconnue de l'Envoyée. Plus tard,.. plus tard,.. quand Dieu voudra, quand le châtiment nous aura purifiés.

En attendant, ce qu'il faut, c'est que nos oreilles s'ouvrent et que la parole confiée à Mélanie soit entendue. C'est ce que la Sainte Vierge veut absolument.

Pendant six mois qu'elle a vécu après son édition de Lyon, à laquelle, nous l'avons vu, elle a donné le solennel aspect d'un acte testamentaire, Mélanie n'a cessé de dire et d'écrire : qu'elle verrait avec grand plaisir cette édition circuler à pleins bords, — que plus elle se répandra, plus elle éveillera de salutaires craintes, — que les prêtres surtout auraient besoin de la connaître, — que MARIE bénira ceux qui aideront à sa diffusion, — que la Reine du Ciel VEUT FORMELLEMENT qu'on fasse passer le Secret A TOUT SON PEUPLE — et que nous sommes punis pour avoir négligé cet ORDRE ABSOLU de la Mère de DIEU...

« **Le silence,** a écrit Pascal, **est la plus grande persécution ;** jamais les saints ne se sont tus. Il est vrai qu'il faut avoir une vocation... »

MÉLANIE à soixante-douze ans

Née à Corps (Isère), le 7 Novembre 1831. Décédée saintement à
Altamura (Italie), la nuit du 14-15 Décembre 1904.

ORAISON FUNÈBRE

DE

Sœur MARIE DE LA CROIX, née MÉLANIE CALVAT

Bergère de la Salette

Prononcée à Messine par le Chanoine Annibal-Marie de France
Publiée avec l'Imprimatur de Monseigneur Letterio, archevêque de Messine

> « *Cantabiles mihi erant justificationes tuæ*
> *in loco peregrinationis meæ.* »
> « *J'ai chanté vos justifications dans le lieu*
> *de mon pèlerinage.* » (Ps. 118, 54.)

UNE créature angélique, un pur idéal d'innocence et de vertu, une existence humaine sans tache, très suave, pleine des plus saintes aspirations de Dieu, de sa gloire et de son éternel Amour est passée par cette vallée de larmes.

Quand une personne aimée de nous s'envole dans la mort, il en reste un vide que l'on voudrait combler par le souvenir de la chère mémoire et par des larmes répandues sur la tombe qui renferme la dépouille aimée. La religion sanctifie ce sentiment et l'élève au sublime. Elle nous convoque à des cérémonies funèbres, met sur nos lèvres des prières et des cantiques pour nos défunts, nous fait assister. au grand Sacrifice de l'Expiation et écrit sur la tombe de ceux qui ne sont plus : *Qui credit in me, etiam si mortuus fuerit, vivet.*

Mais quand se présente le cas exceptionnel que la personne défunte et regrettée a été l'une de ces âmes rares, consacrées aux plus hautes perfections, dans lesquelles se trouve un je ne sais quel air surnaturel et divin, quand ses affections ne se sont pas trouvées renfermées aux seules limites de la nature, mais ont présenté l'empreinte de l'éternelle Charité, quand les phases de sa vie et de sa mort sont accompagnées d'événements et de circonstances qui sortent de l'ordinaire, oh ! alors la tombe de cette créature d'élection est un autel, sa mémoire une bénédiction, les cérémonies funèbres elles-mêmes, les notes plaintives de l'orgue et les voix lugubres des chantres se changent en une hymne de fête, ou bien forment l'écho de ces célestes cantiques dont les anges accompagnent cette âme accomplissant son pèlerinage au royaume de la Gloire.

Et telles sont bien les solennelles obsèques et les cérémonies dont nous offrons aujourd'hui le tribut à notre bien-aimée défunte, à Mélanie CALVAT, la célèbre bergerette de la Salette.

Des sentiments d'affection et de foi, une intime reconnaissance et une sainte vénération, voilà les émotions que nous ressentons, nous souvenant d'elle à la face de Dieu et des hommes. Elle nous a appartenu : il fut grand l'amour qu'elle eut pour nous, grand aussi l'amour dont nous l'avons aimée. Maintenant, nous cherchons un soulagement à notre douleur, nous voulons nous mettre en rapport avec cette chère âme, belle, innocente, tout imprégnée de l'amour de Jésus et de Marie, qui néanmoins palpite pour nous ; nous voulons l'invoquer sur la terre pour qu'elle nous entende du Ciel ; nous voulons demander sa médiation pour qu'elle le prie pour nous.

Vous, jeunes sœurs qui, avec vos orphelines, l'avez eue plus d'une année, comme votre Mère et votre Maîtresse de sublime vertu, vous éprouvez bien vif le besoin de témoigner à cette sainte âme, une fois de plus, combien sont grands vos sentiments de vénération, de tendresse et d'amour pour elle.

Ainsi donc, courage, contemplons-la dans la Foi, brillante et souriante bien qu'invisible à nous dans ce saint temple (*innixa dilecto suo*), appuyée sur son Bien-Aimé, et commençons son éloge après avoir invoqué le nom de Jésus.

Mélanie de la Salette naquit à Corps, petit bourg de France, dans le diocèse de Grenoble, le 7 novembre 1831, de parents respectables. Son père était maçon et scieur de long et se nommait Pierre CALVAT. Sa mère se nommait Julie BARNAUD.

Les historiens de la célèbre apparition de la Très Sainte Vierge à la Salette disent qu'avant ce grand événement, Mélanie n'était qu'une pauvre petite bergère fruste et ignorante, incapable d'apprendre le *Pater*. Mais combien ils se trompent ! De grands mystères s'étaient déroulés entre Dieu et son âme depuis son enfance. Son bon père, quand elle n'avait que trois ans, lui montra un Crucifix et lui dit : Vois, ma fille, comme Notre-Seigneur Jésus-Christ a voulu mourir sur la Croix par amour pour nous ! La petite fille fixa des regards attentifs et, comme éclairée d'une lumière supérieure, sembla avoir pénétré en silence le sens intime de cette parole et de cette image. Depuis lors, une impulsion intérieure la poussait à l'amour de la Croix et du Crucifié. Avec une intelligence incomparablement au-dessus de son âge, Elle disait : Le Crucifix de mon père ne parle pas, mais il prie en silence, je veux l'imiter, je me tairai et je le prierai en silence. C'est ainsi qu'elle se préparait à la contemplation. La mère de la petite fille, femme non méchante, mais colère, la grondait sans cesse et lui intimait l'ordre de sortir de la maison. La petite MÉLANIE souriait néanmoins et s'efforçait d'embrasser cette mère irritée. Un jour, elle avait près de cinq ans, sa mère lui ordonna de s'en aller et de ne plus revenir. La pauvre petite se retira dans un bosquet voisin et se plaignant de son triste sort, comme elle écrit dans quelques-uns de ses mémoires, elle s'assit au pied d'un arbre, lasse et oppressée et s'y endormit. Un songe mystérieux se présenta à elle et fut comme le prélude de toute sa vie, de tout son pèlerinage terrestre. Il lui sembla voir l'enfant Jésus, du même âge qu'elle, vêtu d'une robe rose, qui, l'abordant, lui dit : Petite sœur, ma chère petite sœur, où allons-nous ? Poussée par un instinct divin, elle répondit : Au Calvaire. Alors, le céleste enfant la prit par la main et la conduisit sur la montagne sainte. Pendant ce voyage, le ciel se couvrit de nuages et s'obscurcit, et une grande pluie de croix de toutes dimensions lui tomba sur les épaules. Une foule de gens lui adressaient des injures et lui témoignaient leur mépris. Effrayée, elle serre la main de son guide céleste, dont elle avait perdu la vue agréable au milieu des ténèbres. Tout à coup, elle lâcha la main qui la conduisait et tomba dans une profonde désolation. Néanmoins, le voyage se termina et elle arriva sur le Calvaire. Là il se passa une scène horrible. En bas, il s'ouvrit un gouffre de feu, dans lequel des multitudes de gens se précipitaient ; l'âme épouvantée, et obéissant à une impulsion divine, elle s'offrit comme victime de toute souffrance pour le salut éternel des âmes, pour la conversion des pécheurs.

A ce moment, la petite fille s'éveilla : le soleil apparaissait à l'horizon, ce songe avait duré toute la nuit.

De retour à la maison paternelle, elle ne raconta rien de ce qui s'était passé cette nuit, mais garda le silence pour imiter le Crucifix de son père. Une vie nouvelle de souffrance et de recueillement commençait pour elle. Le céleste enfant qu'elle avait vu en songe lui est toujours présent à la pensée, elle lui parle dans le plus intime secret de son cœur, elle lui offre ses travaux et ses souffrances, et il lui semble qu'il l'appelle toujours du doux nom de « petite sœur, ma chère petite sœur » au point que chaque fois qu'on lui demandait quel était son nom, elle répondait avec une grande simplicité : « Petite sœur. »

Ainsi cachée et absorbée par les précoces contemplations d'une vie remplie d'immenses grâces du ciel (*dont la révélation causera sans doute une grande surprise dans le monde religieux*), cette créature d'élection, dès son jeune âge, buvait en silence le calice des humiliations et des mépris, chassée inhumainement plusieurs fois de la maison maternelle, et envoyée çà et là au service de plusieurs familles de paysans.

Un jour, sa mère irritée voulant, en quelque sorte, s'en défaire, la mit, par punition (Elle nous l'a dit, il y a quelques années, en souriant), en service sur les montagnes alpestres de la Salette, dans une pauvre famille de paysans qui lui confièrent le soin de mener leurs vaches au pâturage.

Ces montagnes appartiennent à la grande chaîne des Alpes françaises, élevées de près de 2,000 mètres au-dessus du niveau de la mer. Là, l'hiver est très rigoureux, mais quand une belle journée de printemps ou d'été y fait briller les rayons du soleil, elles offrent un spectacle sublime et enchanteur. Au loin tout en haut, à l'horizon, une ceinture de montagnes escarpées, ici des vallées profondes et, tout autour, des collines et des plateaux revêtus de verts tapis d'herbe mêlée de petites fleurs sauvages. Ce lieu solitaire, où l'on ne voyait presque jamais être humain, fit vite les délices de cette âme innocente, cachée, séparée du monde et comme intimement unie à son Créateur. Alors, elle goûtait les paroles du docteur de Clairvaux : « O bienheureuse solitude, ô seule béatitude ! »

Mais quels étaient les mystères du divin amour qui se déroulaient dans ces lieux solitaires entre cette âme choisie et son Dieu ? Il a été dit : « Je la conduirai dans la solitude et je parlerai à son cœur. » Elle prenait plaisir, pendant que ses vaches paissaient, à parler avec les fleurettes du bon Dieu, comme elle le disait, à les inviter à louer le Créateur, et à les plaindre de ne pouvoir l'aimer.

Le 19 septembre 1846, un samedi, survint sur la Salette cette célèbre apparition de la Très Sainte Vierge à l'heureuse bergerette et au petit Maximin, qui pour huit jours venait lui aussi sur cette montagne avec ses vaches.

La Sainte Mère de Dieu apparut avec les signes de la Passion, pleurant pendant tout le temps qu'elle parla aux deux bergers, menaça des châtiments divins à cause du mépris et de la profananation du dimanche et confia deux secrets, l'un à Mélanie et l'autre à Maximin. Avant de disparaître, la Sainte Vierge avait dit : « Mes petits enfants, tout ce que je viens de vous confier, faites le savoir a mon peuple .»

Cet ordre de la Très Sainte Vierge fut le point de départ d'un autre genre de vie pour la jeune bergère. Elle fut comme arrachée à sa chère solitude, enlevée à l'oubli et au mystère de sa vie cachée, et investie d'une mission qui devait lui causer des douleurs et des larmes, des ovations et des mépris, la vénération et la calomnie, et de longues pérégrinations de pays en pays. « *Cantabiles mihi erant justificationes tuæ in loco peregrinationis meæ.* »

Ce ne fut que grâce à une continuelle assistance surnaturelle qu'elle put résister et persévérer jusqu'à la fin.

L'apparition de la Salette a été une manifestation de la Mère des Douleurs. La Très-Sainte Vierge était apparue pendant les vêpres qui précédaient la fête de Notre-Dame des Sept Douleurs. Elle avait un crucifix sur sa poitrine ainsi que le marteau et les tenailles, symbole éloquent de la mère broyée et désolée.

A partir de ce moment, Mélanie fut appelée à participer plus intimement aux peines de Jésus et de Marie.

Chassée de France par Napoléon III, elle alla en Angleterre et fit sa profession parmi les Carmélites de Darlington.

Quand vint le moment de publier le secret de la Salette, elle fut relevée de ses vœux par Pie IX et, depuis ce jour, qui pourrait dire les multiples vicissitudes traversées par cette créature unique ?

Encore jeune, avec ses vingt-six ans, elle se trouve seule dans le monde, fugitive, errant à l'aventure, un peu dans un pays, un peu dans un autre. Mais son esprit comme son cœur se trouvaient toujours concentrés sur un seul point : l'accomplissement de la volonté divine. En quelque lieu qu'elle se portât, il semblait qu'autour d'elle l'atmosphère se purifiait et, à son aspect, chacun était frappé de sa modestie, de sa suavité et même de son silence. Quand elle se trouvait dans une Eglise, son recueillement et son attitude humble faisaient entrevoir quelque chose de sa sainteté cachée. Elle restait ignorée partout où elle se rendait, mais lorsque, après un certain temps, elle était reconnue et devenait un sujet de vénération, la pure colombe du Seigneur prenait son vol vers d'autres régions.

En religion, elle avait pris le nom de Sœur Marie de la Croix et elle le conserva toujours. Dieu la voulait sans cesse crucifiée.

Douée d'une sensibilité exquise, d'un esprit sagace et pénétrant, profonde et intime dans ses affections, très sensible dans sa compassion des misères humaines, très généreuse pour le Zèle de la gloire divine et le salut des âmes, elle passa toute sa vie en une agonie spirituelle que l'on ne pourra comprendre qu'en Dieu. Ses journées et ses nuits furent remplies de ses pleurs continuels et de ses gémissements de mystique colombe. La plainte de la Très Sainte Vierge sur la montagne de la Salette était toujours présente à son esprit, elle y associait ses larmes qui, à la fin, allèrent jusqu'à faire baisser sa vue. Mais les rayons vifs et pénétrants de ses yeux noirs pleins d'intelligence et contemplatifs ne furent pas amoindris.

C'est à l'école de la souffrance que se façonnent les trempes fortes et robustes de l'esprit. Mais quelle différence entre les héros de la religion et ceux du siècle ! La souffrance des Saints, c'est l'imitation de

Jésus-Christ, le pur amour de Dieu, l'amour de la Croix, le triomphe de la grâce sur l'humaine faiblesse, c'est une souffrance qui se réjouit de donner une preuve d'amour à l'Aimé, qui s'enivre dans la souffrance elle-même et lui fait prendre part à cette soif mystérieuse qui faisait crier au Divin Rédempteur sur la montagne du Sacrifice : « *Sitio* », J'ai soif !

La souffrance des âmes qui aiment Dieu a des motifs très élevés et des fins sublimes. Le cœur, l'âme, les sens sont mis comme en un creuset parce que Dieu n'est pas aimé, parce que l'on craint de l'offenser, ou souvent parce que, dans le secret de l'esprit, le vivant Soleil de la Divine Présence se trouve comme obscurci, ou simplement parce que l'âme aimante voudrait comme s'anéantir afin que Dieu fût glorifié, ou parce qu'elle voudrait s'échapper du corps et voler vers les divines caresses, et que l'heure et la minute ne sont pas arrivées. C'est ce qui faisait crier au Prophète : Hélas, mon pèlerinage n'a pas encore assez duré !

Telle était la souffrance de cette créature privilégiée. Quelles ont été ses tribulations intérieures d'un genre plus qu'ordinaire, ce n'est pas ici le lieu de les dépeindre. Elle a confié à une personne que, toute jeune encore, elle eut dix années d'enfer dans son esprit. Alors on la crut folle ou hallucinée, alors on la conduisit à la Grande Chartreuse. Néanmoins, chose merveilleuse que l'on ne rencontre que dans la vie des Saints, elle-même n'était jamais rassasiée de souffrir pour Jésus-Christ. Elle disait dans ses transports : « Je demande au Seigneur de me faire souffrir et de me cacher. » Véritable caractère d'une vertu solide et d'une profonde humilité.

Et ici, je ne dois pas passer sous silence un long et saint martyre que souffrit cette sainte privilégiée pendant toute sa vie.

Admettant, bien qu'avec une foi purement humaine, l'apparition de la Très Sainte Vierge à la Salette, nous pouvons également admettre, en raison de diverses déclarations explicites de Mélanie CALVAT, que la Très Sainte Vierge, dès qu'elle lui eut confié un secret, lui aurait ensuite révélé qu'il sortirait de la Sainte Église un insigne ordre religieux, dit des nouveaux Apôtres ou des Missionnaires de la Mère de Dieu, qui seront répandus par tout le monde et feront un bien immense à la Catholicité. Cette congrégation comportera un second ordre et un Tiers-Ordre. Ils seront enflammés, pour la gloire de Dieu et le salut des âmes, d'une ardeur semblable à celle des premiers Apôtres. Les paroles contenues dans le Secret de Mélanie et par lesquelles la Très Sainte Vierge annonce la formation de ce grand ordre religieux n'ont, en vérité, rien de notre humanité; elles respirent un souffle divin, elles sont la simplicité mise en harmonie avec le sublime. La Très Sainte

Vierge, après avoir annoncé cet événement futur, donna à MÉLANIE la règle que devait suivre ce nouvel ordre religieux. Cette règle, MÉLANIE la conserva de mémoire dans son esprit pendant douze ans, sans l'avoir écrite. « Il semblait qu'elle était imprimée en moi, disait-elle. » Plus tard, le moment marqué par la Très Sainte Vierge pour la divulgation du Secret étant arrivé, MÉLANIE écrivit cette règle, mais alors il lui devint impossible de bien la conserver présente à la mémoire.

Cette règle fut soumise au jugement d'une commission de cardinaux de la Sainte Église et jugée par eux irréprochable. Elle est comme un chapitre de l'Évangile et contient la quintessence de la perfection chrétienne mise en pratique avec la plus grande douceur et avec charité.

Or MÉLANIE souffrit pendant toute sa vie une agonie spirituelle, dans l'attente de voir l'accomplissement de la parole de la Très Sainte Vierge et l'organisation des nouveaux Apôtres de la Sainte Église. Loin de là, elle fut témoin des persécutions que la dévotion à Notre-Dame de la Salette eut à supporter, par la volonté de Dieu, et au point qu'à chaque persécution. cette dévotion semblait devoir s'anéantir. Ses regards étaient toujours tournés vers Rome, attendant que la suprême autorité de l'Eglise couronnât de gloire et d'honneur la Salette, et qu'il en sortît enfin la fondation après laquelle elle soupirait. Mais la prudence du Saint-Siège en pareille affaire et la divine Providence qui règle et dispose tout avaient amené cette sainte créature à une continuelle et parfaite résignation à la volonté divine. Alors, elle aura dit avec Ezéchias : « *Ecce in pace amaritudo mea amarissima !* » Souvent, elle se considérait elle-même comme un obstacle à l'accomplissement du plan divin, et alors elle s'anéantissait devant Dieu, se mortifiait de différentes manières et souhaitait la mort, soupirait après elle, la demandait dans ses prières.

C'est de cette manière que cette pauvre exilée sur la terre chantait le cantique de ses destinées, « *Cantabiles mihi erant justificationes tuæ in loco peregrinationis meæ.* »

Si celle qui apparut sur la montagne de la Salette fut la Très Sainte Vierge MARIE, la Mère immaculée de DIEU, si ce fut cette Mère incomparable qui confia son secret à MÉLANIE et à MAXIMIN et donna une règle très sainte pour un nouvel ordre religieux très nombreux des derniers Apôtres, qui pourra douter que la promesse de la Reine du Ciel doit recevoir son entier accomplissement ? Dans ce cas, réjouis-toi, ô innocente bergère de la Salette, réjouis-toi en DIEU, ô âme choisie entre mille : ton long martyre n'a été qu'une préparation à une grâce si ineffable ! Le sacrifice de ta vie simple, offerte en holocauste à travers les souffrances et les mortifications de toutes sortes, sera béni de JÉSUS et de MARIE, et son fruit sera une génération d'élus. Et qui pourra les nommer ? *Generationes ejus, quis enarrabit ?*

Que DIEU est admirable dans ses œuvres ! La vie humble, cachée et pénitente de MÉLANIE sera devenue, en face de l'infinie bonté de DIEU, un titre à sa miséricorde en faveur de l'humanité ; la vie de MÉLANIE, qui commençait à être connue et admirée, maintenant qu'elle-même est séparée de ce monde, sera peut-être un motif pour hâter cette divine règle, dictée par la Très Sainte Vierge et, par suite, les biens immenses qui pourront en découler.

DIEU connaît le chémin des cœurs. Il est écrit que belles sont les voies de la Sagesse : « *Viæ ejus viæ pulchræ.* » Lorsque dans la vie d'une sainte créature, à une solide vertu se trouve joint un ensemble de situations diverses, d'événements et de fruits intrinsèques et extrinsèques, dans lequel le beau, le sublime, le pathétique frappent, attirent, envahissent le cœur de l'imagination, alors tout l'homme est conquis et gagné à la vérité.

J'ai cru découvrir quelque chose de semblable dans cette vie et dans les diverses péripéties traversées par cette élue du Seigneur, au point de ne savoir s'il fut à notre époque dans le monde une autre qui pût lui être comparée. Les quelques mémoires qu'elle écrivit sur elle-même, par obéissance, mettront le comble à ces merveilles. Tout d'abord, c'est une petite fille qui habite dans les bois, souvent entourée d'animaux sauvages et d'oiseaux divers, se jouant avec les uns comme avec les autres ; puis c'est une jeune bergère solitaire qui conduit les moutons et les vaches dans les endroits escarpés et sauvages et là, assise à l'ombre d'un arbre touffu, prie ou cause avec les fleurs.

Mais voici que les grandes splendeurs du surnaturel l'environnant la transportent jusqu'au ciel. La Toute-Belle, Celle qui est lumière, amour, grâce, poésie de l'Infini, la Vierge Marie se montra à Elle, lui parla. Voici que le nom de la petite bergère inconnu vole de bouche en bouche et remplit le monde.

Oh ! combien ont envié son sort ! Combien ont désiré la voir ! la vénérer ! combien ont essayé de baiser au moins le bord de ses vêtements. Mais la voici devenue plus belle encore du soin continuel et plein d'humilité qu'elle prenait de se cacher ! L'heureuse bergère devient aussitôt une vierge sacrée, vouée à l'Epoux Céleste.

Les habits de la pénitence, le silence des saints cloîtres donnent un nouvel éclat à sa beauté céleste. Elle était alors dans la fleur de ses vingt ans.

D'ici peu d'années, la bergère de la Salette, l'habitante des bois, la virginale colombe se trouve vouée au pèlerinage du monde, elle entre dans une nouvelle phase de son existence qui doit durer toute sa vie. Pendant cinquante ans environ, Mélanie de la Salette accomplit une mission ou un sacrifice auquel Dieu la destinait par ses fins impénétrables. Une vie nomade, errante, de pays en pays, toujours dans l'espoir d'en trouver un où elle put se cacher à tous, et où les hommes n'offenseraient pas Dieu ! « Quelques-uns, me disait-elle un jour, croient que je me plais à voyager et à aller de çà, de là ! mais combien ils se trompent ! » Et combien elle avait de motifs pour justifier ses pérégrinations !

Mais une halte de la sainte élue du Seigneur dans ses divers pèlerinages nous vaut le doux, le suave souvenir de notre ville de Messine et de ce pieux Institut religieux de charité. Il est bien juste que nous évoquions cette sainte mémoire et que nous vous en entretenions quelque peu puisque c'est pour Elle que nous sommes ici recueillis au pied du Saint Autel et que nous célébrons cette cérémonie funèbre.

Messine, la cité de Marie très sainte, a reçu de tout temps les marques particulières de l'amour de Celle qui lui a promis sa protection perpétuelle. Il y a sept ans que Mélanie de la Salette vint demeurer ici, pendant un an et 18 jours. Son arrivée fut précédée de quelques signes qui tiennent du miracle.

Ce qui donna naissance à un si grand bien fut que notre Institut traversait alors une période de difficultés telle qu'il semblait devoir être supprimé. Depuis quelque temps, un séjour de peu d'heures à Castellamare de Stabies m'avait fait souvenir de ce que je savais par la renommée, c'est-à-dire, que la Bergère de la Salette se trouvait là ! Grand fut mon désir de la connaître, mais ce fut en vain ; parce que cette colombe fugitive avait porté ailleurs son nid. Elle se trouvait à Galatina, diocèse de Lecce. Il me resta un vide dans le cœur.

De retour à Messine, j'en écrivis à Mgr Zola, d'heureuse mémoire, alors évêque de Lecce, qui me donna gracieusement l'adresse de Mélanie, et bientôt j'entrai en correspondance avec la servante du Seigneur. Oh ! quel parfum de Sainteté me semblait s'exhaler de ses lettres. Je m'en trouvais transporté au Paradis ! Un jour elle m'écrivit qu'elle allait quitter Galatina, mais qu'elle ne ferait connaître à personne sa nouvelle adresse. Cela me surprit et je me décidai à aller la trouver pour l'inviter à venir à Messine dans notre Institut. Ce fut pour moi comme un voyage de dévotion vers la Sainte Vierge, je souriais à la pensée de voir et d'entendre parler cette heureuse créature qui avait vu la Sainte Mère de Dieu et l'avait entendue parler.

J'ai vu Mélanie dans sa pauvre demeure, j'ai conversé avec elle, je l'ai entendue raconter la Grande Apparition de la Salette ; et saintes et profondes furent mes émotions. Je l'invitai à venir à Messine, mais elle ne se décida pas. Elle me parla avec affection de Messine, me dit qu'elle portait sur elle, imprimée, la lettre de la Très Sainte Vierge aux habitants de Messine (1), et me la montra traduite en français. Finalement, elle ne se décida pas. De retour, je trouvai mon pauvre Institut près de sa fin. Alors, je m'enhardis à exposer cette situation à l'Elue du Seigneur et lui renouvelai l'invitation, lui demandant de venir au moins pour une année. Immédiatement elle me répondit qu'elle acceptait, et viendrait dans le but d'organiser et de former cette Communauté des Filles du divin Zèle du Cœur de Jésus, qui sont préposées à l'éducation des orphelines recueillies, et qui ont embrassé la sainte Mission d'obéir, par vœu, au précepte du Divin Zèle du Cœur de Jésus, *Rogate ergo Dominum*.

Oh ! mes filles en Jésus-Christ, quel bonheur pour vous ! Mélanie, la fille de prédilection de Marie Très Sainte, la créature sage, noble et aimable a été l'Educatrice et en quelque sorte la fondatrice de votre humble Institut.

Vous ne pourrez jamais oublier quel jour heureux fut celui de sa venue parmi vous. C'était le 14 septembre 1897, le cinquième jour de la Neuvaine de N.-D. de la Salette, le Saint jour de l'Exaltation de la Sainte-Croix ; admirable mais inévitable coïncidence de la part de Celle qui, sur la montagne de la Salette, avait vu la Très Sainte Vierge et devait changer son nom en celui de Sœur Marie de la Croix. Il était 10 heures du matin quand Sœur Marie de la Croix se présenta sur cette place du Saint-Esprit, je l'attendais au seuil de ce Saint Temple. En la voyant, je ne pus m'empêcher de m'écrier : d'où me vient tant d'honneur qu'une préférée de la Mère de Dieu vient me trouver ? Mais elle, se mettant de suite à genoux, demanda la bénédiction du prêtre, ensuite elle entra dans la maison du Seigneur et assista dans un profond recueillement au Très Saint Sacrifice de la Messe. Vous toutes, mes sœurs ainsi que vos orphelines, vous l'attendiez dans la grande salle du parloir. Vous étiez dans une sainte attente, comme si, à travers une créature terrestre, vous eussiez dû voir la Très Sainte Vierge en personne. Et non seulement la voir, mais la posséder au milieu de vous, quel guide maternel et quelle Maîtresse ! A son entrée accompagnée de moi, vous êtes tombées à genoux saisies de respect et d'affection et vous avez demandé sa bénédiction.

Mais l'humble servante du Seigneur, confuse, se prosterna elle-même à terre et demanda la bénédiction du ministre de Dieu pour elle et pour vous. Telle fut son arrivée dans notre pauvre Institut.

Je ne veux pas vous rappeler davantage les merveilles qu'elle opéra ici. Mon Dieu ! nous avons assisté à des manières d'agir non communes ! Tout dans cette créature était nouveau et souvent mystique. Assurément la vertu qui était en elle et transperçait faisait souvenir des

______

(1) La ville de Messine se glorifie de posséder une lettre que la Sainte Vierge écrivit à ses habitants qui venaient de recevoir la foi chrétienne.

vies des Saints. Tout d'abord elle était d'une charmante innocence : c'était une colombe très pure qui semblait avoir plané au-dessus de toutes les misères humaines sans avoir été effleurée d'une seule goutte. C'était un lis parfumé de virginité, c'était une toute petite enfant sortant des fonts baptismaux mais cependant riche en prudence et en sagesse. Plus d'une fois, nous avons vu des oiseaux entrer dans le Monastère et jusque dans sa chambre, comme s'ils la cherchaient pour jouer avec elle.

L'esprit de mortifications et de pénitence qui l'animait était remarquable. Elle prenait excessivement peu de nourriture, à peine quelques onces, et l'absorbait à petites bouchées. A Galatina, un kilogramme de pain lui durait quinze jours, chez nous elle en prenait à peine une once ou deux par jour. Elle buvait également fort peu, et jamais à pleines gorgées. Avant d'être parmi nous, elle restait par semaine trois jours consécutifs sans boire et disait : « Il y a de si grandes soifs par le monde ! » Le jour de Pâques, nous l'avons vue solenniser à table cette grande Fête en prenant la moitié d'un œuf ! Jamais un fruit, jamais une douceur. Son sommeil ne dépassait pas trois heures et toujours sur la terre nue, comme vous avez pu le constater, mes sœurs. Combien de fois, dans le calme de la nuit, l'avez-vous vue passer, une lumière à la main, à travers les dortoirs ! Que dirons-nous des macérations de son corps virginal ? Que signifiaient ces linges couverts aux épaules de sang frais, que vous avez eu occasion de trouver en mettant ses vêtements à la lessive ? Que signifiait cette table toute hérissée de clous disposés en croix, qui donnait le frisson et que nous conservons avec des traces de taches de sang ?

Néanmoins, calme, sereine, tranquille, consommée dans la vertu et la souffrance, elle semblait extérieurement n'avoir rien ressenti ; gracieuse et délicate dans sa démarche, ses manières et son langage, et comme si en Elle les contrastes s'étaient harmonisés, elle était recueillie et sociable, humble et imposante, aimable et réservée, forte et soumise, et celle qui était restée une toute petite enfant semblait supérieure à une personne adulte et mûre. Elle était en réalité simple comme la colombe et prudente comme le serpent.

Je voudrais avoir le langage d'un ange pour vous parler de notre Mélanie et vous donner une idée de son amour ardent pour Notre-Seigneur Jésus-Christ et la Très Sainte Vierge Marie. En vérité, sa vie fut une vie d'amour ! Elle aimait Dieu du pur Amour, et les flammes de cet incendie mystique la consumaient tantôt plus, tantôt moins. Tous les sens, toutes les fibres, toutes les facultés de cette créature de Dieu tressaillaient d'amour. Vous vous souvenez avec quel transport d'amour elle se nourrissait, toute une journée, de Jésus au Saint-Sacrement. C'était son expression : « Ce que j'aime, je voudrais le manger ! »

Ah! j'ai mis à une épreuve son amour pour le Saint-Sacrement un jour que, inopinément et sans qu'elle s'y attendît, je lui défendis de s'approcher de la Sainte Communion. Elle tressaillit, se trouva mal et tomba à terre comme morte. J'ai pu alors me faire une idée de ce qu'est un véritable esprit de vertu, quand, ayant repris ses sens, elle parut pendant tout le reste de cette journée aussi douce, aussi humble, aussi suave, et même davantage ; et moins que jamais vous n'avez pu vous défendre de votre admiration habituelle. Mais le pur amour de Dieu engendre le zèle de sa gloire et du salut des âmes. Le zèle, a dit le Saint Évêque de Genève, est la flamme de la charité. Grand était le zèle qui brûlait dans le cœur virginal de Mélanie. Elle aurait voulu s'immoler à chaque instant pour que Dieu fût glorifié, Jésus connu et aimé en tous lieux, et toutes les âmes sanctifiées et sauvées. Sa foi vivante et son zèle ardent lui faisaient considérer les prêtres comme de *nouveaux Christs*, et lui faisaient désirer que le Monde fût rempli de vrais Ministres du Sanctuaire.

Je ne doute pas que, pour ce motif, elle n'ait vivement aimé notre humble Institut, et que, depuis qu'elle l'a connu, elle ne l'ait porté toujours en son cœur, en faisant l'objet de ses ardentes prières, parce que nous avions pris pour notre devise et notre mission cette grande parole de l'Évangile, ce céleste précepte sorti du divin zèle du Cœur de Jésus : *Rogate ergo Dominum Messis ut mittat operarios in Messem suam.*

Oh ! mes Sœurs, cette prière que vous récitez dévotement tous les jours, combien elle l'avait à cœur ! elle voyait dans cette humble institution sortie de ses mains et dans cet esprit de prière comme le précurseur de sa chère fondation des nouveaux Apôtres ou des Missionnaires de la Mère de Dieu. Elle voulut même attacher à son vêtement le scapulaire du Cœur de Jésus portant cette parole sacrée, qui forme notre devise : « Demandez au maître de la moisson d'envoyer des ouvriers à son champ », et ce ne sera ni vous ni moi, mes sœurs, qui donnerons un démenti à cette réflexion qu'elle me fit un jour, en français : « Je suis de votre Congrégation. »

Je renonce à décrire les merveilles dont vous ou moi avons été témoins pendant que Mélanie demeura parmi nous. Je ne dis rien de ses recueillements subits, dans lesquels elle semblait hors de ses sens et comme ravie en extase ; rien de cette sorte de divination des cœurs qui lui faisait lire les pensées cachées, rien des deux ou trois guérisons d'orphelines survenues à la suite d'un signe de Croix fait par elle, rien de son extraordinaire confiance en la Très Sainte Vierge, grâce à laquelle elle semblait avoir toujours dans les mains et à temps voulu les objets, la nourriture ou l'argent, selon les besoins de la Maison. Faisons silence sur tout cela et ne préjugeons rien des jugements autorisés qu'il appartient à l'autorité de prononcer.

CHAPELLE DE N. D. DE GOURNIER

SUR LE CHEMIN DE LA SALETTE, A TROIS KILOMÈTRES DE CORPS

Cette Chapelle appartient à la paroisse de Corps, dont elle marque les limites

...Qu'il passa vite pour nous, le temps que nous gardâmes Mélanie de la Salette ! Vint le jour de son départ ; elle en était profondément attristée. Vous vous souvenez avec quelle humilité elle se prosternait en vous demandant pardon à grands cris ; et vous, avec des plaintes amères, mais hélas ! plus compréhensibles que les siennes, vous faisiez comme elle ! « Mère, lui disiez-vous, à travers vos sanglots, vous souviendrez-vous de nous ? nous recommanderez-vous au Seigneur ? » Et elle : « Oui, mes filles, toujours je vous porterai dans mon cœur ; toujours je prierai pour vous.., je vous laisse pour supérieure la Très Sainte Vierge. »

De Messine elle alla à Moncaliéri ; de Moncaliéri en France. Elle fut à Diou ; elle fut à Cusset. Mais un jour elle dit : « Je ne veux pas rester en France ; je ne veux pas mourir chez les Francs-Maçons. » C'est alors qu'elle se résolut à retourner dans sa chère Italie, chercher quelque refuge isolé où personne ne la connût, où dans le silence et la solitude elle pût se préparer à la mort. Dès ce moment les feux du divin amour étaient devenus en elle irrésistibles ; elle se sentait fortement attirée au Ciel.

Altamura, de la province de Bari, ville heureuse et bénie, fut le terme de ses pèlerinages terrestres. Elle y arriva en juin 1904. Elle avait alors 72 ans, et était comme à bout de forces. S. E. Mgr Cecchini, le très digne Evêque des deux diocèses d'Altamura et d'Acquaviva, lui fit grand accueil : il savait quel trésor Dieu envoyait à sa ville épiscopale ! Sur les instantes prières de la Servante du Seigneur, il garda fidèlement le secret de sa venue. Il la confia sans la nommer à la noble et pieuse famille Gianuzzi qui ne tarda pas à constater l'extraordinaire sainteté de cette admirable étrangère, et se prit bien vite à l'aimer autant qu'à la vénérer ; mais Elle, qui, détachée de toute affection terrestre, chassée même de la maison de sa mère, avait passé dans le silence et le secret les premières année de sa petite enfance, Dieu la destinait à mourir dans une chambre étroite, dans un abandon total, loin de la présence, loin des secours de toute créature humaine.

C'est sa coutume, à Dieu, de révéler à ses chers serviteurs le jour et l'heure de leur mort. Avait-il réservé cette grâce à la favorite de la Très Sainte Vierge ? nous l'ignorons. Il faut pourtant remarquer que Mélanie Calvat, trois mois avant sa mort, quitta la pieuse famille Gianuzzi en lui rendant humblement grâce pour sa cordiale hospitalité, et se retira dans un petit quartier de la Ville, le plus écarté, là où elle pouvait le plus facilement se cacher à tous les regards. Tous les matins elle se rendait à la cathédrale pour y entendre la Sainte Messe et s'y nourrir de « son cher ami de l'Eucharistie ». Rien qu'à la voir, les fidèles étaient dans l'admiration devant le recueillement profond de cette inconnue.

Le 15 décembre de cette même année 1904, jour octave de la fête mondiale de l'Immaculée Conception, et veille de la neuvaine préparatoire de Noël, on ne vit pas venir à l'Eglise la Servante du Seigneur.

Mgr l'Evêque se hâte d'envoyer chez elle son valet de chambre, s'informer si elle a besoin de quelque chose. On frappe à la porte ; pas de réponse. On refrappe, on refrappe avec bruit ; toujours le silence. On va vite prévenir Monseigneur qui, soupçonnant un accident grave, avise l'autorité civile. Celle-ci se rend sur les lieux, constate que personne ne répond. brise la porte et entre.

La Servante du Seigneur gisait sans vie sur la terre nue.

De la sorte sont morts de grands saints à qui l'Eglise a donné les honneurs des autels ; Saint Paul l'ermite. et Sainte Marie l'Egyptienne, dans le désert ; Saint François Xavier, sur une plage ; et dans une étable, Sainte Germaine Cousin, cette bergère de France dont la vie a bien des ressemblances avec la vie de Mélanie.

Remarquons pourtant que la miséricorde de Dieu, cette Providence, pleine d'amour pour ceux qui l'aiment, avait déjà précédemment pris ses dispositions pour sa servante : en France, avant son départ pour Altamura, elle avait été sur le point de mourir, et, comme si elle eût été sur son lit de mort, elle avait reçu le saint Viatique et l'Extrême-Onction. Oh ! bienheureux ceux dont la vie est avec Jésus, dont la vie s'éteint dans l'amour de Jésus ! *Beati mortui qui in domino moriuntur...* Elle avait vécu pauvre, solitaire, pénitente ; elle n'avait désiré que l'oubli : seule avec Dieu ! Elle voulait mourir comme elle avait vécu !

Mais saurons-nous les inventions délicates et pleines d'amour de son Bien-Aimé, de celui qui est fidèle et vrai, dans ces solennels moments ? Qui nous dira les secours pleins d'affection de l'Immaculée, de celle qui, sur la montagne de la Salette, s'était montrée à elle, si belle et si majestueuse ! Et cette assistance réconfortante des anges, ses frères ? Tout cela a été dérobé aux regards des hommes...

La mort de Mélanie a été comme l'image condensée de sa vie ! (1)

---

(1) Mélanie fut souvent communiée par Notre-Seigneur lui-même et jouissait de la vue continuelle de son ange gardien. Or deux habitants d'Altamura ont affirmé avoir entendu dans l'appartement de la « pieuse dame française » à l'Angelus du soir, la nuit qu'elle est morte, des chants angéliques sur l'air de *Pange lingua*, et le tintement d'une clochette comme lorsque l'on porte le Saint-Viatique.

Devant un auditoire qui connaissait ce témoignage, l'orateur s'est donc borné à l'insinuer, et la solennité d'une oraison funèbre exigeait cette discrétion. Je lui écrivis de vouloir bien me confirmer la déposition de ces deux témoins. ou le démentir formellement. Voici sa réponse :

« Je vous certifie qu'il est très vrai que Pascal Massari, d'Altamura, et une de ses voisines m'ont affirmé (et sont prêts à prêter serment) avoir entendu, le premier, le chant de *Pange lingua* qu'accompagnaient des voies angéliques, avec des tintements de clochette ; l'autre un bruit continu de clochette comme quand on porte le Saint-Viatique.

« J'ai recueilli ces dépositions en présence de deux prêtres de mes amis, dont l'un est français, après avoir posé à ces personnes de minutieuses et précises questions. »

Mais ce serait se tromper que de voir dans cette mort sur la terre nue la simple conséquence imprévue d'une syncope. Non ! son lit, elle ne s'en servait pas, la servante de Dieu, innocente et pénitente. Nous l'avons dit déjà, c'est sur la terre nue qu'elle prenait pendant quelques heures de la nuit, son repos et son sommeil... N'est-ce pas le cas de s'écrier : *Moriatur anima mea morte justorum ?* Cette « Juste », puissions-nous mourir comme elle mourut ! Puisse la fin de notre vie ressembler à la sienne !

Adieu, âme si belle ! Adieu, créature d'amour, ouvrage complet de l'amour, du très pur et très saint amour de Jésus, le Souverain Bien ! Adieu, Vierge vigilante et prudente ! Quand dans le calme de la nuit, la voix de l'Epoux t'appela, sans retard tu courus à Lui, avec la lampe mystique, la lampe remplie d'huile et ruisselante de splendeur !... Pour toi sont finis les travaux, les longs et fatigants voyages, les pèlerinages épuisants, les profondes agonies d'amour. du saint Amour avec sa faim insatiable et son inextinguible soif de la Justice qui n'habite pas cette terre ! A cette heure, c'est le Très-Haut qui est ton héritage !... Oui, cette pensée nous est très douce : les flammes expiatrices n'ont pas été pour toi, ou du moins ton passage y a été rapide, et te voilà pour l'éternité, entrée dans la joie de ton Dieu ! Oui, ils sont réalisés dans le bonheur ces ardents désirs de l'union sans fin avec le Seigneur, qui, si souvent t'arrachaient ce cri : « Quand viendra l'heure ? Oh ! quand l'heure viendra-t-elle !... » Sois dans l'allégresse, dilate ton cœur dans la vision béatifique de ce Jésus, l'objet de tes soupirs, l'aspiration perpétuelle de ton âme pleine d'amour, ce Jésus que tu n'as pas craint de suivre sur sa voie douloureuse ! Sa croix, elle a été pour toi délices, sourire et joie, « fleur qui jamais ne se flétrit », écrivais-tu souvent ! Oh ! que de fois, semblable à l'Epouse du Cantique, tu as langui d'amour pour le Bien-Aimé ! C'était un feu qui s'élançait de ta poitrine !... Et quand, entrée dans le royaume de l'Eternelle Gloire, quand tu as vu la Reine sans tache, celle qui avait comme affolé ton cœur d'un amour d'enfant, si tendre et si plein de confiance, ce cri : « Madonna mia ! Madonna mia ! » avec lequel tu acclamas la Grande Reine... tout cela, comment pourrai-je le dire !...

O Mélanie, de ce trône élevé sur lequel Dieu vous a assise au Ciel, vos regards s'abaissent-ils encore sur cette terre ? Nous aimez-vous toujours avec ce cœur qui nous a tant aimés en ces bas lieux de l'exil ? Mais que dis-je ? Est-ce que tout amour d'ici-bas ne se perfectionne pas au contact de Dieu ? Est-il possible que dans le Ciel les Bienheureux n'aiment pas ceux qui les aiment ? Oui ! En Dieu vous nous aimez... Un jour, pendant que vous étiez au milieu des pauvres orphelines, on vous disait : « Mère (on vous donnait ce doux nom), Mère, une fois partie vous ne penserez plus à nous — Ah ! répondiez-vous, vous ne connaissez pas mon cœur ! »

A cette heure où dans le Royaume de l'Eternel Amour vous nous aimez de la parfaite Charité, ah ! ne cessez pas de prier pour nous. Priez pour tous ceux qui vous vénèrent comme une créature céleste. Priez pour ces vierges « les Filles du Divin Zèle » pour l'éducation religieuse desquelles vous avez dépensé une année de votre vie, avec des soins plus que maternels, avec une direction sage et éclairée, avec un zèle tout particulier pour les remettre dans la voie du Seigneur. Vous le savez, ces pieuses filles consacrées au Très Saint Cœur de Jésus et vouées par vous-même à Marie, la Mère Immaculée, vous regardaient comme une déléguée de la Très Sainte Vierge venue au milieu d'elles il y a sept ans et qui semblait avoir toujours été parmi elles.

Et sur moi aussi, sur moi qui apporte à votre mémoire ce faible tribut d'hommages, sur moi qui de votre noble cœur ai reçu tant de témoignages de votre pure et sainte dilection, sur moi aussi daignez répandre le puissant secours de vos prières à l'adorable Rédempteur Jésus-Christ et à Marie sa Mère Immaculée !...

—

Les lecteurs français auront peut-être trouvé un peu long ce panégyrique. Qu'on nous pardonne de ne demander aucune excuse pour l'orateur d'Italie ; aucune excuse non plus pour nous qui avons goûté grande joie à le lire et à le traduire, et qui le publions ici avec une joie plus grande encore ! Voilà en quels termes, au lendemain de la mort de la Bergère de la Salette, on parlait d'elle en Italie, dans une église ! Elle nous en parlait aussi, et à la même heure, la presse catholique de chez nous. Sur quel ton et avec quelle agréable désinvolture ! on ne l'a pas oublié. Il est vrai que la presse de chez nous n'avait pas vu Mélanie vivre, pas plus qu'elle ne l'avait vue mourir. Qu'on compare, qu'on choisisse, qu'on juge.

PREMIÈRE PARTIE

LE SECRET DE MÉLANIE DIVULGUÉ

ous n'avons pas à prouver l'authenticité de l'Apparition du 19 septembre 1846. Tout a été dit et écrit à ce sujet. Qu'il nous suffise d'extraire de la masse des documents la mention des deux pièces qui ont clos la discussion : le Mandement doctrinal de Grenoble, et le Décret du Saint-Siège ordonnant le couronnement de Notre-Dame de la Salette [1].

On sait la haute valeur de ces actes de l'Autorité Ecclésiastique. Ils n'ont pas une portée dogmatique et ne proclament pas des articles de foi, pas plus que les actes de canonisation des Saints ; mais il n'est aucun catholique qui ne s'incline devant la majesté de décisions pareilles.

La Très Sainte Vierge a donc daigné se montrer à la Salette. Elle y a fait, à deux enfants, un petit discours auquel elle a ajouté des communications secrètes destinées à être divulguées plus tard, et elle a terminé en disant : « Vous le ferez passer a tout mon peuple. » Voilà l'indéniable fait. Que sont devenues les paroles de Marie ?

---

(1) Ces deux pièces figurent *in extenso* dans l'*Echo de la Sainte Montagne* et la *Suite de l'Echo de la Sainte Montagne* réédités, en 1904, par l'Imprimerie Henri Douchet, pour répondre à un pieux désir de Mélanie, déclarant que cette relation de Mlle des Brulais était la plus exacte et la plus impartiale.

Aurait-elle parlé pour ne rien dire ? ou bien son ordre a-t-il été méconnu, l'ordre de faire passer cela à son peuple ? Pourtant, cette solennité d'un secret imposé n'est pas pour cacher des communications vulgaires...

De fait, on se souvient bien de quelque chose : une chose entendue à une époque relativement calme et déjà lointaine, où l'on parlait de ces Secrets, message mystérieux, qui renfermaient, disait-on, des menaces terribles et des avertissements d'une douceur infinie. Et aujourd'hui, à cette heure très troublée, heure d'angoisses et d'attente pénible, on dirait qu'on entend, comme un murmure confus, ces voix qui reviennent à la mémoire : quelque chose de vague et d'indécis comme ces orages éloignées qui, pendant la nuit, teignent l'horizon de lueurs à la fois suaves et sinistres.

Est-ce que ce serait tout ? Des avertissements, des pleurs, un secret : de tout cela nous n'aurions à garder qu'un écho mort, qu'une impression plus ou moins indéfinie et flottante ? Pourquoi MARIE a-t-elle parlé si nous ne devions l'entendre que de la sorte ? Mais surtout, pourquoi n'avons-nous pas entendu ?... C'est qu'il y a eu, contre la parole de MARIE, la conspiration inepte et malheureusement victorieuse du silence. On l'a liée, cette parole de la délivrance ; cette parole lumineuse, on a entassé les ombres autour d'elle ! Du fond de ma faiblesse je voudrais la délivrer, cette auguste captive ; du fond de mon obscurité, je voudrais dissiper les nuages qui la voilent.

Avec plus de talent, d'autres serviteurs de la Vierge ont entrepris ce travail. On a réveillé quelques pulsations d'une curiosité béate, et puis on s'est heurté à un mur de silence. La consigne était toujours de se taire. Essayons, encore une fois, de briser cette consigne malheureuse : *insta importune!* Que la parole de MARIE triomphe de ces enfantines barrières ! Voici le texte authentique et intégral du Secret, voici la brochure de Mélanie, *et imprimée avec ses propres clichés*, car, avant de quitter la France, elle a fait *clicher* cette brochure, *ne varietur* :

L'APPARITION

DE LA

TRÈS SAINTE VIERGE

Sur la Montagne de la Salette

LE 19 SEPTEMBRE 1846

Publiée par la **Bergère** de la Salette

avec Imprimatur de Mgr. l'ÉVÊQUE de LECCE

«. Eh bien ! mes enfants, vous le
ferez passer à tout mon peuple. »

PARIS	LYON
LIBRAIRIE VIC & AMAT	LIBRAIRIE DU SACRÉ-CŒUR
Charles AMAT, éditeur	Stéphane GUILLARD
11, Rue Cassette, 11	Rue Saint-Dominique, 17

Prix : 0,30 centimes

« Eh bien, mes enfants, vous le ferez
passer à tout mon peuple. »

J'obéis à la très sainte Vierge Mère
de Dieu, et Mère de tous les croyants.

Je soumets cette publication au
jugement du saint Siège apostolique;
et je déclare condamner à l'avance
tout ce qu'il y trouverait de contraire
à la Doctrine Catholique.

Mélanie Calvat, Bergère de
la Salette.

L'APPARITION

DE LA

TRÈS SAINTE VIERGE

SUR LA MONTAGNE DE LA SALETTE

Le 19 septembre 1846

―――――――

I

Le 18 septembre, veille de la sainte Apparition de la Sainte Vierge, j'étais seule, comme à mon ordinaire, à garder les quatre vaches de mes Maîtres. Vers les 11 heures du matin, je vis venir auprès de moi un petit garçon. A cette vue, je m'effrayai, parce qu'il me semblait que tout le monde devait savoir que je fuyais toutes sortes de compagnies. Cet enfant s'approcha de moi et me dit : « Petite, je viens avec toi, je suis aussi de Corps. » A ces paroles, mon mauvais naturel se fit bientôt voir, et, faisant quelques pas en arrière, je lui dis : « Je ne veux personne, je veux rester seule. » Puis, je m'éloignais, mais cet enfant me suivait en me (1)

---

(1) Mélanie avait alors quatorze ans et dix mois, mais ni grande, ni forte, elle en paraissait à peine dix. Elle était par tempérament très timide, et ses longues années de service chez des étrangers, ainsi que le peu de tendresse de sa mère *qui ne l'avait jamais embrassée*, n'avaient pas servi à réformer ce défaut de caractère. Mais la pieuse enfant, que le Ciel avait visitée longtemps avant 1846, recherchait surtout la solitude pour être plus unie à DIEU. Son « Aimable Frère » lui avait dit : « Ma Sœur, fuyez le bruit du monde, aimez la retraite et le recueillement : ayez votre cœur à la Croix et la Croix dans votre cœur ; que JÉSUS-CHRIST soit votre seule occupation. Aimez le silence et vous entendrez la voix du DIEU du Ciel qui vous parlera au cœur ; ne formez de liaison avec personne et DIEU sera votre tout ».

disant : « Va, laisse-moi avec toi, mon Maître m'a dit de venir garder mes vaches avec les tiennes ; je suis de Corps. »

Moi je m'éloignai de lui, en lui faisant signe que je ne voulais personne ; et après m'être éloignée, je m'assis sur le gazon. Là, je faisais ma conversation avec les petites fleurs du Bon Dieu.

Un moment après, je regarde derrière moi, et je trouve Maximin assis tout près de moi. Il me dit aussitôt : (1) « Garde-moi, je serai bien sage. » Mais mon mauvais nature n'entendit pas raison. Je me relève avec précipitation, et je m'enfuis un peu plus loin sans rien lui dire, et je me remis à jouer avec les fleurs du Bon Dieu. Un instant après, Maximin était encore là à me dire qu'il serait bien sage, qu'il ne parlerait pas, qu'il s'ennuierait d'être tout seul, et que son Maître l'envoyait auprès de moi, etc.... Cette fois, j'en eus pitié, je lui fis signe de s'asseoir, et moi, je continuai avec les petites fleurs du Bon Dieu.

Maximin ne tarda pas à rompre le silence, il se mit à rire (je crois qu'il se moquait de moi) ; je le regarde, et il me dit : « Amusons-nous, faisons un jeu. » Je ne lui répondis rien, car j'étais si ignorante que je ne comprenais rien au jeu avec une autre personne, ayant toujours été seule. Je m'amusais seule avec les fleurs, et Maximin, s'approchant tout à fait de moi, ne faisait que rire en me disant que les fleurs n'avaient pas d'oreilles pour m'entendre, et que nous devions jouer ensemble. Mais je n'avais aucune inclination pour le jeu qu'il me di-

(1) Maximin n'avait qu'onze ans et portait au moins trois ans au-dessous de son âge. Il n'avait jamais été en service et n'avait été demandé à son père, charron à Corps, que pour remplacer pendant huit jours un berger malade. Le père s'y était refusé d'abord, disant que « Mémin », étourdi comme il était, laisserait tomber les vaches dans les précipices ; il n'avait cédé que sur la promesse qu'il y aurait toujours quelqu'un pour le surveiller. « Mémin » était aussi candide que vif, indiscret et espiègle : « *Garde-moi, je serai bien sage* », quelle simplicité ! Mais c'était la turbulence et le mouvement perpétuel ; et quoique très intelligent, il était si inattentif, qu'en trois ans son père avait eu de la peine à lui apprendre le « Notre Père » et « Je vous salue MARIE » ; il l'appelait « l'innocent ».

Mélanie ne savait ni ne comprenait le français. Maximin ne le parlait pas, mais il en comprenait *quelques mots*.

— 3 —

sait de faire. Cependant je me mis à lui parler, et il me
dit que les dix jours qu'il devait passer avec son **Maître**
allaient bientôt finir, et qu'ensuite il s'en irait à Corps
chez son père, etc....

Tandis qu'il me parlait, la cloche de la Salette se fit entendre, c'était l'Angelus ; je fis signe à Maximin d'élever
son âme à Dieu. Il se découvrit la tête et garda un
moment le silence. Ensuite, je lui dis : « Veux-tu dî-
ner ? — Oui, me dit-il. Allons. » Nous nous assîmes ; je
sortis de mon sac les provisions que m'avaient données
mes Maîtres, et, selon mon habitude, avant d'entamer
mon petit pain rond, avec la pointe de mon couteau je
fis une croix sur mon pain, et au milieu un tout petit
trou, en disant : « Si le diable y est, qu'il en sorte, et si
le Bon Dieu y est qu'il y reste, » et vite, vite, je recou-
vris le petit trou. Maximin partit d'un grand éclat de
rire, et donna un coup de pied à mon pain, qui s'échappa de mes mains, roula jusqu'au bas de la montagne et
se perdit.

J'avais un autre morceau de pain, nous le mangeâmes
ensemble ; ensuite nous fîmes un jeu ; puis comprenant
que Maximin devait avoir besoin de manger, je lui indi- (1)
quai un endroit de la montagne couvert de petits
fruits. Je l'engageai à aller en manger, ce qu'il fit aussitôt ; il en mangea et en rapporta plein son chapeau. Le
soir nous descendîmes ensemble de la montagne, et
nous nous promîmes de revenir garder nos vaches ensemble.

Le lendemain, 19 septembre, je me retrouve en che- (2)

(1) Au lieu de gronder l'étourdi qui, d'un leste coup de pied, avait fait
rouler au bas de la montagne le premier petit pain, non seulement elle partage
avec lui le second, mais ne pense qu'au besoin qu'il doit avoir de manger, et ne
songe pas à elle. Les privations, les pénitences que cette frêle enfant s'imposait
depuis des années, et qu'elle a continuées toute sa vie, ont été plus qu'héroïques : elles
ont été miraculeuses.

(2) Le 19 septembre, cette année-là, tombait la veille de la fête de **Notre-**
Dame des Sept Douleurs, dont l'Eglise récitait les premières Vêpres à l'heure même
de l'Apparition. Le discours de la Sainte Vierge, son vêtement, ses larmes, le chemin
qu'elle fit, qui a exactement les sinuosités de celui du Calvaire, tout fut en rapport
avec cette fête, afin que nous ne doutions pas que nos révoltes contre DIEU et son
Eglise sont les sept glaives qui, au pied de la Croix, ont transpercé son cœur.

— 4 —

min avec Maximin ; nous gravissons ensemble la montagne. Je trouvais que Maximin était très bon, très simple, et que volontiers il parlait de ce dont je voulais parler ; il était aussi très souple, ne tenant pas à son sentiment ; il était seulement un peu curieux, car quand je m'éloignais de lui, dès qu'il me voyait arrêtée, il accourait vite pour voir ce que je faisais, et entendre ce que je disais avec les fleurs du Bon Dieu ; et s'il n'arrivait pas à temps, il me demandait ce que j'avais dit. Maximin me dit de lui apprendre un jeu. La matinée était déjà avancée : je lui dis de ramasser des fleurs pour faire le « Paradis ».

(1) Nous nous mîmes tous les deux à l'ouvrage ; nous eûmes bientôt une quantité de fleurs de diverses couleurs. L'Angelus du village se fit entendre, car le ciel était beau, il n'y avait pas de nuages. Après avoir dit au Bon Dieu ce que nous savions, je dis à Maximin que nous devions conduire nos vaches sur un petit plateau près du petit ravin, où il y aurait des pierres pour bâtir le « Paradis ». Nous conduisîmes nos vaches au lieu désigné, et ensuite nous prîmes notre petit repas ; puis, nous nous mîmes à porter des pierres et à construire notre petite maison, qui consistait en un rez-de-chaussée, qui soi-disant était notre habitation, puis un étage au-dessus qui était selon nous le « Paradis ».

Cet étage était tout garni de fleurs de différentes couleurs, avec des couronnes suspendues par des tiges de fleurs. Ce « Paradis » était couvert par une seule et large pierre que nous avions recouverte de fleurs ; nous avions

_____

(1) L'étourdi, dont tout le temps se passait à Corps en amusements de son âge, s'ennuie comme la veille et demande encore à jouer. La Bergère, qui ne s'est jamais amusée, lui apprend alors à faire un « Paradis » !...

MARIE a réuni ses deux chers enfants, de caractères si opposés, et la main de sa providence a su amener « l'innocent » sur la montagne d'une manière si naturelle, que le berger remplacé, qui demain sera guéri et reprendra son service, dira avec une charmante ingénuité : « J'ai bien eu du malheur ! — Comment donc ? — Je suis tombé malade : sans cela j'aurais vu la Sainte Vierge ! C'est moi que *Mémin* a remplacé... Puis, *tout justement*, c'est pendant ces huit jours qu'il a vu la Sainte Vierge. Ah ! Monsieur, sans cette maladie, *c'est moi qui aurais vu* la Sainte Vierge ! »

Ce jeune homme était doux, tranquille et pieux. Mais il fallait à la Mère de DIEU un bon étourdi, comme Maximin, qui ne vît *rien* dans l'Apparition, et qui ne *s'aperçût* pas lui-même.

aussi suspendu des couronnes tout autour. Le « Paradis » terminé, nous le regardions ; le sommeil nous vint; nous nous éloignâmes de là à environ deux pas, et nous nous endormîmes sur le gazon.

La Belle Dame s'assied sur notre « Paradis » sans le faire crouler. (1)

II

M'étant réveillée, et ne voyant pas nos vaches, j'appelai Maximin et je gravis le petit monticule. De là, ayant vu que nos vaches étaient couchées tranquillement, je redescendais et Maximin montait, quand tout à coup je vis une belle lumière, plus brillante que le soleil, et à peine ai-je pu dire ces paroles : « Maximin, vois-tu, là-bas ? Ah ! mon Dieu ! » En même temps je laisse tomber le bâton que j'avais en main. Je ne sais ce qui se passait en moi de délicieux dans ce moment, mais je me sentais attirer, je me sentais un grand respect plein d'amour, et mon cœur aurait voulu courir plus vite que moi. (2)

Je regardais bien fortement cette lumière qui était immobile, et comme si elle se fût ouverte, j'aperçus une autre lumière bien plus brillante et qui était en mouvement, et dans cette lumière une Très Belle Dame assise sur notre « Paradis », ayant la tête dans ses mains. Cette Belle Dame s'est levée, elle a croisé médiocrement ses bras en nous regardant et nous a dit : « *Avances,*

(1) Puisqu'il n'a pas encore été question de la Belle Dame, l'empressement de Mélanie à signaler cette particularité dénote son admiration de la bonté de la Sainte Vierge qui témoigna ainsi qu'elle avait agréé leur petite récréation.

(2) Le premier sentiment de Maximin, qui n'avait jamais eu d'apparition et crut que Mélanie avait peur, fut différent. « Va, dit-il, prends ton bâton » et brandissant le sien avec menace : « si elle nous touche, je lui en *jetterai* un bon coup ». — Déjà la lumière s'était ouverte : Mélanie reconnut aussitôt la Sainte Vierge, et fut saisie de crainte, presque d'effroi, de voir pleurer la Sainte Vierge, qu'elle n'avait jamais vu que dans la béatitude.

— 6 —

*mes enfants, n'ayez pas peur ; je suis ici pour vous an-
noncer une grande nouvelle.* » Ces douces et suaves paroles me firent voler jusqu'à elle, et mon cœur aurait
voulu se coller à elle pour toujours. Arrivée bien près
de la Belle Dame, devant elle, à sa droite, elle commence le discours, et des larmes commencent aussi à
couler de ses beaux yeux :

« *Si mon peuple ne veut pas se soumettre, je suis*
« *forcée de laisser aller la main de mon Fils. Elle est si*
« *lourde et si pesante que je ne puis plus la retenir.*

« *Depuis le temps que je souffre pour vous autres ! Si*
« *je veux que mon Fils ne vous abandonne pas, je suis*
« *chargée de le prier sans cesse. Et pour vous autres,*
« *vous n'en faites pas cas. Vous aurez beau prier, beau*
« *faire, jamais vous ne pourrez récompenser la peine que*
« *j'ai prise pour vous autres.*

(1)   « *Je vous ai donné six jours pour travailler, je me*
« *suis réservé le septième, et on ne veut pas me l'accor-*
« *der. C'est ce qui appesantit tant le bras de mon Fils.*

« *Ceux qui conduisent les charrettes ne savent pas*
« *parler sans y mettre le Nom de mon Fils au milieu.*
« *Ce sont les deux choses qui appesantissent tant le bras*
(2)   « *de mon Fils.*

« *Si la récolte se gâte, ce n'est qu'à cause de vous*
« *autres.*

« *Je vous l'ai fait voir l'année passée par les pommes*
« *de terre ; vous n'en avez pas fait cas ; c'est au contraire,*
« *quand vous en trouviez de gâtées, vous juriez et vous*

(1) La Sainte Vierge parle ici au nom de Dieu, et le Christ vivant qu'elle
portait sur son cœur prononça les paroles en même temps.

(2) Sans l'observation du Dimanche, il ne peut pas y avoir de vie religieuse.
Voilà quinze siècles que Tertullien répétait ces paroles aux fidèles de son temps :
« Sans le Dimanche il ne peut pas y avoir de chrétiens, *Non est christianus sine domi-
nica* ». Aussi, au milieu des questions adressées par les persécuteurs aux martyrs, on
distinguait surtout celle-ci : « Observez-vous le dimanche ? » et sur leur réponse
affirmative c'était assez, on reconnaissait là le christianisme pour ainsi dire tout entier.
Mais la Sainte Vierge reproche à son peuple un second crime plus énorme encore que
la violation du Dimanche, c'est le Blasphème. Lorsque toute bouche non seulement
ne prie plus mais blasphème ; lorsqu'un peuple entier, comme en France, n'oublie pas
seulement d'honorer Dieu mais l'insulte et le nie, quels châtiments ne mérite-t-il pas ?
« Ce sont les deux choses qui appesantissent tant le bras de mon Fils ».

« *mettiez le Nom de mon Fils. Elles vont continuer à*
« *se gâter, à la Noël il n'y en aura plus.* »

Ici je cherchais à interpréter la parole : *pommes de
terre* ; je croyais comprendre que cela signifiait pommes.
La Belle et Bonne Dame devinant ma pensée reprit
ainsi :

« *Vous ne me comprenez pas, mes enfants ? Je vais
vous le dire autrement.* »

. La traduction en français est celle-ci :

« *Si la récolte se gâte, ce n'est rien que pour vous au-
« tres ; je vous l'ai fait voir l'année passée par les pom-
« mes de terre, et vous n'en avez pas fait cas ; c'était au
« contraire, quand vous en trouviez de gâtées, vous ju-
« riez et vous mettiez le Nom de mon Fils. Elles vont
« continuer à se gâter, et à la Noël il n'y en aura plus.*

« *Si vous avez du blé, il ne faut pas le semer.*

« *Tout ce que vous sèmerez, les bêtes le mangeront ; et
« ce qui viendra, tombera tout en poussière quand vous le
« battrez. Il viendra une grande famine. Avant que la
« famine vienne, les petits enfants au-dessous de sept ans
« prendront un tremblement et mourront entre les mains
« des personnes qui les tiendront ; les autres feront pé-
« nitence par la faim. Les noix deviendront mauvaises ;
« les raisins pourriront.* » (1)

Ici, la Belle Dame, qui me ravissait, resta un moment
sans se faire entendre ; je voyais cependant qu'elle continuait, comme si elle parlait, de remuer gracieusement

(1) Ces menaces étaient conditionnelles : « Si mon peuple ne veut pas se
soumettre. » Le mouvement de conversion qui se produisit après l'Apparition ne fut
pas suffisant : la plupart se sont réalisées à la lettre.

La Sainte Vierge avait dit que les pommes de terre continueraient à se gâter
et qu'à Noël il n'y en aurait plus. Or, dès le commencement de l'hiver, les pauvres
gens mouraient de faim dans la montagne : ils n'avaient pas seulement une pomme
de terre à manger. Il en fut ainsi dans toute la France et à l'étranger, mais surtout
en Irlande. Tous les journaux de Londres du 21 janvier 1847 disaient : « La perte
résultant, pour l'Irlande seulement, du manque de récolte des pommes de terre
peut être évaluée à 12 millions de livres sterling, faisant 300 millions de francs. »
(*Gazette du Midi*, 28 janvier 1847.) Cette disette ayant continué plusieurs années,
la population de l'île descendit, en 1866-1867, de huit millions à cinq millions. Ces
trois millions d'Irlandais moururent de faim ou émigrèrent...

ses aimables lèvres. Maximin recevait alors son secret. Puis, s'adressant à moi, la Très Sainte Vierge me parla et me donna un secret en français. Ce secret, le voici tout entier, et tel qu'elle me l'a donné :

III

« *Mélanie, ce que je vais vous dire maintenant, ne sera* « *pas toujours secret : vous pourrez le publier en 1858.*

« *Les prêtres, ministres de mon Fils, les prêtres, par* « *leur mauvaise vie, par leurs irrévérences et leur im-* « *piété à célébrer les saints mystères, par l'amour de* « *l'argent, l'amour de l'honneur et des plaisirs, les prê-* « *tres sont devenus des cloaques d'impureté. Oui, les prê-* « *tres demandent vengeance, et la vengeance est suspen-* « *due sur leurs têtes. Malheur aux prêtres et aux per-* « *sonnes consacrées à Dieu lesquelles, par leurs infidéli-* « *tés et leur mauvaise vie, crucifient de nouveau mon* « *Fils ! Les péchés des personnes consacrées à Dieu crient* « *vers le Ciel et appellent la vengeance, et voilà que la* « *vengeance est à leurs portes, car il ne se trouve plus* « *personne pour implorer miséricorde et pardon pour le* « *peuple ; il n'y a plus d'âmes généreuses, il n'y a plus* « *personne digne d'offrir la Victime sans tache à l'Éter-* « *nel en faveur du monde.*

« *Dieu va frapper d'une manière sans exemple.*

« *Malheur aux habitants de la terre ! Dieu va épuiser*

Elle avait dit que le blé serait mangé par les bêtes et tomberait en poussière. Or, la maladie du « pictin » se déclara en 1851, et causa en Europe des pertes énormes.

Voici ce qu'un correspondant de *l'Univers* écrivait sur cette maladie du blé, numéro du 15 juillet 1856 :

« J'ai ouvert les alvéoles ou pailles desséchées. Les unes ne renferment aucune graine, ce sont sans doute celles qui ont été envahies les premières et quand les embryons étaient à peine noués. Les autres renferment un grain amaigri et desséché que rien ne nourrit : ce sont celles qui ont été envahies plus tard. Dans les unes et les autres nous avons trouvé, sous forme de poudre jaune, des petits vers qui, sans doute, produisent tous ces ravages. Chacun peut aujourd'hui constater le même phénomène : il suffit de se rendre au premier champ de blé, de prendre en main quelques épis, d'ouvrir les corolles marquées à leur racine d'une tache noire, et l'on verra pulluler les animalcules... »

« *sa colère, et personne ne pourra se soustraire à tant de*
« *maux réunis.*

  « *Les chefs, les conducteurs du peuple de Dieu ont né-*
« *gligé la prière et la pénitence, et le démon a obscurci*
« *leurs intelligences ; ils sont devenus ces étoiles erran-*
« *tes que le vieux diable traînera avec sa queue pour les*
« *faire périr. Dieu permettra au vieux serpent de met-*
« *tre des divisions parmi les régnants, dans toutes les*
« *sociétés et dans toutes les familles ; on souffrira des*
« *peines physiques et morales ; Dieu abandonnera les*
« *hommes à eux-mêmes, et enverra des châtiments qui se*
« *succèderont pendant plus de trente-cinq ans.*

  « *La Société est à la veille des fléaux les plus terri-*
« *bles et des plus grands événements ; on doit s'attendre*
« *à être gouverné par une verge de fer et à boire le ca-*
« *lice de la colère de Dieu.*

  « *Que le Vicaire de mon Fils, le Souverain Pontife*
« *Pie IX, ne sorte plus de Rome après l'année 1859 ;*
« *mais qu'il soit ferme et généreux, qu'il combatte avec*
« *les armes de la foi et de l'amour ; je serai avec lui.*

  « *Qu'il se méfie de Napoléon ; son cœur est double, et*
« *quand il voudra être à la fois Pape et empereur, bien-*
« *tôt Dieu se retirera de lui : il est cet aigle qui, vou-*
« *lant toujours s'élever, tombera sur l'épée dont il vou-*
« *lait se servir pour obliger les peuples à se faire élever.*

  « *L'Italie sera punie de son ambition en voulant se-*
« *couer le joug du Seigneur des Seigneurs ; aussi elle*
« *sera livrée à la guerre ; le sang coulera de tous côtés :*
« *les Eglises seront fermées ou profanées ; les prêtres,*

Elle avait dit qu'il viendrait une grande famine et que les hommes feraient pénitence par la faim. Or, en 1854-1855, le blé se vendait en France 55 et 60 francs les cent kilogrammes. D'après des statistiques publiées par le *Constitutionnel* et l'*Univers* en 1856, la cherté des vivres aurait amené en France, pour les deux années 1854 et 1855 la mort de cent cinquante deux mille personnes ; et de plus d'un million, pour toute l'Europe, d'après d'autres journaux. Et l'*Univers* du 12 décembre 1856 ajoutait : « Sous cet euphémisme *Décès résultant de la cherté*, il faut lire : *Morts de misère et de faim...* On ignore le chiffre de 1856, mais la cause n'a pas disparu... »

En Espagne, le gouvernement acheta du blé pour soixante millions de réaux, afin d'éviter la disette. — En Pologne, les vivres étaient si chers en 1856, que l'empereur de Russie augmenta d'un tiers le traitement des fonctionnaires.

« *les religieux seront chassés ; on les fera mourir, et*
« *mourir d'une mort cruelle. Plusieurs abandonneront*
« *la foi, et le nombre des prêtres et des religieux qui se*
« *sépareront de la vraie religion sera grand ; parmi ces*
« *personnes il se trouvera même des Evêques.*

« *Que le Pape se tienne en garde contre les faiseurs*
« *de miracles, car le temps est venu que les prodiges les*
« *plus étonnants auront lieu sur la terre et dans les*
« *airs.*

« *En l'année 1864, Lucifer avec un grand nombre de*
« *démons seront détachés de l'enfer : ils aboliront la foi*
« *peu à peu et même dans les personnes consacrées à Dieu ;*
« *ils les aveugleront d'une telle manière, qu'à moins*
« *d'une grâce particulière ces personnes prendront l'es-*
« *prit de ces mauvais anges ; plusieurs maisons reli-*
« *gieuses perdront entièrement la foi et perdront beau-*
« *coup d'âmes.*

« *Les mauvais livres abonderont sur la terre, et les*
« *esprits de ténèbres répandront partout un relâchement*
« *universel pour tout ce qui regarde le service de Dieu ;*
« *ils auront un très grand pouvoir sur la nature : il y*
« *aura des églises pour servir ces esprits. Des personnes*
« *seront transportées d'un lieu à un autre par ces esprits*
« *mauvais, et même des prêtres, parce qu'ils ne se seront*
« *pas conduits par le bon esprit de l'Evangile, qui est un*
« *esprit d'humilité, de charité et de zèle pour la gloire*
« *de Dieu. On fera ressusciter des morts et des justes*
[c'est-à-dire que ces morts prendront la figure des âmes
justes qui avaient vécu sur la terre, afin de mieux séduire

Elle avait dit qu'avant la famine, les petits enfants prendraient un tremblement et mourraient entre les mains des personnes qui les tiendraient. Or, en 1847,
la réalisation de la menace débuta par une grande mortalité des petits enfants dans
le canton de Corps. En 1854, dans la France, soixante quinze mille enfants au-
dessous de sept ans moururent de la *suette*. Un froid glacial les saisissait, suivi
d'un tremblement qui amenait la mort après deux heures de souffrances.

Elle avait dit que les noix deviendraient mauvaises. Or, un rapport adressé
en 1852 au ministre de l'intérieur a constaté que la maladie des noyers avait
anéanti cette récolte, l'année précédente, dans le Lyonnais, le Beaujolais et l'Isère ;
et que c'était une calamité pour ces régions, dont la récolte des noix est une des
principales ressources.

Elle avait dit que les raisins pourriraient. Or le fléau dure encore. Voilà
bientôt soixante ans que les raisins pourrissent...

les hommes ; ces soi-disant morts ressuscités, qui ne seront autre chose que le démon sous ces figures, prêcheront un autre Evangile contraire à celui du vrai Christ-Jésus, niant l'existence du Ciel, soit encore les âmes des damnés. Toutes ces âmes paraîtront comme unies à leurs corps]. « *Il y aura en tous lieux des prodiges extraordi-*
« *naires, parce que la vraie foi s'est éteinte et que la*
« *fausse lumière éclaire le monde. Malheur aux Princes*
« *de l'Eglise qui ne seront occupés qu'à entasser riches-*
« *ses sur richesses, qu'à sauvegarder leur autorité et à*
« *dominer avec orgueil !*

« *Le Vicaire de mon Fils aura beaucoup à souffrir,*
« *parce que pour un temps l'Eglise sera livrée à de*
« *grandes persécutions : ce sera le temps des ténèbres ;*
« *l'Eglise aura une crise affreuse.*

« *La sainte foi de Dieu étant oubliée, chaque individu*
« *voudra se guider par lui-même et être supérieur à ses*
« *semblables. On abolira les pouvoirs civils et ecclésias-*
« *tiques, tout ordre et toute justice seront foulés aux*
« *pieds ; on ne verra qu'homicides, haine, jalousie, men-*
« *songe et discorde, sans amour pour la patrie ni pour la*
« *famille.*

« *Le Saint-Père souffrira beaucoup. Je serai avec lui*
« *jusqu'à la fin pour recevoir son sacrifice.*

« *Les méchants attenteront plusieurs fois à sa vie*
« *sans pouvoir nuire à ses jours ; mais ni lui, ni son*
« *successeur..., ne verront le triomphe de l'Eglise de*
« *Dieu.*

« *Les gouvernants civils auront tous un même dessein,*

Le seul accomplissement des menaces prophétiques publiques ne suffit-il pas pour qu'on dise : Si la Salette n'est pas un article de foi, c'est un article de bonne foi ; si la Salette n'est pas un dogme, c'est une grâce immense dont on n'a pas assez profité ?

En commentant et méditant le Secret, verset par verset, nous verrons que ses menaces prophétiques, plus nombreuses et beaucoup plus graves que celles du discours public, se sont pleinement réalisées jusqu'à ce jour. C'est le flambeau divin par excellence, car la prophétie n'est possible qu'à Dieu. Il est évident qu'il est au-dessus du pouvoir des créatures, non seulement de diriger les événements lointains, mais encore de les prévoir avec certitude, quand leurs causes n'existent pas encore.

La grande Apparition de la Salette a été éclairée de tous les flambeaux. Trois ans et quelques mois après, M. l'abbé Michel Perrin, qui desservait le péle-

« *qui sera d'abolir et de faire disparaître tout principe*
« *religieux, pour faire place au matérialisme, à l'athé-*
« *isme, au spiritisme et à toutes sortes de vices.*

« *Dans l'année 1865, on verra l'abomination dans les*
« *lieux saints ; dans les couvents, les fleurs de l'Eglise*
« *seront putréfiées et le démon se rendra comme le roi des*
« *cœurs. Que ceux qui sont à la tête des communautés*
« *religieuses se tiennent en garde pour les personnes*
« *qu'ils doivent recevoir, parce que le démon usera de*
« *toute sa malice pour introduire dans les ordres religieux*
« *des personnes adonnées au péché, car les désordres et*
« *l'amour des plaisirs charnels seront répandus par toute*
« *la terre.*

« *La France, l'Italie, l'Espagne et l'Angleterre seront*
« *en guerre ; le sang coulera dans les rues ; le Français*
« *se battra avec le Français, l'Italien avec l'Italien ;*
« *ensuite il y aura une guerre générale qui sera épou-*
« *vantable. Pour un temps, Dieu ne se souviendra plus de*
« *la France ni de l'Italie, parce que l'Evangile de Jésus-*
« *Christ n'est plus connu. Les méchants déploieront toute*
« *leur malice ; on se tuera, on se massacrera mutuellement*
« *jusque dans les maisons.*

« *Au premier coup de son épée foudroyante, les monta-*
« *gnes et la nature entière trembleront d'épouvante,*
« *parce que les désordres et les crimes des hommes per-*
« *cent la voûte des cieux. Paris sera brûlé et Marseille*
« *englouti ; plusieurs grandes villes seront ébranlées et*
« *englouties par des tremblements de terre : on croira*
« *que tout est perdu ; on ne verra qu'homicides, on n'en-*

rinage, attestait, *les pièces en main, plus de deux cent cinquante guérisons* obtenues par l'invocation de Notre-Dame de la Salette. La fontaine, qui ne « fluait » qu'à la fonte des neiges ou à la suite des grandes pluies, et qui, depuis, résiste à toutes les sécheresses, est un miracle permanent.

Flambeau divin, les interrogatoires qu'on fit subir aux enfants. N'était-il pas miraculeux de voir deux enfants qui, la veille, ne parlaient pas le français, débiter un long discours sans comprendre, et s'expliquer aisément en cette langue ? « Les interrogatoires les plus subtiles ne les effraient point, les phrases les plus captieuses ne les déconcertent point ; ils échappent à tous les pièges au moyen de réponses claires et péremptoires. Confrontés ou séparés, leurs dépositions s'harmonisent, se complètent, se corroborent, et cela sur des détails sans valeur. Les théologiens se sont avoués vaincus, les jurisconsultes et les savants, d'abord d'une hardiesse

« *tendra que bruits d'armes et que blasphèmes. Les justes*
« *souffriront beaucoup ; leurs prières, leur pénitence et*
« *leurs larmes monteront jusqu'au Ciel, et tout le peuple*
« *de Dieu demandera pardon et miséricorde, et demandera*
« *mon aide et mon intercession. Alors Jésus-Christ, par*
« *un acte de sa justice et de sa grande miséricorde pour*
« *les justes, commandera à ses anges que tous ses enne-*
« *mis soient mis à mort. Tout à coup les persécuteurs de*
« *l'Eglise de Jésus-Christ et tous les hommes adonnés au*
« *péché périront, et la terre deviendra comme un désert.*
« *Alors se fera la paix, la réconciliation de Dieu avec*
« *les hommes; Jésus-Crist sera servi, adoré et glorifié;*
« *la charité fleurira partout. Les nouveaux rois seront*
« *le bras droit de la Sainte Eglise, qui sera forte, hum-*
« *ble, pieuse, pauvre, zélée et imitatrice des vertus de*
« *Jésus-Christ. L'Evangile sera prêché partout, et les*
« *hommes feront de grands progrès dans la foi, parce*
« *qu'il y aura unité parmi les ouvriers de Jésus-Christ,*
« *et que les hommes vivront dans la crainte de Dieu.*

« *Cette paix parmi les hommes ne sera pas longue :*
« *vingt-cinq ans d'abondantes récoltes leur feront oublier*
« *que les péchés des hommes sont cause de toutes les pei-*
« *nes qui arrivent sur la terre.*

« *Un avant-coureur de l'antechrist, avec ses troupes de*
« *plusieurs nations, combattra contre le vrai Christ, le*
« *seul Sauveur du monde ; il répandra beaucoup de sang,*
« *et voudra anéantir le culte de Dieu pour se faire re-*
« *garder comme un Dieu.*

« *La terre sera frappée de toutes sortes de plaies* [outre

extrême, craignirent bientôt d'y voir trop clair. » Après l'un de ces interrogatoires
on disait à Mélanie :

« Mon enfant, n'êtes-vous pas ennuyée de répéter si souvent les mêmes
choses ?

— Non, Monsieur.

— Cela doit pourtant vous ennuyer, surtout quand on vous fait des questions
embarrassantes ?

— Monsieur, on m'a jamais *fait des questions embarrassantes*... »

Silence et stupéfaction ! Tout l'auditoire se regarde, et chacun est *très embar-*
rassé de s'être ainsi évertué en vain...

L'abbé Dupanloup, qui devint évêque d'Orléans, avouait avoir été *battu* par
ces deux enfants. « Il faut remarquer, écrivait-il le 11 juin 1848, que jamais accusés

la peste et la famine qui seront générales] ; *il y aura des*
« *guerres jusqu'à la dernière guerre, qui sera alors*
« *faite par les dix rois de l'antechrist, lesquels rois au-*
« *ront tous un même dessein et seront les seuls qui gouver-*
« *neront le monde. Avant que ceci arrive, il y aura une*
« *espèce de fausse paix dans le monde ; on ne pensera qu'à*
« *se divertir ; les méchants se livreront à toutes sortes de*
« *péchés ; mais les enfants de la Sainte Eglise, les enfants*
« *de la foi, mes vrais imitateurs, croîtront dans l'amour*
« *de Dieu et dans les vertus qui me sont les plus chères.*
« *Heureuses les âmes humbles conduites par l'Esprit-*
« *Saint ! Je combattrai avec elles jusqu'à ce qu'elles ar-*
« *rivent à la plénitude de l'âge.*

« *La nature demande vengeance pour les hommes, et*
« *elle frémit d'épouvante dans l'attente de ce qui doit*
« *arriver à la terre souillée de crimes.*

« *Tremblez terre, et vous qui faites profession de ser-*
« *vir Jésus-Christ et qui au dedans vous adorez vous-*
« *mêmes, tremblez ; car Dieu va vous livrer à son ennemi,*
« *parce que les lieux saints sont dans la corruption ;*
« *beaucoup de couvents ne sont plus les maisons de Dieu,*
« *mais les pâturages d'Asmodée et des siens.*

« *Ce sera pendant ce temps que naîtra l'antechrist,*
« *d'une religieuse hébraïque, d'une fausse vierge qui*
« *aura communication avec le vieux serpent, le maître*
« *de l'impureté ; son père sera Ev. ; en naissant, il*
« *vomira des blasphèmes, il aura des dents ; en un mot*
« *ce sera le diable incarné ; il poussera des cris effrayants,*
« *il fera des prodiges, il ne se nourrira que d'impuretés.*

n'ont été, en justice, poursuivis de questions sur un crime comme ces deux pauvres petits paysans le sont depuis deux ans sur la vision qu'ils racontent. A des difficultés souvent préparées d'avance, quelquefois longuement et insidieusement méditées, ils ont toujours opposé des réponses promptes, brèves, claires, précises, péremptoires. On sent qu'ils seraient radicalement incapables de tant de présence d'esprit, si tout cela n'était la vérité. On les a vu conduire, comme on conduirait des malfaiteurs, sur le lieu même, ou de leur révélation ou de leur imposture ; ni les personnages les plus graves et les plus distingués ne les déconcertent, ni les menaces et les injures ne les effraient, ni les caresses et la douceur ne les font fléchir, ni les plus longs interrogatoires ne les fatiguent, ni la fréquente répétition de toutes ces épreuves ne les trouve en contradiction, soit chacun avec lui-même, soit l'un avec l'autre. »

Cette assistance surnaturelle a duré toute leur vie.

« Il aura des frères qui, quoiqu'ils ne soient pas comme
« lui des démons incarnés, seront des enfants de mal ; à
« 12 ans, ils se feront remarquer par leurs vaillantes
« victoires qu'ils remporteront ; bientôt, ils seront cha-
« cun à la tête des armées, assistés par des légions de
« l'enfer.

« Les saisons seront changées, la terre ne produira
« que de mauvais fruits, les astres perdront leurs mou-
« vements réguliers, la lune ne reflètera qu'une faible
« lumière rougeâtre ; l'eau et le feu donneront au globe
« de la terre des mouvements convulsifs et d'horribles
« tremblements de terre, qui feront engloutir des monta-
« gnes, des villes [etc.].

« Rome perdra la foi et deviendra le siège de l'ante-
« christ.

« Les démons de l'air avec l'antechrist feront de
« grands prodiges sur la terre et dans les airs, et les
« hommes se pervertiront de plus en plus. Dieu aura
« soin de ses fidèles serviteurs et des hommes de bonne
« volonté ; l'Evangile sera prêché partout, tous les peu-
« ples et toutes les nations auront connaissance de la
« vérité !

« J'adresse un pressant appel à la terre : j'appelle
« les vrais disciples du Dieu vivant et régnant dans les
« cieux ; j'appelle les vrais imitateurs du Christ fait
« homme, le seul et vrai Sauveur des hommes ; j'appelle
« mes enfants, mes vrais dévots, ceux qui se sont donnés
« à moi pour que je les conduise à mon divin Fils, ceux
« que je porte pour ainsi dire dans mes bras, ceux qui

Un savant professeur de théologie et son ami, curé dans une grande ville, étaient venus à la Salette, avec une douzaine d'objections préparées et étudiées d'avance, pour les proposer à Maximin, lorsqu'il quitterait son échoppe, pour venir, sur la demande des pèlerins (qui le préféraient aux Missionnaires), faire le récit du miracle. Lorsque Maximin eut achevé son exposition, le professeur proposa la première objection. Maximin, se borna à dire : « Passez à la seconde » ; les mêmes choses se passèrent à la 2e, à la 3e, à la 4e, et à la 5e objection ; Maximin répondit alors en quelques mots ; il fit crouler les cinq objections, et cet écroulement entraîna celui des sept autres. En voyant cela, ce professeur et ce curé nous dirent à nous-même, car nous étions à côté d'eux : « Ce jeune homme est toujours dans sa mis-« sion ; il est assisté par la Sainte Vierge aujourd'hui comme aux premiers jours ; « c'est évident pour nous. Aucun théologien, fût-il le plus savant du monde, « n'aurait pu faire un pareil tour de force. Tout cela est certainement surhumain.

« *ont vécu de mon esprit ; enfin j'appelle les Apôtres des*
« *derniers temps, les fidèles disciples de Jésus-Christ*
« *qui ont vécu dans un mépris du monde et d'eux-mêmes,*
« *dans la pauvreté et dans l'humilité, dans le mépris et*
« *dans le silence, dans l'oraison et dans la mortifica-*
« *tion, dans la chasteté et dans l'union avec Dieu, dans*
« *la souffrance et inconnus du monde. Il est temps qu'ils*
« *sortent et viennent éclairer la terre. Allez et montrez-*
« *vous comme mes enfants chéris ; je suis avec vous et en*
« *vous, pourvu que votre foi soit la lumière qui vous*
« *éclaire dans ces jours de malheurs. Que votre zèle vous*
« *rende comme des affamés pour la gloire et l'honneur de*
« *Jésus-Christ. Combattez, enfants de lumière, vous*
« *petit nombre qui y voyez ; car voici le temps des temps,*
« *la fin des fins.*

« *L'Eglise sera éclipsée, le monde sera dans la cons-*
« *ternation. Mais voilà Enoch et Elie remplis de l'Es-*
« *prit de Dieu ; ils prêcheront avec la force de Dieu, et*
« *les hommes de bonne volonté croiront en Dieu, et beau-*
« *coup d'âmes seront consolées ; ils feront de grands pro-*
« *grès par la vertu du Saint-Esprit et condamneront les*
« *erreurs diaboliques de l'antechrist.*

« *Malheur aux habitants de la terre ! il y aura des*
« *guerres sanglantes et des famines ; des pestes et des*
« *maladies contagieuses ; il y aura des pluies d'une*
« *grêle effroyable d'animaux ; des tonnerres qui ébran-*
« *leront des villes ; des tremblements de terre qui en-*
« *gloutiront des pays ; on entendra des voix dans les*
« *airs ; les hommes se battront la tête contre les murail-*

« Il nous a mieux prouvé le miracle qu'on n'aurait pu le faire par les plus fortes
« démonstrations. » (AUG. NICOLAS).

Tous ces signes divins ne sont pour ainsi dire rien auprès des merveilles de
grâces opérées dans les âmes. Convertir les pécheurs, les ramener à JÉSUS, tel est
le but de l'apparition de la Salette et tel fut l'effet partout où elle fut comprise.
N'était-il pas miraculeux de voir se convertir, au récit de ces enfants, des foules
qui les accueillaient d'abord avec la dernière prévention et très souvent avec mépris ?
Dès la première année, le canton de Corps fut entièrement renouvelé. Non seulement
on n'y entendait plus blasphémer, non seulement on n'y voyait personne travailler
le dimanche, mais tous fréquentaient les églises et dès 1847 presque tous faisaient
leurs Pâques. Ainsi à Corps, sur une population de 1,800 habitants, il n'y eut pas
trente personnes qui négligèrent cet important devoir.

« *les ; ils appelleront la mort, et d'un autre côté la mort*
« *fera leur supplice ; le sang coulera de tous côtés. Qui*
« *pourra vaincre, si Dieu ne diminue le temps de l'é-*
« *preuve ? Par le sang, les larmes et les prières des*
« *justes, Dieu se laissera fléchir ; Enoch et Elie seront*
« *mis à mort ; Rome payenne disparaîtra ; le feu du Ciel*
« *tombera et consumera trois villes ; tout l'univers sera*
« *frappé de terreur, et beaucoup se laisseront séduire*
« *parce qu'ils n'ont pas adoré le vrai Christ vivant parmi*
« *eux. Il est temps ; le soleil s'obscurcit ; la foi seule*
« *vivra.*

« *Voici le temps ; l'abîme s'ouvre. Voici le roi des rois*
« *des ténèbres. Voici la bête avec ses sujets, se disant le*
« *sauveur du monde. Il s'élèvera avec orgueil dans les*
« *airs pour aller jusqu'au ciel ; il sera étouffé par le*
« *souffle de saint Michel Archange. Il tombera, et la*
« *terre, qui depuis trois jours sera en de continuelles*
« *évolutions, ouvrira son sein plein de feu ; il sera plongé*
« *pour jamais avec tous les siens dans les gouffres éter-*
« *nels de l'enfer. Alors l'eau et le feu purifieront la*
« *terre et consumeront toutes les œuvres de l'orgueil des*
« *hommes, et tout sera renouvelé : Dieu sera servi et*
« *glorifié.* »

IV

Ensuite la Sainte Vierge me donna, aussi en français,
la Règle d'un nouvel Ordre religieux. (1)

Mais pourquoi nous étendre sur ces signes divins, lorsque chacun peut allé-guer une autorité supérieure : celle de la Sainte Eglise. Si la Salette n'est pas un article de foi, c'est un article de bonne foi ; si ce n'est pas un dogme, c'est une grâce dont on n'a pas assez profité.

(1) Il en sera question dans la deuxième et dans la troisième partie, mais incidemment, car le Secret seul est l'objet direct de notre travail, la Règle n'étant pas destinée au public. Nous ne croyons pas même utile d'en envoyer une copie *confidentielle* aux prêtres qui, souvent, demandent à la connaître, puisque l'un des alinéas du Secret en donne une idée suffisante, et que, d'autre part, Mélanie m'écrivit, *la veille de sa mort,* combien elle était affligée de l'indiscrétion d'un bon prêtre à qui, sur ses instances, elle l'avait confiée et qui se proposait de la publier. « Il me promit, dit-elle, qu'elle ne serait que pour lui. A cette condition je la lui

Après m'avoir donné la Règle de ce nouvel Ordre religieux, la Sainte Vierge reprit ainsi la suite du Discours :

« *S'ils se convertissent, les pierres et les rochers se* « *changeront en blé, et les pommes de terre se trouveront* [1] « *ensemencées par les terres.*

« *Faites-vous bien votre prière, mes enfants ?* »

Nous répondîmes tous les deux :

« Oh ! non, Madame, pas beaucoup. »

« *Ah ! mes enfants, il faut bien la faire, soir et ma-* « *tin. Quand vous ne pourrez pas mieux faire, dites un* « *Pater et un Ave Maria ; et quand vous aurez le temps* « *et que vous pourrez mieux faire, vous en direz davan-* « *tage.*

« *Il ne va que quelques femmes un peu âgées à la* « *Messe ; les autres travaillent tout l'été le Dimanche ;* « *et l'hiver, quand ils ne savent que faire, ils ne vont à* « *la Messe que pour se moquer de la religion. Le ca-* [2] « *rême, ils vont à la boucherie comme les chiens.*

« *N'avez-vous pas vu du blé gâté, mes enfants ?* »

Tous les deux nous avons répondu : « Oh ! non, Madame. »

La Sainte Vierge s'adressant à Maximin : « *Mais toi,* « *mon enfant, tu dois bien en avoir vu une fois vers le* [3] « *Coin, avec ton père. L'homme de la pièce dit à ton* « *père : Venez voir comme mon blé se gâte. Vous y al-* « *lâtes. Ton père prit deux ou trois épis dans sa main,*

donnai. Eh ! voilà, à mon grand étonnement, à mon très grand déplaisir et regret, qu'il va (contre la volonté du Ciel) la livrer à la publicité ?... Je proteste de tout mon pouvoir... »

(1) Langage figuré pour signifier d'abondantes récoltes. Ainsi Dieu promit aux Israélites une terre où « couleraient le lait et le miel ».

(2) La Vierge très pure se sert d'une expression énergique, pour faire entendre que, dans un seul exemple d'intempérance, elle veut flétrir les plaies hideuses du sensualisme. Ne pouvant découvrir ces plaies sous les yeux des enfants, elle nous les signale suffisamment, puisque non seulement dans le langage de la Sainte Ecriture, mais dans toutes les langues, le mot « chiens » désigne les pécheurs qui ne cachent pas la honte de leurs vices.

(3) *Le Coin* est le nom d'une terre située à quelque distance de Corps.

« *il les frotta, et ils tombèrent en poussière. Puis, en*
« *vous en retournant, quand vous n'étiez plus qu'à une*
« *demi-heure de Corps, ton père te donna un morceau de*
« *pain en te disant : Tiens mon enfant, mange cette an-*
« *née, car je ne sais pas qui mangera l'année prochaine,*
« *si le blé se gâte comme cela.* »

Maximin répondit : « C'est bien vrai, Madame, je ne
me le rappelais pas. »

La Très Sainte Vierge a terminé son discours en français : « *Eh bien ! mes enfants, vous le ferez passer à tout*
« *mon peuple.* »

La Très Belle Dame traversa le ruisseau ; et à deux pas
du ruisseau, sans se retourner vers nous qui la suivions
(parce qu'elle attirait à elle par son éclat et plus encore
par sa bonté qui m'enivrait, qui semblait me faire fondre le cœur), elle nous a dit encore :

« *Eh bien ! mes enfants, vous le ferez passer à tout*
« *mon peuple.* »   (1)

Puis elle a continué de marcher jusqu'à l'endroit où
j'étais montée pour regarder où étaient nos vaches. Ses
pieds ne touchaient que le bout de l'herbe sans la faire
plier. Arrivée sur la petite hauteur, la Belle Dame s'ar-
rêta, et vite je me plaçai devant elle, pour bien, bien la
regarder, et tâcher de savoir quel chemin elle inclinait le
plus à prendre ; car c'était fait de moi, j'avais oublié et
mes vaches et les maîtres chez lesquels j'étais en service ; je m'étais attachée pour toujours et sans condition à *Ma* Dame ; oui, je voulais ne plus jamais, jamais

(1) La Sainte Vierge montre l'importance qu'Elle attache à son enseignement.
Elle est venue, en effet, nous ramener à l'observation « *in spiritu et veritate* » de la
Loi de DIEU. Elle a si bien résumé dans son discours les enseignements de son Fils,
qu'il est impossible de parler d'une manière utile aux chrétiens, aux religieux et
aux ecclésiastiques de nos jours, sans retomber, qu'on le veuille ou non, dans ce
qu'elle vient de dire. Aussi, après avoir commencé comme son Fils : « *pœnitemini* »
(Luc, I, 15) « *Si mon peuple ne veut pas se soumettre* », elle termine comme lui :
« *Docete omnes gentes* » (Math. XXVIII, 19) « *Vous le ferez passer à tout mon peuple.* »
Ces dernières paroles, elle les redit. Un souverain ne répète pas un ordre qu'il vient
de donner ; mais Elle fit entendre aux enfants que, la première fois, il s'agissait de la
partie de son discours destinée à être rendue immédiatement publique, et la seconde
fois des secrets.

la quitter ; je la suivais sans arrière-pensée, et dans la disposition de la servir tant que je vivrai.

Avec *Ma* Dame je croyais avoir oublié le paradis ; je n'avais plus que la pensée de bien la servir en tout ; et je croyais que j'aurais pu faire tout ce qu'Elle m'aurait dit de faire, car il me semblait qu'Elle avait beaucoup de pouvoir. Elle me regardait avec une tendre bonté qui m'attirait à Elle; j'aurais voulu, avec les yeux fermés, m'élancer dans ses bras. Elle ne m'a pas donné le temps de le faire. Elle s'est élevée insensiblement de terre à une hauteur d'environ un mètre et plus ; et restant ainsi suspendue en l'air un tout petit instant, Ma Belle Dame regarda le ciel, puis la terre à sa droite et à sa gauche, puis Elle me regarda avec des yeux si doux, si aimables et si bons, que je croyais qu'Elle m'attirait dans son intérieur, et il me semblait que mon cœur s'ouvrait au sien.

Et tandis que mon cœur se fondait en une douce dilatation, la belle figure de Ma Bonne Dame disparaissait peu à peu : il me semblait que la lumière en mouvement se multipliait ou bien se condensait autour de la Très Sainte Vierge, pour m'empêcher de la voir plus longtemps. Ainsi la lumière prenait la place des parties du corps qui disparaissaient à mes yeux ; ou bien il semblait que le corps de Ma Dame se changeait en lumière en se fondant. Ainsi la lumière en forme de globe (1) s'élevait doucement en direction droite.

Je ne puis pas dire si le volume de lumière diminuait

(1) Maximin : « Nous ne vîmes plus qu'un globe de feu s'élever et pénétrer dans le firmament. — Dans notre langage naïf nous avons appelé ce globe le second soleil. Nos regards furent longtemps attachés sur l'endroit où le globe lumineux avait disparu. Je ne puis dépeindre ici l'extase dans laquelle nous nous trouvions. Je ne parle que de moi ; je sais très-bien que tout mon être était anéanti, que tout le système organique était arrêté en ma personne. Lorsque nous eûmes le sentiment de nous-mêmes, Mélanie et moi nous nous regardions sans pouvoir prononcer un seul mot, tantôt levant les yeux vers le ciel, tantôt les portant à nos pieds et autour de nous, tantôt interrogeant du regard tout ce qui nous environnait. Nous semblions chercher le personnage resplendissant que je n'ai plus revu. »

— 21 —

à mesure qu'elle s'élevait, ou bien si c'était l'éloignement qui faisait que je voyais diminuer la lumière à mesure qu'elle s'élevait ; ce que je sais, c'est que je suis restée la tête levée et les yeux fixés sur la lumière, même après que cette lumière, qui allait toujours s'éloignant et diminuant de volume, eut fini par disparaître.

Mes yeux se détachent du firmament, je regarde autour de moi, je vois Maximin qui me regardait, je lui dis : « Mémin, cela doit être le bon Dieu de mon père, (1) ou la Sainte Vierge, ou quelque grande sainte. » Et Maximin lançant la main en l'air, il dit : « Ah ! si je l'avais su ! »

V

Le soir du 19 septembre, nous nous retirâmes un peu plus tôt qu'à l'ordinaire. Arrivée chez mes maîtres, je m'occupais à attacher mes vaches et à mettre tout en ordre dans l'écurie. Je n'avais pas terminé, que ma maîtresse vint à moi en pleurant et me dit : « Pourquoi, mon enfant, ne venez-vous pas me dire ce qui vous est arrivé sur la montagne ? » (Maximin n'ayant pas trouvé ses maîtres, qui ne s'étaient pas encore retirés de leurs travaux, était venu chez les miens, et avait raconté tout ce qu'il avait vu et entendu). Je lui répondis : « Je voulais bien vous le dire, mais je voulais finir mon ouvrage auparavant. » Un moment après, je me rendis dans la maison, et ma maîtresse me dit : « Racontez ce que

(1) Voilà un passage qui a certainement semblé bien insignifiant à bon nombre de lecteurs. Mélanie qui prend la Belle Dame pour « le bon DIEU de son père » ! Quel style ! Quelle idée singulière de nous transcrire de la sorte, en plein récit officiel du Grand Fait, cette remarque enfantine, pour ne pas dire mesquine ! Était-ce pour égayer la narration par la réplique assez terre à terre de Maximin, qui d'habitude a des réparties plus originales ?... Vraiment, cette petite ligne est bien « insignifiante... » ?

Pour ceux qui ont eu le bonheur de connaître personnellement la pieuse narratrice, cette ligne anodine est l'une des plus charmantes du récit. Elle la leur fait revivre ; elle leur rappelle une des délicatesses de ce caractère aussi admirable en réalité qu'avide d'ombre et d'oubli.

« Mémin, cela doit être le bon DIEU de mon père ». Vous paraît-elle seulement insignifiante, cette phrase, ne la trouvez-vous pas aussi un peu *choquante*, si

vous avez vu ; le berger de Bruite (c'était le surnom de Pierre Selme, maître de Maximin) m'a tout raconté. »

Je commence, et vers la moitié du récit mes maîtres arrivèrent de leurs champs ; ma maîtresse, qui pleurait en entendant les plaintes et les menaces de notre tendre Mère, dit : « Ah ! vous vouliez aller ramasser le blé demain ; gardez-vous en bien, venez entendre ce qui est arrivé aujourd'hui à cette enfant et au berger de Selme. » Et se tournant vers moi, elle dit : « Recommencez tout ce que vous m'avez dit. » Je recommence ; et lorsque j'eus terminé, mon Maître dit : « C'est la Sainte Vierge, ou bien une grande sainte, qui est venue de la part du bon Dieu ; mais c'est comme si le bon Dieu était venu lui-même : il faut faire tout ce que cette Sainte a dit. Comment allez-vous faire pour dire cela à tout son peuple ? » Je lui répondis : « Vous me direz comment je dois faire, et je le ferai. » Ensuite il ajouta en regardant sa mère, sa femme et son frère : « Il faut y penser. » Puis chacun se retira à ses affaires.

C'était après le souper. Maximin et ses maîtres vinrent chez les miens pour raconter ce que Maximin leur avait dit, et pour savoir ce qu'il y avait à faire : « Car, dirent-ils, il nous semble que c'est la Sainte Vierge qui a été envoyée par le bon Dieu ; les paroles qu'Elle a dites le font croire. Et Elle leur a dit de le faire passer à tout son peuple ; il faudra peut-être que ces enfants parcourent le monde entier pour faire connaître qu'il faut que tout le monde observe les commandements du bon

vous vous souvenez de cette allusion que nous avons eu déjà l'occasion de faire aux apparitions célestes si multipliées dont avait été favorisée la petite enfance de Mélanie ? Quoi ! depuis une dizaine d'années elle vivait dans la familiarité presque constante de Celle qu'elle appelait sa Mère ; et dans cette journée du 19 septembre elle ne la reconnaît pas ! Elle se trompe aussi grossièrement ! Elle la prend pour le « Bon Dieu de son père » ? De qui se moque-t-on ici ? N'est-ce pas une effronterie, plutôt qu'une phrase « insignifiante » ?...

Et nous qui avons eu la joie de voir Mélanie de près, cette parole qu'elle se rappelle avoir dite à Maximin nous comble d'allégresse ! nous la voyons ce jour-là telle que nous l'avons toujours connue.

Elle ne se moquait pas, certes, de Maximin, pas plus qu'elle ne se moquait, par exemple, de moi, vers la fin de sa vie, en me laissant croire que c'était par inattention, indifférence, paresse ou originalité, qu'elle arrivait en retard, ou même

Dieu, sinon de grands malheurs vont arriver sur nous. »
Après un moment de silence, mon Maître dit, en s'a-
dressant à Maximin et à moi : « Savez-vous ce que vous
devez faire, mes enfants ? Demain, levez-vous de bon
matin, allez tous les deux à Monsieur le Curé, et racon-
tez-lui tout ce que vous avez vu et entendu ; dites-lui
bien comment la chose s'est passée : il vous dira ce que
vous avez à faire. »

Le 20 septembre, lendemain de l'apparition, je partis
de bonne heure avec Maximin. Arrivés à la Cure, je
frappe à la porte. La domestique de Monsieur le Curé
vint ouvrir et demanda ce que nous voulions. Je lui dis
(en français, moi qui ne l'avais jamais parlé) : « Nous
voudrions parler à Monsieur le Curé. » — « Et que voulez-vous lui dire ? » nous demanda-t-elle. — « Nous voulons lui dire, Mademoiselle, qu'hier nous sommes allés
garder nos vaches sur la montagne des Baisses, et a-
près avoir dîné, etc., etc. » Nous lui racontâmes une
bonne partie du discours de la Très Sainte Vierge. Alors
la cloche de l'Eglise sonna ; c'était le dernier coup de la
Messe. Monsieur l'abbé Perrin, curé de la Salette, qui
nous avait entendus, ouvrit sa porte avec fracas : il
pleurait ; il se frappait la poitrine ; il nous dit : « Mes
enfants, nous sommes perdus, le bon Dieu va nous punir. Ah ! mon Dieu, c'est la Sainte Vierge qui vous est
apparue ! » Et il partit pour dire la Sainte Messe. Nous
nous regardâmes avec Maximin et la domestique ; puis
Maximin me dit : « Moi, je m'en vais chez mon père, à
Corps. » Et nous nous séparâmes.

n'arrivait pas du tout à l'église, à son heure habituelle, un ou deux jours par
semaine. Je n'aurais jamais su le mystère si, un jour de semblable absence, je
n'étais entré chez elle à l'improviste, sans qu'elle eût le temps de faire disparaître
une preuve matérielle de ses sanglants stigmates. J'abusai de ma prétendue autorité. Il lui fallut s'expliquer. Et malgré elle, pressée par mes questions, elle m'avoua
que Notre-Seigneur crucifié, lui apparaissant, l'associait aux souffrances de sa Passion... Et tout ce qu'on saura d'elle, un jour, c'est par des moyens pareils qu'on
en a surpris la connaissance...

C'est Oh ! que l'humilité était belle dans cette âme formée par l' « Aimable Frère » !
C'est bien Lui qui avait enseigné à cette âme avec le « Sacramentum Regis » l'art
difficile de « cacher le secret du Roi » ! Ces effusions des intimités divines, il fallait
les dérober à tout regard étranger... et on dirait que tout le travail de sa vie exté-
rieure consistait à les cacher. Une âme qui est dans des rapports quasi ininterrom-

N'ayant pas reçu d'ordre de mes **Maîtres** de me retirer aussitôt après avoir parlé à Monsieur le Curé, je
crus ne pas faire mal en assistant à la Messe. Je fus
donc à l'Eglise. La Messe commence, et, après le premier Evangile, Monsieur le Curé se tourne vers le peuple et essaie de raconter à ses paroissiens l'apparition
qui venait d'avoir lieu, la veille, sur une de leurs Montagnes, et les exhorte à ne plus travailler le Dimanche :
sa voix était entrecoupée par des sanglots, et tout **le**
peuple était ému. Après la Sainte Messe, je me retirai
chez mes Maîtres. Monsieur Peytard, qui est encore
aujourd'hui Maire de la Salette, y vint m'interroger **sur**
le fait de l'apparition ; et après s'être assuré de la **vérité**
de ce que je lui disais, il se retira convaincu.

Je continuai de rester au service de mes Maîtres jusqu'à la fête de la Toussaint. Ensuite je fus mise **comme**
pensionnaire chez les religieuses de la Providence, **dans**
mon pays, à Corps.

VI

La Très Sainte Vierge était très grande et bien pro-
portionnée ; elle paraissait être si légère qu'avec **un**
souffle on l'aurait fait remuer, cependant elle était immobile et bien posée. Sa physionomie était majestueuse,
imposante, mais non imposante comme le sont les Seigneurs d'ici-bas. Elle imposait une crainte respectueuse.
En même temps que Sa Majesté imposait du **respect**

pris avec le monde surnaturel et qui ne doit laisser apercevoir cela à personne ! Une
âme qui est à l'école de Celui qui sait tout, et qui doit tout ignorer !... Elle avait
pris le bon moyen, elle se mettait, comme par instinct, au niveau de ceux qui lui
parlaient.

J'ai été témoin à ce sujet de choses véritablement stupéfiantes et que l'heure
viendra peut-être de raconter... Au 19 septembre elle était enfant, et elle parlait à
Maximin comme aurait parlé une enfant. Ce lui est si naturel qu'elle ne s'aperçoit
pas même qu'elle met en œuvre la plus belle des vertus ; et tout simplement, sans
s'en douter, elle la pratique, elle en est tout embaumée, en plein public : car lorsqu'on
publie un récit comme le sien, on est bien au milieu de la foule ! Mais que lui
importe ? Elle n'y pense pas ! Et elle écrit la phrase « insignifiante » : « Cela doit
être le bon DIEU de mon père » !...

— 25 —

mêlé d'amour, elle attirait à Elle. Son regard était doux et pénétrant ; ses yeux semblaient parler avec les miens, mais la conversation venait d'un profond et vif sentiment d'amour envers cette beauté ravissante qui me liquéfiait. La douceur de son regard, son air de bonté incompréhensible faisait comprendre et sentir qu'elle attirait à elle et voulait se donner ; c'était une expression d'amour qui ne peut pas s'exprimer avec la langue de chair ni avec les lettres de l'alphabet.

Le vêtement de la Très Sainte Vierge était blanc argenté et tout brillant ; il n'avait *rien de matériel :* il était composé de lumière et de gloire, variant et scintillant. Sur la terre il n'y a pas d'expression ni de comparaison à donner.

La Sainte Vierge était toute belle et toute formée d'amour ; en la regardant je languissais de me fondre en elle. Dans ses atours, comme dans sa personne, tout respirait la majesté, la splendeur, la magnificence d'une Reine incomparable. Elle paraissait belle, blanche, immaculée, cristallisée, éblouissante, céleste, fraîche, neuve comme une Vierge ; il semblait que la parole : *Amour*, s'échappait de ses lèvres argentées et toutes pures. Elle me paraissait comme une bonne Mère, pleine de bonté, d'amabilité, d'amour pour nous, de compassion, de miséricorde.

La couronne de roses qu'elle avait sur la tête était si belle, si brillante, qu'on ne peut pas s'en faire une idée: les roses de diverses couleurs n'étaient pas de la terre :

LARMES. Le soir de ce grand jour, sa maîtresse la trouvera dans l'écurie FONDANT EN LARMES. Ces larmes qu'elle avait retenues devant Maximin, elle saura bien les comprimer encore, dès qu'elle s'apercevra qu'elle n'est pas seule. Elle ne doit pleurer qu'en secret sur ces choses dont elle doit paraître la messagère inconsciente, mais qu'elle a trop bien comprises... Qu'importe du reste qu'elle verse ou non des larmes ? On les mentionnera, et c'est tout : nul ne songe à demander : Pourquoi ? Elle a fermé toutes les curiosités avec sa phrase enfantine sur « le bon DIEU de son Père ».

Je m'exprimais mal tout à l'heure, en disant que Mélanie se mettait au niveau de son milieu. Verrait-on dans ces mots quelque chose comme une condescendance orgueilleuse qui la poussait, non sans quelque dédain, à s'incliner de la sorte ? Non, ce n'est pas elle qui se mettait à ce niveau. Elle n'avait qu'à se laisser faire : c'est l' « Aimable Frère » qui faisait tout.

c'était une réunion de fleurs qui entouraient la tête de la Très Sainte Vierge en forme de couronne ; mais les roses se changeaient ou se remplaçaient ; puis du cœur de chaque rose il sortait une si belle lumière qu'elle ravissait et rendait les roses d'une beauté éclatante. De la couronne de roses s'élevaient comme des branches d'or et une quantité d'autres petites fleurs mêlées avec des brillants.

Le tout formait un très beau diadème, qui brillait tout seul plus que notre soleil de la terre.

La Sainte Vierge avait une très jolie Croix suspendue à son cou. Cette Croix paraissait être dorée, je dis *dorée* pour ne pas dire une plaque d'or ; car j'ai vu quelquefois des objets dorés avec diverses nuances d'or, ce qui faisait à mes yeux un bien plus bel effet qu'une simple plaque d'or. Sur cette belle Croix toute brillante de lumière était un Christ, était Notre-Seigneur, les bras étendus sur la Croix. Presque aux deux extrémités de la Croix, d'un côté il y avait un marteau, de l'autre une tenaille. Le Christ était couleur de chair naturelle, mais il brillait d'un grand éclat ; et la lumière qui sortait de tout son corps paraissait comme des dards très brillants, qui me fendaient le cœur du désir de me fondre en lui. Quelquefois le Christ paraissait être mort : il avait la tête penchée, et le corps était comme affaissé, comme pour tomber, s'il n'avait pas été retenu par les clous qui le retenaient à la Croix.

J'en avais une vive compassion, et j'aurais voulu re-

Entre ses mains, l'âme humble n'a qu'à se prêter : Mélanie tout simplement se prêtait. Et c'était vraiment si simple que personne ne songeait à s'en étonner. Notre-Seigneur se fait ainsi des âmes qui ne sont que pour Lui, de belles fleurs pour son « Jardin fermé ». La Bergère disparaît-elle assez dans ce long récit où pourtant elle est perpétuellement en scène ?...

L'heure viendra, que j'attends avec impatience, de soulever tous ces voiles, « *Opera Dei revelare honorificum est* ». Qu'il nous suffise pour le moment d'admirer, sans essayer de les comprendre, toutes ces précautions divines. Notre-Seigneur aimait tant cette âme, qu'Il la voulait pour Lui et rien que pour Lui. Et elle, comme elle se soumettait, docile et simple, à toutes les exigences de l'Ami céleste ! Prenez-la deux ans après l'Apparition : les écrivains ont tôt fait de nous dire que jusqu'à l'âge de 17 ans et malgré les soins des Religieuses de Corps, elle ne put être suffisamment instruite pour faire sa première communion, et ne put apprendre

dire au monde entier son amour inconnu, et infiltrer dans les âmes des mortels l'amour le plus senti et la reconnaissance la plus vive envers un Dieu qui n'avait nullement besoin de nous pour être ce qu'il est, ce qu'il était et ce qu'il sera toujours ; et pourtant, ô amour incompréhensible à l'homme ! il s'est fait homme, et il a voulu mourir, oui mourir, pour mieux écrire dans nos âmes et dans notre mémoire l'amour Fou qu'il a pour nous ! Oh ! que je suis malheureuse de me trouver si pauvre en expression pour redire l'amour, oui, l'amour de notre bon Sauveur pour nous ! mais, d'un autre côté, que nous sommes heureux de pouvoir sentir mieux ce que nous ne pouvons exprimer !

D'autres fois le Christ semblait vivant ; il avait la tête droite, les yeux ouverts, et paraissait être sur la Croix par sa propre volonté. Quelquefois aussi il paraissait parler : il semblait vouloir montrer qu'il était en Croix pour nous, par amour pour nous, pour nous attirer à son amour, qu'il a toujours un amour nouveau pour nous, que son amour du commencement et de l'année 33 est toujours celui d'aujourd'hui et qu'il sera toujours.

La Sainte Vierge pleurait presque tout le temps qu'Elle me parla. Ses larmes coulaient une à une lentement jusque vers ses genoux ; puis, comme des étincelles de lumière, elles disparaissaient. Elles étaient brillantes et pleines d'amour. J'aurais voulu La consoler, et qu'Elle ne pleurât plus. Mais il me semblait qu'Elle avait besoin de montrer ses larmes pour mieux montrer son

l'alphabet (a). Ils trouvent là l'occasion facile d'un savant commentaire du texte : « Quæ stulta sunt mundi elegit Deus ut confundat sapientes ». C'est dur pourtant pour une jeune fille de passer pour sotte à ce point ! Recevoir les leçons du grand docteur, de l'Eternelle Sagesse en personne, avoir été formée à cette école, et ne pouvoir, devant le jury de la première communion, réciter la lettre du catéchisme !... On n'a pas remarqué que, tout d'un coup, sans qu'elle s'en rendît compte elle-même, elle s'était trouvée aussi instruite que ses compagnes... Son âge de 17 ans expliquera tout : il est tout naturel en effet qu'une jeune fille de 17 ans, profondément ignorante la veille, sache lire le lendemain. Personne n'en fut surpris ; et l'on put voir

chisme : (a) Pour qu'elle apprit à lire, elles ne lui enseignèrent pas de vive voix la lettre du catéchisme : « Quand vous saurez lire, lui disait-on, vous l'apprendrez dans votre livre et ferez votre première communion. »

amour oublié par les hommes. J'aurais voulu me jeter dans ses bras et lui dire : « Ma bonne Mère, ne pleurez pas ! je veux vous aimer pour tous les hommes de la terre. » Mais il me semblait qu'Elle me disait : « Il y en a tant qui ne me connaissent pas ! »

J'étais entre la mort et la vie, en voyant d'un côté tant d'amour, tant de désir d'être aimée, et d'un autre côté tant de froideur, tant d'indifférence.... Oh ! ma Mère, Mère toute, toute belle et tout aimable, mon amour, cœur de mon cœur !...

Les larmes de notre tendre Mère, loin d'amoindrir son air de Majesté, de Reine et de Maîtresse, semblaient au contraire l'embellir, la rendre plus aimable, plus belle, plus puissante, plus remplie d'amour, plus maternelle, plus ravissante ; et j'aurais mangé ses larmes, qui faisaient sauter mon cœur de compassion et d'amour. Voir pleurer une Mère, et une telle Mère, sans prendre tous les moyens imaginables pour la consoler, pour changer ses douleurs en joie, cela se comprend-il ? O Mère plus que bonne ! Vous avez été formée de toutes les prérogatives dont Dieu est capable ; vous avez comme épuisé la puissance de Dieu ; vous êtes bonne et puis bonne de la bonté de Dieu même ; Dieu s'est agrandi en vous formant son chef-d'œuvre terrestre et céleste.

La Très Sainte Vierge avait un tablier jaune. Que dis-je, jaune ? Elle avait un tablier plus brillant que plusieurs soleils ensemble. Ce n'était pas une étoffe matérielle, c'était un composé de gloire, et cette gloire

enfin cette enfant, à l'esprit si longtemps borné, prendre place dans les rangs des petites communiantes de onze ans. Toute la paroisse de Corps était convaincue qu'elle communiait pour la première fois... Comme l' « Aimable Frère » cachait bien ses secrets ! Non, la « Petite Sœur » ne se mettait pas au niveau de son milieu ; c'était Lui qui la mettait, par amour, par « préservatif », bien au-dessous de ce niveau.

était scintillante et d'une beauté ravissante. Tout en la
Très Sainte Vierge me portait *fortement*, et me faisait
comme glisser à adorer et à aimer mon Jésus dans tous
les états de sa vie mortelle.

La Très Sainte Vierge avait deux chaînes, l'une un
peu plus large que l'autre. A la plus étroite était suspendue la Croix dont j'ai fait mention plus haut. Ces
chaînes (puisqu'il faut donner le nom de chaînes) étaient
comme des rayons de gloire d'un grand éclat variant et
scintillant.

Les souliers (puisque souliers il faut dire) étaient (1)
blancs, mais un blanc argenté, brillant ; il y avait des
roses autour. Ces roses étaient d'une beauté éblouissante, et du cœur de chaque rose sortait une flamme
de lumière très belle et très agréable à voir. Sur les
souliers il y avait une boucle en or, non en or de la
terre, mais bien de l'or du paradis.

La vue de la Très Sainte Vierge était elle-même un
paradis accompli. Elle avait en Elle tout ce qui pouvait satisfaire, car la terre était oubliée.

La Sainte Vierge était entourée de deux lumières. La
première lumière, plus près de la Très Sainte Vierge,
arrivait jusqu'à nous ; elle brillait d'un éclat très beau
et scintillant. La seconde lumière s'étendait un peu plus
autour de la Belle Dame, et nous nous trouvions dans
celle-là ; elle était immobile (c'est-à-dire qu'elle ne scin-
tillait pas), mais bien plus brillante que notre pauvre

(1) Maximin : « Lorsque je dois parler de la Belle-Dame qui m'est apparue
sur la Sainte Montagne, j'éprouve l'embarras que devait éprouver saint Paul en
descendant du troisième ciel. Non, l'œil de l'homme n'a jamais vu, son oreille n'a
jamais entendu ce qu'il m'a été donné de voir et d'entendre.

« Comment des enfants ignorants, appelés à s'expliquer sur des choses si
extraordinaires, auraient-ils rencontré une justesse d'expression que des esprits
d'élite ne rencontrent pas toujours pour peindre des objets vulgaires. Qu'on ne
s'étonne donc pas si ce que nous avons appelé *bonnet, couronne, fichu, chaînes, roses,
tablier, robe, bas, boucles* et *souliers* en avait à peine la forme. Dans ce beau costume,
il n'y avait rien de terrestre ; les rayons seuls et de nuances différentes s'entre-
croisant, produisaient un magnifique ensemble que nous avons amoindri et maté-
rialisé.

soleil de la terre. Toutes ces lumières ne faisaient pas mal aux yeux et ne fatiguaient nullement la vue.

Outre toutes ces lumières, toute cette splendeur, il sortait encore des groupes ou faisceaux de lumières, ou des rayons de lumière, du Corps de la Sainte Vierge, de ses habits et de partout.

La voix de la Belle Dame était douce ; elle enchantait, ravissait, faisait du bien au cœur ; elle rassasiait, aplanissait tous les obstacles, calmait, adoucissait. Il me semblait que j'aurais toujours voulu manger de sa belle voix, et mon cœur semblait danser ou vouloir aller à sa rencontre pour se liquéfier en elle.

Les yeux de la Très Sainte Vierge, notre tendre Mère, ne peuvent pas se décrire par une langue humaine. Pour en parler, il faudrait un séraphin ; il faudrait plus, il faudrait le langage de Dieu même, de ce Dieu qui a formé la Vierge Immaculée, chef-d'œuvre de sa toute-puissance.

Les yeux de l'Auguste Marie paraissaient mille et mille fois plus beaux que les brillants, les diamants et les pierres précieuses les plus recherchées ; ils brillaient comme deux soleils ; ils étaient doux de la douceur même, clairs comme un miroir. Dans ses yeux on voyait le paradis ; ils attiraient à Elle ; il semblait qu'Elle voulait se donner et attirer. Plus je la regardais, plus je la voulais voir ; plus je la voyais, plus je l'aimais, et je l'aimais de **toutes mes forces.**

Les yeux de la Belle Immaculée étaient comme la

« Une expression n'a de valeur que par l'idée qu'on y attache ; mais où trouver, dans notre langue, des expressions pour rendre des choses dont les hommes n'ont nulle idée. C'était une lumière, mais lumière bien différente de toutes les autres ; elle allait directement à mon cœur sans passer par mes organes et cependant avec une harmonie que les plus beaux concerts ne sauraient reproduire, que dis-je ! avec une saveur que les plus douces liqueurs ne sauraient avoir.

« Je ne sais quelles comparaisons employer, parce que les comparaisons prises dans le monde sensible sont atteintes du défaut que je reproche aux mots de notre langue : elles n'offrent pas à l'esprit l'idée que je veux rendre. Lorsqu'à la fin d'un feu d'artifice la foule s'écrie : « Voici le bouquet, » y a-t-il un rapport bien grand entre une réunion de fleurs et un ensemble de fusées qui éclatent ! Non, assurément ; eh bien ! la distance qui sépare les comparaisons que j'emploie et les idées que je veux rendre est infiniment plus considérable encore. »

porte de Dieu, d'où l'on voyait tout ce qui peut enivrer l'âme. Quand mes yeux se rencontraient avec ceux de (1) la Mère de Dieu et la mienne, j'éprouvais au dedans de moi-même une heureuse révolution d'amour et de protestation de l'aimer et de me fondre d'amour.

En nous regardant, nos yeux se parlaient à leur mode, et je l'aimais tant, que j'aurais voulu l'embrasser dans le milieu de ses yeux qui attendrissaient mon âme, et semblaient l'attirer et la faire fondre avec la sienne. Ses yeux me plantèrent un doux tremblement dans tout mon être ; et je craignais de faire le moindre mouvement qui pût lui être désagréable tant soit peu.

Cette seule vue des yeux de la plus pure des Vierges aurait suffi pour être le Ciel d'un bienheureux ; aurait suffi pour faire entrer une âme dans la plénitude des volontés du Très-Haut parmi tous les événements qui arrivent dans le cours de la vie mortelle ; aurait suffi pour faire faire à cette âme de continuels actes de louange, de remerciement, de réparation et d'expiation. Cette seule vue concentre l'âme en Dieu et la rend comme une morte-vivante, ne regardant toutes les choses de la terre, même les choses qui paraissent les plus sérieuses, que comme des amusements d'enfants ; elle ne voudrait entendre parler que de Dieu et de ce qui touche à sa Gloire.

(I) La Sainte Vierge n'a pas permis au petit berger de voir ses yeux. Il n'a pu la voir pleurer : il ne savait pas ce qu'étaient ces étincelles de lumière qui disparaissaient vers les genoux de la Belle Dame. Elle ne lui a pas même permis de contempler son visage : « J'ai pas pu voir sa figure qui *éblouissait* ». Les deux enfants représentent deux classes de chrétiens. Les âmes d'oraison pénètrent les certitudes et les beautés des mystères de la foi ; Dieu se donne à ces âmes attentives et généreuses. Si les cœurs purs mais encore peu avancés dans les vertus, comme Maximin, sont aptes à recevoir les dons de Dieu, cependant Il ne les leur fait, d'ordinaire, qu'avec réserve. Quant à ceux qui n'ont d'amour que pour les choses visibles, ils ne voient rien et n'entendent rien aux choses surnaturelles. Ils sont représentés par le chien de Maximin qui demeura tranquillement couché aux pieds de son maître... Tout est significatif. « *Animalis homo non percipit ea quæ sunt Spiritus Dei ; stultitia enim est illi, et non potest intelligere.* » (I. Cor. II, 14). Car

— 32 —

Le péché est le seul mal qu'Elle voit sur la terre, Elle
(1) en mourrait de douleur si Dieu ne la soutenait. Amen.

Castellamare, le 21 Novembre 1878.

MARIE *de la Croix, Victime de Jésus,*
née MÉLANIE CALVAT, *Bergère de la Salette.*

Nihil obstat : imprimatur.
Datum Lycii ex Curia Ep^li die 15 Nov. 1879.

Vicarius Generalis
CARMELUS Arch^us COSMA

Imp. TAGAND, rue Mercière, 45, Lyon — MCMIV

ceux qui suivent l'attrait de leur sens perdent la grâce de DIEU. « *Nam sequentes
suam sensualitatem perdunt Dei gratiam* » (Imit. l. 1, ch. 1, v. 5).

(1) « Amen, qu'il en soit ainsi ! » Immense souffrance et abandon toujours à
la volonté divine... Comme la sainte enfant se peint admirablement dans ce cri
impersonnel qui est ici d'une sublime simplicité ! La connaissance que DIEU lui
donnait des péchés qui se font sur la terre, l' « odeur » du péché est la *seule* souffrance dont elle se soit plainte... Pour expier, elle pleura tellement qu'elle devint
aveugle pendant son séjour à Darlington. Elle recouvra la vue par un miracle,
mais ses larmes ne cessant de couler sa vue redevint très faible.

DEUXIÈME PARTIE

LE SECRET MÉDITÉ

A Sainte Vierge, en donnant ce Secret, voulait incontestablement qu'il fût vénéré et *médité* : c'était l'unique moyen de lui faire porter des fruits de salut. Le complot du silence et de la calomnie en décida autrement. Hâtons-nous de réparer cet outrage en recevant avec docilité ce suprême enseignement.

Aucun sujet n'est d'un aussi haut intérêt pour la génération présente, mais ce n'est pas le désir de satisfaire une vaine curiosité qui m'anime à commenter, surtout verset par verset, ce grave document, c'est une pensée de foi : Je voudrais montrer la Providence toujours plus attentive pour la Sainte Eglise, à mesure que grandit l'épreuve. *Minus enim jacula feriunt quæ prævidentur : et nos tolerabilius mundi mala suscipimus, si contra hæc per præscientiæ clypeum munimur.* (St Grégoire Pape.)

Je voudrais que, pleins d'obéissance, de confiance et de piété, nous dédommagions notre douce Mère du mépris qui a été fait de ses avertissements et de ses larmes. Car il y a eu des larmes dans ses yeux. Elle pleurait, quand elle daigna apparaître aux deux petits bergers. Quand le globe lumineux s'entr'ouvrit et qu'ils la virent, la tête dans ses mains, sur le bord desséché de la source qui, depuis, n'a pas cessé de couler ; quand elle leur disait :

« Si mon peuple ne veut pas se soumettre, je suis forcée de laisser aller la main de mon Fils : elle est si lourde et si pesante que je ne puis plus la retenir ; »

quand elle leur prédisait les châtiments qui ne se sont pas fait attendre et ceux plus terribles qui sont proches ; quand elle leur confiait ces graves secrets et qu'elle ajoutait : « à l'heure dite,

« Vous le ferez passer à tout mon peuple »,

elle pleurait encore, larmes intarissables comme l'eau qui coulait à ses pieds. *Gemitus matris tuæ ne obliviscaris.* (Eccli. VII, 29.)

Enfin, à cette heure où le découragement envahit toutes les âmes, je voudrais consoler ceux qui disent : « Tout est perdu ! » Je voudrais prouver que le salut de la société chrétienne est là ; qu'il n'est que là ; et que, par conséquent, le Secret de Mélanie, avec ses effrayantes prédictions, plein de leçons salutaires, ne doit pas retentir en vain à nos oreilles inattentives.

—

1. — « Mélanie, ce que je vais vous dire maintenant ne « sera pas toujours secret : vous ~~le publierez en 1858. »~~ pourrez le publier en 1858.

La Sainte Vierge commence par présenter à son peuple son ambassadrice. Elle la nomme, elle l'accrédite personnellement, elle l'investit, elle, « MÉLANIE », elle seule, du mandat difficile, redoutable, de publier le secret qu'elle va lui donner.

Elle a agi différemment avec Maximin. On sait qu'elle ne l'a ni nommé, ni chargé de publier son Secret qui est encore inconnu. On connaît encore ce détail : le Secret de Maximin est très court et beaucoup moins grave que celui de Mélanie. Pie IX communiqua les deux secrets à quelques cardinaux. Celui de Maximin dit, paraît-il, que les trois quarts de la France perdront la foi et que le quatrième quart la conservera mollement — qu'une grande nation du Nord se convertira, — que la foi se réveillera dans notre patrie, — que la paix ne sera pas rendue au monde avant que les hommes reviennent à Dieu, etc. — Mais toutes ces particularités ont été transmises de vive voix : il a pu s'y glisser des inexactitudes. Le berger a dit : « Mon secret, c'est des choses qui doivent être connues ; » elles seront donc connues quand le Saint-Siège jugera le moment venu. Jamais Maximin n'a dit que la Sainte Vierge l'avait chargé de les publier : il devait mourir avant le moment venu pour cette publication. Aussi, quand, à la fin de son discours, la Belle Dame dira : « Eh bien ! mes enfants, vous le ferez passer a tout mon peuple », cet ordre ne comportera pas pour lui l'obligation de « faire passer » son secret à une date fixée ni par des moyens déterminés ; la Providence devait y pourvoir.

Dès l'envoi des secrets à Pie IX, en 1851, on avait constaté cette différence essentielle dans la mission des deux enfants relativement à leur secret. Celle de Maximin était finie.

« Ho ! disait-il, à présent je suis débarrassé, je n'ai plus de secret, je suis comme les autres ! On n'a pas besoin de venir me rien demander ; on peut aller *demander des questions au Pape* ; il dira s'il veut. »

Celle de Mélanie persévérait comme avant !

« Je suis comme avant ! » disait-elle [1].

La Sainte Vierge donne donc à Mélanie, enfant d'une haute sainteté déjà, la mission redoutable de publier elle-même son secret : « Vous pourrez le publier en 1858. » La limite qu'elle impose à son silence ne va pas au delà de 1858. Quant à l'obligation de rompre ce silence en 1858, avec quelle délicatesse la Reine du Ciel précise les termes de son mandat ! Prévoyant les oppositions qu'on fera à son humble ambassadrice, elle lui laisse une grande latitude pour calmer sa conscience

______

[1] Voir l'*Echo de la Sainte Montagne*, imprimé à cette époque.

très timorée et dit seulement : « Vous pourrez. » Si elle avait dit : « *Vous publierez,* » Mélanie se serait fait tuer plutôt que de désobéir !

Or, en 1858, la sainte enfant était enfermée au Carmel de Darlington. Elle parla de son secret : elle demanda d'être rendue à la liberté et refusa énergiquement de prononcer des vœux de clôture, qui l'eussent condamnée au silence perpétuel qu'on avait prémédité. Après vingt mois d'instances, elle put sortir, et Pie IX, en la relevant de ses vœux provisoires, lui dit de rester dans le monde, à cause de sa mission. Elle lutta aussitôt pour obéir à sa Reine, car la peur du scandale, qui n'avait pas retenu la « Vierge très prudente » dans l'énoncé de ses reproches, souleva contre son obéissante missionnaire une tempête affreuse : elle dut bien vite reprendre le chemin de l'exil : quitta Marseille pour Céphalonie et Corfou, puis vint à Castellamare di Stabia, près Naples. Les princes de l'Eglise d'Italie jugèrent qu'une question déjà livrée, depuis 1851, à la sagesse de Pie IX ne devait plus être discutée et contrariée par les opposants de France, et donnèrent l'*Imprimatur* en pleine connaissance de cause, c'est-à-dire, après s'être assurés du consentement de Rome, comme le déclarera solennellement Mgr de Lecce, dans une lettre en date du 5 janvier 1880.

Avant la publication du Secret, le Discours public, la Règle et le Secret avaient été examinés à Rome, pendant quatre mois; et rien, **rien** n'avait été relevé contre la doctrine de l'Eglise Catholique. Mais comme Mélanie disait au cardinal Ferrieri, Préfet de la Sacrée Congrégation des Evêques et Réguliers, que, pour mieux obéir à la Très Sainte Vierge, elle avait l'intention de publier le divin message « afin que tous reviennent à Dieu, si nous voulons éviter des châtiments annoncés » :
— « Avez-vous de bonnes épaules ? lui demanda son Eminence. Les Français surtout vont vous tomber dessus ! »

« Avec l'aide de Dieu, répondit-elle, j'aime mieux craindre Dieu que les hommes. »

2. — « *Les prêtres, ministres de mon Fils, les prêtres, par*
« *leur mauvaise vie, par leurs irrévérences et leur impiété à*
« *célébrer les saints mystères, par l'amour de l'argent, l'amour*
« *de l'honneur et des plaisirs, les prêtres sont devenus des*
« *cloaques d'impureté. Oui, les prêtres demandent vengeance,*
« *et la vengeance est suspendue sur leurs têtes. Malheur aux*
« *prêtres et aux personnes consacrées à* Dieu*, lesquelles, par*
« *leurs infidélités et leur mauvaise vie, crucifient de nouveau*
« *mon Fils ! Les péchés des personnes consacrées à* Dieu *crient*
« *vers le Ciel et appellent la vengeance, et voilà que la ven-*
« *geance est à leurs portes, car il ne se trouve plus personne*
« *pour implorer miséricorde et pardon pour le peuple ; il n'y a*
« *plus d'âmes généreuses, il n'y a plus personne digne d'offrir*
« *la Victime sans tache à l'Éternel en faveur du monde.* »

Avant de récriminer à *priori* contre ces plaintes de
la « Vierge très pure », nous devons attentivement en
peser les termes : « *Secretum Dei intentos debet facere
non adversos* », dit Saint Augustin.

La Reine de l'Eglise se plaint amèrement des prêtres
et des « PERSONNES CONSACRÉES A DIEU » qui mènent une vie
mondaine, et elle les menace à plusieurs reprises de la
vengeance divine. Evidemment, elle parle d'une partie
des personnes consacrées à Dieu et non de la totalité.
Or, qu'il y ait de mauvais prêtres et que toujours il y en
ait eu, depuis Judas, Arius, Luther, etc., et que les
péchés des personnes consacrées à Dieu attirent sur
ces personnes et sur le monde le courroux céleste, ce
sont des vérités bien tristes, mais qu'on ne peut nier ;
le contraire serait incompréhensible. Ce n'est pas, du
reste, la première fois que le Ciel adresse de ces
reproches au clergé et aux communautés. Nous en
trouvons de semblables dans les lettres de Sainte
Catherine de Sienne, dans les écrits de Sainte Hildegarde, de Sainte Brigitte, de Marie d'Agréda, de la
bienheureuse Marguerite Alacoque, de la vénérable
Anna Maria Taïgi, etc.

Observons, deuxièmement, que le mot *impiété* ne
dit pas nécessairement outrage *positif* contre Dieu ; la
Reine du clergé semble plutôt nous reprocher notre
insuffisante piété dans la célébration des saints mystères ;

défaut bien répréhensible dans une action qui demande une si grande union à Dieu, une si parfaite pureté de cœur, que souvent on a ouï dire à Saint Vincent de Paul : « Si je n'étais pas prêtre, jamais je ne pourrais me résoudre à le devenir, m'en estimant très indigne » ; que Saint François d'Assise refusa, pour ce motif, de se laisser ordonner prêtre; que des hommes comme Saint Cyprien, Saint Athanase, Saint Martin, Saint Grégoire de Nazriance, Saint Chrysostome, etc., prirent la fuite pour échapper aux sollicitations pressantes du peuple et du clergé; que Saint Augustin se plaignit qu'on l'eût consacré en quelque sorte malgré lui, « *Vis mihi facta est merito peccatorum meorum* » ; et que Saint Thomas enfin, Saint Thomas d'Aquin, parlant en théologien, dit : « *sacerdotes perfecti in virtute esse* **debent.** » Si donc nous récriminions contre ces plaintes de la Très Sainte Vierge, nous montrerions par là que nous n'entendons rien à la grandeur infinie de Dieu, d'où résulteraient le peu d'estime que nous avons de notre très haute et très sublime vocation, et notre indulgence pour nos faiblesses.

Observons, troisièmement, que ces expressions hyperboliques : « Il ne se trouve plus personne pour implorer miséricorde et pardon pour le peuple ; il n'y a plus d'ames généreuses, etc. », sont du style de la Sainte Ecriture. Quand Dieu se plaint des pécheurs, des aveugles, des endurcis, souvent il généralise : « **Tous** ont déchu, disait David, il n'y a plus **un seul** homme qui fasse le bien. **Omnes** *declinaverunt, simul inutiles facti sunt, non est qui faciat bonum, non est* **usque ad unum.** » Voulait-il dire que, de son temps, tous *sans exception* étaient des prévaricateurs ? Certainement non, car il y a eu toujours des saints dans le monde.

Et quand Saint Paul répétait les mêmes paroles (*Epître aux Romains,* chap. III, versets 10, 11, 12) combien de saints n'y avait-il pas parmi ces chrétiens de la primitive Eglise ?...

Mais l'horreur de Dieu pour le péché est si grande,

que parfois il semble un instant se détourner avec dégoût de l'humanité tout entière, comme un père affligé par plusieurs de ses enfants, non par tous, se plaindra de n'avoir du côté de sa famille *que des sujets de peine*. Ces expressions hyperboliques, qui ont soulevé une fureur aveugle de beaucoup d'entre nous contre le Secret, n'ont donc pas un sens plus absolu que les textes cités de David et de Saint Paul, ni que tant d'autres semblables : « *Non est qui intelligat. — Nemo est qui recogitet corde. — Nemo est justus, etc.* » Elles sont une preuve de plus de la divinité du Secret, car si l'humble fille n'eût reproduit les expressions mêmes de la Sainte Vierge, ce n'est pas ainsi qu'elle aurait rédigé le Message. *Secretum Dei intentos debet facere, non adversos.*

Cela compris, recevons *avec humilité* ces reproches humiliants. On a cherché à les atténuer dans le louable but de les faire passer. Il n'est pas permis d'atténuer les paroles de la Sainte Vierge, *sous prétexte de les faire passer*. La Sainte Vierge n'a pas parlé pour ne rien dire. Ce serait même à tort, comme quelques-uns ont voulu le faire, qu'on restreindrait ces reproches aux prêtres de tel ou tel pays. Les paroles de MARIE s'adressent à tous : « VOUS LE FEREZ PASSER A TOUT MON PEUPLE. » C'est à ceux qu'elles regardent d'en profiter ; il n'y a aucun inconvénient à ce que chacun se les applique avec humilité...

Sans doute, grâce à DIEU, il y a beaucoup de bons prêtres, et beaucoup de bons religieux ; mais il est évident que ces plaintes nous atteignent ! Oui. malgré des répugnances trop compréhensibles, mais à cause de besoins trop réels, que ces reproches humiliants soient entendus avec humilité !

Il n'y a pas à contester : les corps sacerdotal et religieux sont sous le coup d'une accusation formelle ; les considérants sont clairs : « MAUVAISE VIE, IRRÉVÉRENCES, IMPIÉTÉ, AMOUR DE L'ARGENT, DE L'HONNEUR ET DES PLAISIRS ». Conséquence : tout cela fait un « CLOAQUE D'IMPURETÉ ». Et c'est répété une seconde fois : « INFIDÉLITÉ ET MAUVAISE VIE » « DEMANDENT VENGEANCE, — APPELLENT LA VENGEANCE. »

Arrêt, verdict, condamnation, tout cela n'est pas matière à éloquence ; chaque mot porte, et avant de récriminer il est bon de réfléchir.

D'abord les péchés des personnes « CONSACRÉES » offensent DIEU beaucoup plus que les péchés, mêmes plus grossiers et plus nombreux, des simples fidèles...

Ensuite, on a tort de croire qu'il est question directement des péchés contre la modestie dans les considérants de Notre-Dame... La Vierge très pure n'est-elle très pure qu'à cause du lys qu'elle tient en ses mains ? Si belle que soit cette fleur royale, n'en est-il pas d'autres dans l'*Hortus conclusus* ? Les douces fleurs de la piété, du détachement, de l'humilité, de la mortification, de *la rectitude d'intention surtout* : n'est-ce pas de ces fleurs-là qu'elle déplore l'absence quand elle dit qu'il n'y a plus d'âmes généreuses ?

Oui, voilà aussi ce qui fait la « MAUVAISE VIE » au jugement de la Vierge très pure ; car on oublie que tendre à la perfection pour réaliser le degré de sainteté que DIEU demande à chacun de nous est un *devoir rigoureux* pour les personnes consacrées... Or, sommes-nous vraiment ennemis de nos aises, vraiment mortifiés, vraiment humbles ; sommes-nous vraiment des cœurs détachés ? Humilité, détachement, mortification, *rectitude d'intention*, le monde n'en veut pas pour lui de ces vertus ; mais la Reine du Clergé a-t-elle vraiment tort de les *exiger* de nous ? Et sur ce point-là maintenons-nous les fidèles, qui aussi les exigent de nous, à l'abri du scandale ? Ces plantes précieuses, oserons-nous dire que nous n'en avons laissé aucune se flétrir dans nos jardins ?

Enfin, il y a une pureté d'un ordre à part, et qui devient la vertu inspiratrice, la Reine de tous les autres. Elle consiste, pour les ministres de la religion, en tout ce qui concerne les études ecclésiastiques, dans une grande droiture de vue en union avec l'Eglise, et dans une soumission entière et toute spontanée à son autorité.

VUE GÉNÉRALE

DE LA PAROISSE DE LA SALETTE, DE LA MONTAGNE DE L'APPARITION, DES MONTAGNES ENVIRONNANTES

(Prise de la Chapelle Saint-Sébastien, à cinq kilomètres de Corps)

La paroisse de la Salette, élevée de 1124 mètres au-dessus du niveau de la mer, se compose de huit villages et de quatre hameaux formant une population de 800 âmes environ.

La Sainte Écriture, la Théologie, la Philosophie, etc., ont droit, dans nos études à un respect profond, respect que nous ne saurons leur accorder qu'autant que nous rechercherons la vérité avec une abnégation complète de nos talents personnels, « en usant comme n'en n'usant pas, » c'est-à-dire, en nous tenant invariablement fixés à la Tradition catholique ; en marchant fidèlement, la main dans la main, avec notre Mère la Sainte Eglise. — Dans tous les temps, les malheurs de la religion sont venus des désordres de l'esprit bien plus que des désordres du cœur. Le libre examen n'a pas seulement donné naissance au Protestantisme, il s'infiltre parmi nous. Notre tendre Mère n'aurait-elle pas vu cet esprit de fausse réforme, quand elle parle d'un « CLOAQUE D'IMPURETÉ » ?

N'y a-t-il pas ici, pour chacun de nous, prêtres et religieux, belle matière à examen de conscience ?... Commençons par là ; et puis celui qui se trouvera sans péché, comme dit l'Evangile, qu'il jette la première pierre à la Vierge convaincue d'exagération, ou à sa messagère convaincue d'imposture.

3. — « Dieu *va frapper d'une manière sans exemple.* »

« SANS EXEMPLE » dans la nature, la succession et la multiplicité des châtiments : l'ensemble de ces châtiments sera pire que la mort, parce que le monde n'a jamais, autant qu'aujourd'hui, *méconnu son Créateur* et que *l'impiété, l'athéisme* de la société actuelle, comme société, est sans exemple dans l'histoire.

A l'époque du Déluge, l'impureté était plus générale, mais l'impiété, qui est le plus grand des crimes, l'était moins ; et le monde, pourtant, n'avait pas eu la grande grâce de l'Incarnation. L'athéisme ne débordait pas de toutes parts : il n'avait pas pris un caractère social, si tant est qu'il existât !...

« Quoiqu'il y ait toujours eu des impies, dit de Maistre, jamais il n'y avait eu, avant le XVIIIe siècle, une *insurrection contre Dieu* ; jamais surtout on n'avait vu une conjuration sacrilège de tous les talents contre leur auteur. »

Que dirait de Maistre aujourd'hui ? quels immenses ravages l'impiété n'a-t-elle pas faits depuis cent ans ?

Les athées étaient encore isolés et peu nombreux, aujourd'hui ils forment des légions organisées, avec leurs chefs, leurs cadres et leurs plans de bataille. Il n'y a pas de village qui ne compte des fanfarons d'impiété ! Les enfants même des écoles primaires ne sont-ils pas déjà de petits philosophes, promettant de dépasser les belles espérances de leurs parents et de ceux qui leur infusent l'enseignement officiel. Pauvres moutards ! Dans les siècles précédents on attaquait certaines vérités, maintenant on renie tout, on veut tout démolir. « *Exinanite, exinanite usque ad fundamentum in ea*. Détruisez, détruisez tout jusqu'au fondement ! »

4. — « *Malheur aux habitants de la terre ! Dieu va épuiser* « *sa colère, et personne ne pourra se soustraire à tant de maux* « *réunis.* »

La colère de Dieu en soi est inépuisable, mais les ressources de la nature ne le sont pas : toute la nature, dont l'homme a abusé et dont il blasphème l'auteur, se retournera contre l'homme, « *Qui in cunctis deliquimus in cunctis ferimur : ut impleatur quod dicitur : Et pugnabit cum illo orbis terrarum contra insensatos.* »

La Sainte Vierge ne dit pas « MALHEUR A *tous* LES HABITANTS DE LA TERRE », cependant elle ajoute que « PERSONNE NE POURRA SE SOUSTRAIRE A TANT DE MAUX RÉUNIS » ; car il faut les souffrances des justes pour apaiser la justice divine. « MALHEUR AUX HABITANTS DE LA TERRE », dont les neuf dixièmes, vingt siècles après l'Incarnation, sont encore et par leur faute privés de la vraie foi, et dont l'unique dixième qui la possède devrait être et n'est pas, par ses vertus, la lumière du monde !

En parlant d'une manière si générale, la Sainte Vierge se plaint que beaucoup de catholiques, au lieu de favoriser la diffusion de la pure doctrine évangélique, en entravent les progrès. La main de Dieu s'appesantira sur eux lourdement, car ils sont cause que les infidèles et les schismatiques blasphèment son Fils et son Eglise.

Si une race d'impies déclarés, qui s'acharne à la destruction de toute religion, a pu prendre naissance dans les nations chrétiennes et se multiplie avec une extraordinaire rapidité, n'est-ce pas un peu leur faute? Les onze douzièmes de ces catholiques — du moins en France — ne pratiquent point ! Comment seraient-ils la consolation de Dieu? *Consolabitur Deus in sanctis suis.*

Est-il bien consolé par ce douzième qui fait encore ses Pâques?

Qui donc ignore que presque tous vivent, le reste de l'année, dans le péché?

Hélas! l'affaiblissement de la vie chrétienne est tel, que les meilleurs ne font pas cette réflexion; le mal est si profond qu'on ne sent plus son mal. Les meilleurs parmi les meilleurs sont-ils détachés du monde? Songent-ils à renoncer à un plaisir qui ne soit pas un délassement nécessaire? Ils vous répondent avec assurance que Dieu ne commande pas qu'on se fasse souffrir.

Ce n'est pas pour les chrétiens d'aujourd'hui que Notre-Seigneur a dit : « Si quelqu'un veut me suivre, il faut qu'il se renonce et qu'il prenne sur lui sa croix! »

Ce n'est pas d'eux que Saint Paul écrivait en pleurant : « *Quos sæpe dicebam, nunc autem et flens dico : inimicos crucis Christi!* »

Ces fils d'Adam ne veulent pas souffrir !

Nous parlons de détachement du monde ! Savent-ils seulement se priver d'un plaisir qui peut être coupable, par exemple, de voyager sans nécessité le dimanche, de faire leurs emplettes le dimanche, de donner une fête le dimanche, coopérant à l'impossibilité où sont réduits des milliers d'employés de chemins de fer d'observer le repos dominical, et obligeant leurs fournisseurs et leurs gens à profaner le jour de Dieu? Avec un peu d'esprit chrétien les moins instruits ne devraient pas s'y tromper : cette coopération est coupable. On ferait facilement des remarques semblables sur toutes les lois de Dieu et de l'Eglise. Comment ces meilleurs entre les meilleurs en prendraient-ils ainsi à leur aise, si les consciences n'étaient profondément altérées?

Voilà pourquoi la Sainte Vierge a dit : « Vous le ferez passer a tout mon peuple : Malheur aux habitants de la terre ! » car il ne faut pas que mon peuple accuse mon Fils de frapper un trop grand nombre d'innocents, à l'heure où il « va épuiser sa colère ! »

« La société, disait au siècle dernier Donoso Cortès, la société est blessée à mort, elle tombe en putréfaction. J'ignore le remède que Dieu tiendra prêt pour cette universelle pourriture ! »

Le Ciel nous a fait connaître ce remède : *percutiam et sanabo*. Il est incontestable qu'aujourd'hui, dans les âmes qui veulent réfléchir, il règne un certain malaise. On se sent à la veille d'un avenir plein d'événements. On est comme sur le coup d'un sommeil de Dieu qu'on ne s'explique pas : on sent que les choses ne peuvent durer de la sorte et on attend de Celui qui paraît dormir un terrible réveil.

Et cette purification générale qu'opérera la souffrance par qui commencera-t-elle ? L'Ecriture le dit, comme le Secret de la Salette, elle commencera par le sanctuaire. « *A sanctuario meo incipite* » (Ezéch. ix, 6). « *Tempus est ut incipiat judicium a domo Dei* » (I. Pet. iv, 17). La raison le dit aussi, car

« La désolation du christianisme est venue, dans tous les temps, beaucoup moins des peuples que de ceux qui doivent les conduire ; pour aller à la source du mal, il faut avoir des prêtres savants, des prêtres vigilants, des prêtres laborieux et appliqués, des prêtres d'une vie régulière et sans reproches, d'habiles prédicateurs, de sages confesseurs, de fidèles et zélés pasteurs. » (Bourdaloue)

« Si l'espérance de trouver dans le sanctuaire une vie plus douce, plus honorable et plus commode qu'au milieu de votre famille a guidé votre choix ; si votre vocation ne doit sa première origine qu'à la destination et à la cupidité de vos proches ; s'ils ont plus consulté leurs intérêts que vos inclinations et les intérêts de votre salut, et que les besoins de votre famille et non ceux de l'Eglise vous aient fait ministres des autels, votre vocation qui a commencé par la chair finira par la chair. C'est la cupidité qui vous a donné à l'Eglise ; c'est elle qui souillera tout le cours de votre ministère. » (Le même)

« *Sicut populus, sic sacerdos* » (Isaïe). A la suite de ces prêtres que Pie X demande, **« dont le verbe ne soit pas enchaîné par la peur, qui soient prêts à aller en prison et à la mort, prêts à tous les sacrifices pour l'honneur de Dieu et la liberté de l'Eglise »**, se lèvera une génération de chrétiens d'une foi inébranlable, embrasés de l'amour divin et prêts, eux également, à tous les sacrifices pour rester fidèles à Dieu. « *Percutiam et sanabo.* »

Percutiam... Mais alors, « dans l'attente des maux dont le monde sera menacé », quelle angoisse, quel affolement général succédant à la torpeur, à l'indifférence !

Après la léthargie, quel terrible réveil !!

La Bergère ne pensait-elle pas à ce paragraphe du Secret, quand elle composait la belle prière que voici ?

Devant un Crucifix

Prière ... à réciter ... en temps de ... calamités

Prière de Mélanie Calvat Bergère de la Salette.

PÈRE ÉTERNEL, voici votre Fils Jésus-Christ mis en croix pour nous ! En son nom et par ses mérites, ayez pitié de nous, pauvres pécheurs, parce que repentants nous recourons à votre infinie miséricorde. Laissez-vous toucher, ayez pitié de nous qui sommes son héritage. Ne violez pas, Seigneur, le pacte que vous avez fait : d'exaucer la prière que vous font vos enfants.

Il est vrai que par nos grandes iniquités nous avons irrité votre Justice, mais vous, mon Dieu, qui êtes bon par nature, faites resplendir la grandeur de votre infinie miséricorde. Seigneur, si vous voulez faire attention à nos iniquités, qui pourra subsister en votre présence! Seigneur, nous confessons que nous sommes très coupables et que ce sont nos péchés qui ont attiré ces fléaux sur nous. Mais vous, Seigneur, qui avez bien voulu que tous les jours nous vous appelions *Notre Père* regardez à présent la grande affliction de vos enfants, et épargnez de si grands fléaux. Oh ! faites grâce ; ô mon Dieu, par les mérites de Jésus-Christ, faites grâce par l'amour que vous avez pour vous-même : par l'amour de la Vierge Marie « *notre Maman,* » pardonnez nous !

Souvenez-vous, ô Seigneur, que nous sommes appelés *votre peuple*, ayez pitié de la folie humaine. Envoyez un rayon de votre divine lumière qui dissipe les ténèbres de notre intelligence et que notre âme amendée change ses voies et ne sature plus d'amertume le cœur de son Dieu !

Seigneur, la main seule de votre infinie miséricorde peut nous sauver de tant de fléaux. Seigneur, nous sommes enivrés d'afflictions intérieures et extérieures, ayez pitié de nous ! Détournez, ô Seigneur votre face de nos péchés et regardez Jésus-Christ qui vous a donné satisfaction en souffrant et en mourant pour nous, il est votre Fils ! Et ainsi nous célébrerons votre infinie miséricorde.

Vite, exaucez-nous, Seigneur, autrement notre courage sera bien amoindri, car nous sommes tombés dans un état si misérable ! Vite, Seigneur, faites sentir votre miséricorde, car nous n'espérons plus qu'en vous seul, qui êtes notre Père, notre Créateur, et qui devez conserver et sauver ceux qui sont vôtres pour toujours. »

Sœur Marie de la Croix, née Mélanie Calvat, Bergère de la Salette.

Bien volontiers j'enrichis cette dévote prière de la pieuse Mélanie Calvat de 40 jours d'indulgence chaque fois qu'on voudra bien la réciter.

Aquaviva, le 8 septembre 1906.
† Fr. Carlo Giuseppe.

Évêque au Titre d'Halicarnasse, Prélat ordinaire d'Altamura et d'Acquaviva delle Fonti.

5 — « *Les chefs, les conducteurs du peuple de* Dieu *ont* « *négligé la prière et la pénitence, et le démon a obscurci leurs* « *intelligences ; ils sont devenus ces étoiles errantes que le* « *vieux diable traînera avec sa queue pour les faire périr.* Dieu « *permettra au vieux serpent de mettre des divisions parmi*

« *les régnants, dans toutes les sociétés et dans toutes les*
« *familles ; on souffrira des peines physiques et morales ;*
« Dieu *abandonnera les hommes à eux-mêmes, et enverra des*
« *châtiments qui se succéderont pendant plus de trente-cinq*
« *ans.* »

Les chefs religieux et civils, mais surtout religieux,
sont « LES CONDUCTEURS DU PEUPLE DE DIEU ». — Que le
démon ait « OBSCURCI » beaucoup d' « INTELLIGENCES »,
c'est trop visible aujourd'hui pour le pauvre peuple qui
délaisse nos églises : il attend la fanfare et c'est la
chamade qui sonne toujours. La constatation de ce mal
a été faite par des évêques français qui ont prononcé
cette parole déjà citée : « A cette heure, la difficulté n'est
pas de faire son devoir, mais de savoir où il est ! »

Remarquons l'ordre parfait des enseignements de la
Très Sainte Vierge !

Elle s'adresse d'abord à *toute l'Eglise :* « SI MON
PEUPLE NE VEUT PAS SE SOUMETTRE, JE SUIS FORCÉE DE
LAISSER ALLER LA MAIN DE MON FILS. »

Elle s'adresse ensuite d'une manière générale aux
prêtres et aux personnes consacrées : « LES PRÊTRES,
MINISTRES DE MON FILS... LES PÉCHÉS DES PERSONNES
CONSACRÉES... »

Elle s'adresse enfin ici aux premiers représentants
de DIEU : « LES CHEFS, LES CONDUCTEURS », confesseurs,
prédicateurs, curés, prélats, rois, magistrats...

Elle le fait en employant une grande délicatesse au
début de son discours, et, comme s'il n'y avait aucun autre
reproche à leur adresser, elle ne parle que de la négli-
gence dans LA PRIÈRE ET LA PÉNITENCE. — Quelles que soient
la science et l'habileté humaine, l'âme qui néglige la prière
et la pénitence n'est pas apte à recevoir les impressions
de DIEU. Ces *conducteurs* qui ont négligé ces sources de
lumière se sont égarés et ils ont égaré les autres ; car ils
se sont conduits et ont conduit les autres par les principes de la sagesse humaine, qui est insuffisante, qui
n'est pas bénie, qui est maudite, qui est une *folie* aux
yeux de DIEU, « *Perdam sapientiam sapientium.* — *Sapientia enim hujus mundi stultitia est apud Deum* ». Ces

conducteurs déviés de la voix surnaturelle sont devenus ces « ÉTOILES ERRANTES » dont parle l'apôtre Saint Jude : « *Sidera errantia, quibus procella tenebrarum servata est in æternum.* »

Par exemple, beaucoup, sans pourtant l'enseigner par leurs discours, *pratiqueront* l'hérésie de la suprématie du pouvoir civil, et n'instruiront pas les fidèles sur ce sujet par crainte de ce même pouvoir... Ils se tairont pour éviter, diront-ils, de plus grands maux. Les attentats se succédant, ils hésiteront..., ils ne feront pas entendre au moment voulu des protestations indignées et courageuses..., ils n'enseigneront pas hardiment que les fidèles ont des devoirs rigoureux comme père de famille, citoyen, etc... qu'ils doivent résister, même au péril de leur liberté et de leur vie, à un pouvoir oppresseur de la religion et qui la veut détruire..., ils ne donneront pas l'exemple de ce courage..., ils n'auront pas même unité de vues en face des pires attentats contre DIEU !!! Et le vieux serpent dont parle Saint Jean ! « *Serpens antiquus qui vocatur diabolus* », « LES TRAÎNERA AVEC SA QUEUE » de juifs et de francs-maçons aux concessions les plus lamentables..., il les traînera avec sa queue de mauvaises raisons, de motifs bas et vils, à sacrifier les droits de l'Eglise... ces motifs, ils les trouveront bons, parce que le démon a « OBSCURCI LEURS INTELLIGENCES », qu'ils ne comptent pas sur la vertu de la Croix, qui seule a donné et donnera à l'Eglise ses victoires, « *Ut non evacuetur crux Christi* ».

« D'où vient la décadence sociale, qui explique jusqu'à un certain point les progrès et les audaces de l'athéisme ?

« Il faut l'avouer avec sincérité : la première cause des malheurs de notre époque, c'est l'abandon *du droit canonique.*

« L'Eglise est le sel de la terre et la lumière du monde ; c'est de l'Eglise que dépend le sort de la société. Or, le sort de l'Eglise elle-même dépend du droit canon.

« Une société ne peut pas exister sans loi ; la loi est la forteresse de la société ; si la société est parfaite, elle se donne à elle-même sa loi ; or, l'Eglise est une société parfaite ; donc elle ne peut pas ne pas avoir son code fait par elle-même. C'est le droit canon.

« L'Eglise porte avec elle tous les éléments d'ordre et de bonheur pour les sociétés humaines. Or, l'ensemble des lois qui appliquent les règles de l'Eglise à la vie sociale se trouve dans le droit canonique ; par conséquent la fidélité au droit canonique doit avoir pour résultat le bonheur des peuples, et son inobservation, leur malheur.

« Une société parfaite qui renonce à ses lois, renonce à sa vie. L'Eglise de France a rejeté le droit canonique, voilà pourquoi elle se meurt et entraîne dans sa chute la société civile.

« Le mépris et la transgression continuelle des lois de l'Eglise ne pouvaient aboutir qu'à l'anarchie.

« Depuis longtemps, il n'y a plus de conciles et de synodes, malgré les prescriptions du concile de Trente.

« Plus les communications sont devenues faciles, plus les hérésies se sont multipliées, plus les conciles sont devenus rares, alors que dans les âges de foi on en comptait jusqu'à trois cents par siècle.

« Cependant, un concile a toujours été regardé comme le nerf de la discipline, comme une citadelle de la foi, comme le remède le plus efficace contre la corruption des mœurs et comme un des principes les plus féconds de la sanctification des fidèles.

« S'il n'y a pas de concile, les erreurs et les abus se multiplient ; les hérétiques et les impies redoublent d'audace ; les fidèles ne voyant pas clairement leurs devoirs, se laissent entraîner ; et le clergé lui-même se relâche et n'ose plus combattre. Bientôt la prévarication devient universelle.

« Les lois de la société civile seraient-elles devenues athées, si les lois religieuses étaient restées en vigueur ?

« Les torrents ne débordent pas quand ils sont resserrés par de puissantes digues.

« Les impies auraient-ils osé proclamer les droits de l'homme, si les chrétiens n'avaient pas laissé péricliter les droits de Dieu ?

« Les athées oseraient-ils lever la tête avec impudence, si, dès l'origine, on les avait anathématisés et couverts de honte ? Le mal est devenu puissant parce qu'on a cessé de le combattre. Jamais la loi scolaire et la loi militaire concernant les clercs n'auraient pu s'établir, si l'on avait suivi les règles du droit canon. Les élections n'auraient pas fait surgir cette tourbe de députés et de sénateurs à la conscience cautérisée, si l'on avait tenu compte des censures portées contre les apostats, les hérétiques, les francs-maçons et ceux *qui les favorisent. Et omnes cisdem sectis favorem qualemquemque prœstantes.*

« L'excommunication a perdu sa force ; elle n'est plus qu'un *ictus imbellis* parce que les catholiques ont été les premiers à la mépriser. On s'est montré plein d'indulgence envers les impies et les blasphémateurs ; on s'est acclimaté avec eux, on les a traités d'*honorables* dans les assemblées publiques, et, bien loin de refuser la sépulture ecclésiastique à des personnages couverts d'excommunications, on leur a fait de solennelles funérailles.

« Comment veut-on que les populations aient horreur des impies, si le clergé les honore ? Et quand on voit des évêques venir présenter leurs hommages à des ministres athées, est-il possible que les fidèles ne soient pas déconcertés et ne perdent pas la notion du vrai respect ? Il y a des prélats qui ont eu une telle déférence pour les persécuteurs qu'on est en droit de se demander si, le soir du Golgotha, ils n'auraient pas assisté à un banquet offert par Pilate.

« Avouons-le, si l'impiété triomphe, c'est que tout le monde l'a favorisée. L'athéisme n'aurait jamais pu revêtir un caractère social si la gangrène n'avait pas infecté plus ou moins tous les membres de la société.

« La séparation de l'Eglise et de l'Etat n'est qu'une conséquence ; elle n'aurait jamais pu se consommer s'il n'y avait pas eu un immense amoindrissement de la vie chrétienne.

« Un gouvernement qui proscrit Dieu lui-même et veut le tuer dans la société est un gouvernement déicide ; mais jamais ce crime satanique n'aurait été possible si le peuple n'avait commencé par renier son Dieu, et si le clergé n'avait laissé périr la foi dans le peuple, en tombant dans la prévarication et en abandonnant les lois de l'Eglise. »

(L'abbé J. Telmat, *Directeur honoraire du Grand Séminaire de Grenoble.*)

Dès 1886, Mélanie écrivait :

« A mesure que les méchants avancent sur le terrain catholique, nous avons la lâcheté de reculer, nous nous plions à toutes les exigences des ennemis de Dieu et des âmes. On proteste, me direz-vous ? Oui, on proteste ! ce n'est pas cher ! Les premiers chrétiens protestaient avec leur sang, avec leur vie. Allons ! nous ne sommes que des ombres de chrétiens : nous craignons plus les châtiments des hommes que les peines de l'enfer. »

Non seulement « LE VIEUX DIABLE LES TRAÎNERA AVEC SA QUEUE », mais la Sainte Vierge ajoute : « POUR LES FAIRE PÉRIR ». C'est-à-dire qu'en perdant leur âme ils ne sauveront rien, **rien !** comme les Juifs de l'an 33 qui disaient : « Tuons le Christ, sinon les Romains viendront et détruiront notre ville et notre nation. *Venient Romani !* »

Ils tuèrent le Christ, et c'est pour cela que les Romains sont venus !...

« *Non est sapientia, non est prudentia, non est consilium contra Dominum.* » (Prov. XXI, 30.)

Ce fut la doctrine de tous les Saints :

« Ce n'est pas par la comédie, disait Saint Thomas de Cantorbéry, *non simulatione,* ce n'est pas par la politique, *non ingenio,* que doit être gouvernée l'Eglise, mais par la justice et la vérité, *sed justitiâ et veritate,* qui délivre de tout péril celui qui l'observe, *quæ se observantem liberat ab omni periculo.* »

Enfin, si en s'exposant aux dernières calamités on ne méritait pas la victoire, on sauverait l'esprit chrétien que, certainement, il est impossible de conserver avec un catholicisme qui n'en mérite plus le nom.

On s'arrête peu à ces étonnantes prédictions, et à celles de la phrase suivante : « DIEU PERMETTRA AU VIEUX SERPENT DE METTRE DES DIVISIONS PARMI LES RÉGNANTS, DANS TOUTES LES SOCIÉTÉS ET DANS TOUTES LES FAMILLES. . . », car toute l'attention se porte sur le chiffre « TRENTE-CINQ ANS ». La curiosité voudrait y calculer la date où finiront les châtiments actuels. Il est fort douteux qu'on réussisse dans ce calcul. S'il est toujours difficile d'interpréter un détail prophétique avant son accomplissement, de tous les détails le plus difficile est une date. Il est extrêmement rare qu'on arrive à la trouver. Les prophètes de l'Ancienne Loi eux-mêmes, qui cherchaient la date des prédictions qui leur étaient faites, « *Scrutantes in quod vel quale tempus significaret in eis Spiritus Christi* », ne semblent pas avoir bien abouti dans leurs recherches.

Sans doute, le chiffre « PLUS DE TRENTE-CINQ ANS » est assez précis ; mais ni le point de départ de cette période ni la nature des châtiments successifs ne sont déterminés, il est difficile alors de trouver leur date initiale. Est-ce notre malheureuse guerre de 1870 ? Peut-être ; car cette année 1870 fut fatidique : elle fut témoin de l'événement le plus lourd de conséquences, je ne dis pas du dix-neuvième siècle, mais de toute l'ère chrétienne. Cette année 1870 a vu l'établissement, à Rome, de la dynastie piémontaise. Cette capitale du monde était une proie trop belle pour échapper à l'ambition des grands voleurs historiques. Depuis ce jour fameux où la majesté impériale la quitta, cédant la place à la majesté pontificale, Rome vingt fois fut prise. L'impartiale histoire appelait cela des brigandages ; et jamais ces vols sacrilèges n'avaient été sanctionnés par l'acquiescement résigné des peuples. Il était réservé à notre âge et à cette année terrible 1870, de voir la chrétienté entière assister impassible à ce spectacle tout à fait nouveau : un roi de Turin reconnu roi de Rome, entrant dans la Ville Éternelle sans autre peine que celle de tirer des coups de canon en pleine paix et de déchirer les feuilles des conventions les plus solennelles, entouré du cortège stupéfait des ambassadeurs de toutes les cours catholiques. L'année 1870 a vu cela ! n'est-elle pas digne d'ouvrir la série prédite ?... A la même heure, les loges maçonniques intronisaient l'autre papauté, la papauté luciférienne... N'est-ce pas l'année où les camps se définissent, et ne serait-il pas naturel de dire : « Les Epoques du monde sont des dates terribles..., une Epoque commence... » ?

Mais une coïncidence peut nous échapper. Ces coins d'avenir, que parfois le Ciel nous découvre, restent toujours plus ou moins voilés jusqu'à l'heure où les voiles tombent. Encore une fois, le point de départ de cette période de « PLUS DE TRENTE-CINQ ANS » n'est pas déterminé. Est-ce 1870 ? N'est-ce pas plutôt 1880 ?... Dans la phrase, il est question d'abandon : « DIEU ABANDONNERA LES HOMMES A EUX-MÊMES ET ENVERRA DES CHATIMENTS... » Les châtiments suivent immédiatement l'abandon prédit... N'y a-t-il pas là une coïncidence qui, en précisant la nature de ces châtiments, en préciserait le point de départ ?... Ce châtiment de *l'abandon* devait nécessairement venir après une faute d'un genre à part, après laquelle il n'y aurait plus de répit à attendre. Pour que DIEU en vienne là, il faut que les cœurs se soient décidément détournés de la miséricorde... Cette miséricorde, il nous l'avait envoyée par sa Mère : Elle était venue signaler dans son Secret les maladies dont son peuple *se mourait,* et donner la Règle des Apôtres des derniers temps, qui doivent tout restaurer ; or, en 1878-1879, on a refusé la Règle ; en 1880 le Secret ! Il n'y a plus rien à faire : « DIEU ABANDONNERA LES HOMMES A EUX-MÊMES ET ENVERRA DES CHATIMENTS QUI SE SUCCÉDERONT PENDANT PLUS DE TRENTE-CINQ ANS. »

Mélanie m'a suggéré cette interprétation.

La date initiale étant connue, la date finale l'est approximativement. Mais cette question est secondaire. Le principal pour nous, c'est : 1° d'être avertis, car nous pouvons atténuer ces grands malheurs ; 2° de pouvoir laisser au monde des *Pièces à conviction* de la divinité des changements qui se feront dans la société. Nous arrêter plus longtemps à cette question de date serait détourner notre attention de ce qu'il y a d'essentiel dans les avertissements du Ciel.

6 — « La société est à la veille des fléaux les plus terribles « et des plus grands événements ; on doit s'attendre à être « gouverné par une verge de fer et à boire le calice de la colère « de Dieu. »

Lois barbares, tyrannie, anarchie, guerre civile, tout cela commence, et ceux qui nous gouvernent ne sont que des instruments dans les mains de Dieu, dit ce verset.

Assurément la période annoncée ici est commencée : toutes les menaces du terrible avenir découvert à la Salette semblent s'accentuer formidables et terribles dans la voix grossissante des événements : les grandes crises ne sont jamais soudaines. L'histoire nous les montre toutes précédées de leurs prodromes, se développant à la fois dans l'ordre physique et dans l'ordre moral ; l'Evangile nous parle des signes avant-coureurs de la crise suprême. Celle à laquelle nous touchons nous a été dépeinte par la Sainte Vierge, avec des couleurs qui semblent empruntées au pinceau de l'Evangéliste. Ce sera un jour de sombre colère ; mais avant que la foudre éclate, il y a les sifflements du vent qui annoncent l'orage, il y a le noir amoncellement des nues, il y a la pesante torpeur qui s'abat sur les hommes et sur les choses.

Le ciel était clair et l'horizon sans menaces quand j'écrivais en 1894 : « Prenez garde et soyez prêts : bientôt il se lèvera une sanglante aurore ! » Depuis que j'annonçais la tempête, les signes précurseurs se sont multipliés !

N'était-ce pas un coup de tonnerre lointain qui retentissait deux ans après, ce cri de deux cent mille mourants, *tout un peuple exterminé* dans ce lourd silence qui pèse là-bas en Orient !.. l'Europe dans la stupeur assistant, impassible et muette, aux exploits du

Sultan rouge, ou encore s'endormant, énervée, aux harmonies contestables de ce qu'elle appelait *son concert !*... et puis ce petit peuple écrasé dans une guerre inégale, qui semble à cette heure respirer dans une paix mal conclue trop semblable à une trêve !.. ce premier coup de canon tiré dans les champs de Thessalie, coup isolé qui a fait frémir toutes les artilleries des pays militaires, à la suite duquel tous les regards se portaient sur les parcs et les arsenaux débordants de pièces nouveau modèle !... Et les pieuses victimes elles-mêmes du Bazar de la Charité, comme frappées du feu d'en haut : holocauste expiatoire !...

Que dire encore ?... Qui s'en souvient de ces événements terribles ?... Est-ce que dans une tempête on garde la mémoire des coups de foudre du début ? La tempête gronde toujours, dispersant ses coups sous toutes les latitudes : tantôt dans les fourrés du Sud Africain, où un petit peuple expirait après avoir tenu deux ans en échec, malgré sa cavalerie de Saint Georges, les maîtres de l'Impérialisme universel ; tantôt dans ces îles mystérieuses de l'extrême Orient, dont les volcans réveillés lançaient des cendres d'incendie qui planèrent pendant des mois sur tous les continents. Et puis c'étaient ces Antilles embaumées qui s'engloutissaient dans des torrents de laves ; et puis ces tueries des Xénophobes chinois, annonces et préparatifs des massacres de Mandchourie ; un grand empire dont les remparts historiques étaient les vastes étendues, et dont les armées et les flottes se brisaient aux yeux des peuples stupéfaits. Hier encore, des guerres civiles épouvantables, devant lesquelles une autocratie de fer se débattait dans l'impuissance. Les coups de tonnerre sont ininterrompus...

Et nous n'en avons pas que les échos ! coups de tonnerre sur les congrégations religieuses de France qui encombrent les routes de l'exil ; coups de tonnerre dans les ateliers, dans les mines et jusque dans les paisibles campagnes, où le drapeau des grèves se promène menaçant et respecté ; coup de tonnerre, surtout cette loi de la séparation de l'Eglise et de l'Etat, loi de l'athéisme triomphant qui, scindant la patrie avec une brutalité révoltante, annonce l'inauguration inévitable des terribles guerres de religion. Après le tonnerre, la stupeur !... Avec le tonnerre, les ténèbres de la nuit et les spasmes menaçants de cette puissance maîtresse des peuples, les revendications du Juif, hôte accepté par l'imprudence, étranger toujours, ennemi qui n'attend que l'heure ;... et ces négations sacrilèges des patries ; et ces frontières sans cesse frémissantes sous les pieds des escadrons prêts à partir !... et, surtout, cet alourdissement des âmes !... On sent le péril qui gronde de tous les horizons comme une mer qui monte ; on attend, hébété, insouciant et tremblant à la fois, comme des bêtes qu'on mène à l'abattoir.

7 — « Que le Vicaire de mon Fils, le Souverain Pontife « Pie IX, ne sorte plus de Rome après l'année 1859 ; mais qu'il « soit ferme et généreux, qu'il combatte avec les armes de la foi « et de l'amour ; je serai avec lui. »

Remarquons l'émotion profonde, la tendre sollicitude qui transpire des paroles de la Vierge, quand elle vient ici à parler du Pape. C'est la Reine de l'Eglise qui parle du chef de l'Eglise, c'est la Mère qui parle de son Fils le plus chéri, « **le Vicaire de mon Fils !** » celui qui tient la place de son Fils... Il a bien droit, celui qui porte le poids de toutes les églises, le grand défenseur des titres de Marie, celui qui l'a proclamée, à Ephèse, Mère de Dieu, celui qui a dit le dogme de l'Immaculée-Conception, celui qui a suscité avec tant d'efforts la croisade du Rosaire, celui qui occupe, quel que soit son nom, le siège apostolique, le Pape, le premier des serviteurs de Marie, il a bien droit à une protection particulière et spéciale de la très auguste Reine. Etant le plus aimant, il a bien le droit d'être le plus aimé... « Qu'il ne sorte plus de Rome après l'année 1859 », dit la voix inquiète de Notre Dame.

« Qu'il ne sorte plus de Rome ! » Il ne devrait jamais en sortir. C'est un grand malheur quand il sort. Le premier qui sortit rencontra le divin Maître chargé de sa croix qui lui dit : « *Quo vadis ?* » et il se hâta de rentrer, pour aller monter au Janicule.

Dans les siècles qui suivirent, il dut plusieurs fois sortir. Il resta même absent une fois 70 ans. On lui envoya une sainte pour le prendre par la main et le ramener. Une autre fois, on le fit sortir de force, et il fallut que la Providence, pour le faire rentrer, fît tonner le canon de quatre cent mille étrangers, armés, foulant le sol de la France. A présent, la Vierge précise une date : « QU'IL NE SORTE PLUS APRÈS 1859. » Elle ne dit pas : qu'il ne sorte *pas,* elle dit : « Qu'il ne sorte *plus* après 1859. » Il devait donc sortir avant 1859. Il faut toujours une raison très grave pour qu'il sorte ; par exemple, pour échapper à la mort, pour prévenir de plus grands maux de l'Eglise. Il devait donc y avoir une raison très grave de ce genre avant 1859. Qui pouvait le supposer en 1846, en pleine paix, l'année du siècle où jamais la tranquillité européenne n'avait paru plus assurée ?...

Oui, il viendra bientôt une heure où le pape devra sortir : l'heure de Gaëte. Il sortira. La Vierge ne l'en blâme pas ; mais, après 1859, qu'il ne sorte *plus !* Il n'y aura plus de raison valable pour sortir. En effet, on le sait aujourd'hui, mais on ne le savait pas en 1846, on sait aujourd'hui que la franc-maçonnerie a changé sa tactique : son plan serait d'avoir un antipape ; et ce plan serait facilité si le pape quittait Rome. D'abord il n'y rentrerait plus, on l'empêcherait d'y rentrer. On peut ôter une couronne à la tiare ; mais qu'il soit toujours évêque de cette ville. Tant qu'il est là, quoique n'étant plus roi, ne gouvernant pas, on ne peut en mettre un autre. « QU'IL NE SORTE PLUS. »

Pourquoi encore la Vierge précisa-t-elle 1859 ? Parce que, après 1859, Pie IX ne pourrait plus voyager en sécurité dans ses propres Etats. En effet, aussitôt après la guerre d'Italie et la paix de Zurich, 22 septembre 1859, les populations de la Toscane et des Romagnes, excitées par les menées piémontaises, votaient leur annexion au Piémont. Aussi Pie IX ne sortit plus. Une fois seulement il alla à Castel-Gandolfo, à quatre lieues sud-ouest de Rome ; mais ce palais est une succursale du Vatican ; on l'a même laissé comme tel au Pape prisonnier.

8 — « Qu'il se méfie de Napoléon ; son cœur est double, et « quand il voudra être à la fois Pape et empereur, bientôt Dieu *« se retirera de lui : il est cet aigle qui, voulant toujours s'éle-« ver, tombera sur l'épée dont il voulait se servir pour obliger « les peuples à se faire élever. »*

Quoique toutes les prophéties du Secret soient remarquables, celle-ci a été remarquée entre toutes. On avait toujours soupçonné qu'il était question de Napoléon dans le secret de la petite bergère. On sait que si Mélanie eut beaucoup à souffrir de Mgr Ginoulhiac et d'autres évêques impérialistes, c'est que la pauvre enfant, instruite par ces paroles de la Très Sainte Vierge du mal que ferait Napoléon, manifestait une profonde tristesse et de l'indignation, chaque fois qu'elle entendait prononcer son nom...

Qui aurait pu prévoir, en 1846, que Louis Napoléon, bien inconnu, enfermé dans le fort de Ham et condamné à une prison perpétuelle, s'évaderait et serait, peu après président de la République et empereur ? Et même en 1851, quand les enfants écrivirent leurs secrets à Pie IX, qui pouvait prévoir le mal que ferait Napoléon, etc. ?

Dans ces quelques lignes, destinées à mettre le Souverain Pontife sur ses gardes, Notre-Dame de la Salette a dépeint le caractère de Napoléon, sa duplicité, son impiété, son ambition, et toutes les circonstances de sa chute à Sedan. Un mot d'explication sur chacun de ces points ne sera pas sans intérêt, car cette histoire anticipée du règne de Napoléon III est extrêmement remarquable.

1º Comment le cœur de Napoléon était-il « DOUBLE » ?

Cet homme, qui séduisait par sa bonté tous ceux qui l'approchaient, trompait tout le monde : il bâtissait des églises

SOMMEIL DES JEUNES BERGERS
UN INSTANT AVANT

Maximin et Mélanie, conduisant chacun un troupeau de vaches, arrivent à midi, le 19 Septembre 1846, sur le plateau de la Salette appelé *Mont-sous-les-Baisses*. Accablés par la chaleur excessive de *ce jour*, les jeunes Bergers s'endormirent après leur repas dans le ravin de la Sézia, où bientôt va leur apparaître la Mère de Dieu.

pour plaire au clergé et nommait des professeurs impies pour tuer la foi dans l'enseignement universitaire. C'est en politique surtout qu'on vit, plus tard, la duplicité de son cœur : imbu d'idées révolutionnaires et affilié, depuis l'âge de 23 ans, à la société italienne des Carbonari, qui le menaçait de mort s'il n'obéissait pas aux ordres de la secte, obligé d'autre part de s'appuyer sur les conservateurs qui avaient aidé à son élévation et faisaient sa majorité, il cacha constamment sa pensée à ces derniers : il faisait force politesses au clergé, sans dévier de sa route qui le conduisait à amoindrir la catholique Autriche, à former l'unité italienne et à faire entrer la Révolution à Rome. Cependant, comme il mettait, dans l'intérêt de sa couronne, des lenteurs à tenir ses serments de carbonaro, les bombes d'Orsini, le 14 janvier 1858, vinrent les lui rappeler. Dès lors, il fit toutes les bassesses et hypocrisies par crainte d'être assassiné. Plus que jamais, il parlait d'une façon et agissait d'une autre, faisant de belles promesses à Pie IX et le trahissant sans cesse.

2° Quand et comment a-t-il voulu « ÊTRE PAPE ET EMPEREUR TOUT A LA FOIS » ?

Laissons de côté ses projets de schisme, dont faire la preuve nous entraînerait trop loin, car il faudrait citer des entretiens privés qu'il eut à ce sujet ; bornons-nous au fait spécial que le mot « BIENTOT » du Secret visait clairement.

Le *Livre Jaune* de décembre 1869 contient neuf pièces diplomatiques se rapportant au Concile du Vatican. Il en résulte que, sous l'inspiration de Napoléon III, les divers Etats catholiques de l'Europe se montraient disposés à s'opposer à l'exécution des décisions du Concile, si ces décisions ne leur convenaient pas.

Voici en effet la circulaire de notre Ministre des Affaires Étrangères, en date du 8 septembre 1869, trois mois avant l'ouverture du Concile :

« ...Nos lois elles-mêmes nous offrent, sous ce rapport, toutes les garanties voulues (des garanties contre l'Église, contre le Vicaire de Jésus-Christ, contre DIEU !) Elles ont maintenu, en faveur du pouvoir civil, la faculté qu'il avait déjà, dans les époques antérieures, de s'opposer à tout ce qui serait contraire à nos franchises nationales. Nous serions donc parfaitement en mesure de décliner, le cas échéant, celles des décisions du prochain Concile qui seraient en désaccord avec le droit public de la France. »

Cette circulaire fut adressée à tous nos agents diplomatiques près les gouvernements catholiques. Elle était suivie, dans le même *Livre Jaune*, de la réponse de ces agents ; et il ressort, de ces diverses pièces, que c'est le gouvernement français qui a pris l'initiative auprès des autres Etats ; qu'il leur a communiqué la ligne de conduite qu'il se proposait de suivre à l'égard du Concile et de l'Eglise Catholique ; que ces Etats, ainsi interrogés et sollicités, ont répondu d'une manière conforme à la demande.

Bref, il résulte de toutes ces pièces authentiques, que Napoléon, refusant l'infaillibilité au pape, la refusait au Concile ; en sorte que, dans cette position, il n'y avait d'infaillible sur la terre que les souverains que Napoléon entraînait à sa suite au schisme et à l'hérésie ! Mais la prophétie allait, avant un an, se réaliser : « QUAND IL VOUDRA ÊTRE A LA FOIS PAPE ET EMPEREUR, BIENTÔT DIEU SE RETIRERA DE LUI, IL TOMBERA, etc. »

3° Comment Napoléon III est-il tombé « SUR L'ÉPÉE DONT IL VOULAIT SE SERVIR POUR OBLIGER LES PEUPLES A SE FAIRE ÉLEVER » ?

Il est tombé *sur l'épée allemande* et *sur sa propre épée* : et dans ces deux sens, la prophétie s'est merveilleusement vérifiée.

« Au fond du cœur, Napoléon III fut toujours du côté de la Prusse. Il désirait que la Prusse fît la guerre à l'Autriche et qu'elle en sortît victorieuse. Il se promettait de cette guerre un double profit. D'abord la rétrocession de Venise à sa chère Italie, ensuite l'occasion d'intervenir en médiateur pacifique entre les deux combattants lorsqu'ils se seraient l'un l'autre affaiblis par une lutte difficile. Il lui serait alors loisible de réunir ce congrès œcuménique après lequel il soupirait, et qui donnerait à la France (à lui), sans guerre et sans conquête, la revanche de Waterloo. » (*L'Empire Libéral*. Etudes, récits, souvenirs, par Emile OLLIVIER, tome 7.)

« Ce n'est pas par impuissance et faute des moyens nécessaires, c'est volontairement qu'il s'est abstenu de tout mouvement militaire à la veille de Sadowa. S'il s'est abstenu de tout mouvement de troupes, c'est parce qu'il redoutait que le moindre déploiement militaire de sa part ne rapprochât les adversaires et ne prévînt la guerre qu'il attendait, qu'il appelait de tous ses vœux — cette guerre de 1866 qui devait avoir pour conséquence, pour dénouement logique — et tragique — la guerre de 1870. » *(Ibid.)*

Napoléon est tombé sur sa propre épée ; et, dans cette interprétation apparaît non seulement comme ci-dessus son « COEUR DOUBLE », mais encore le plan qu'il avait conçu pour être à la fois « PAPE ET EMPEREUR ».

Aujourd'hui sont connus les dessous politiques inimaginables de cet homme si bien doué sous tant de rapports, mais essentiellement fourbe. Il a trompé non seulement le Pape, mais Victor-Emmanuel, Cavour et Palmerston lui-même ! Il a trompé les francs-maçons !!! Après avoir tiré l'épée en 1858 en faveur de sa chère Italie, pourquoi ne se pressait-il pas de tenir ses serments de carbonaro ? Parce que le plan des loges, c'est-à-dire l'unité de l'Italie, ne réalisait pas son idéal. C'était peu, pour lui, d'être le « libérateur de l'Italie », s'il n'en était le souverain ; et pour arriver à ce but, il se servait de tous les ennemis de la papauté, afin de mieux les jouer au dernier moment. Il entra donc dans le plan des loges en retirant peu à peu les troupes françaises de Rome, afin de faciliter aux Garibaldiens et aux Piémontais l'invasion des restes du territoire pontifical ; puis en retirant ses derniers soldats en 1870, et en disant secrètement à Victor-Emmanuel : « Allez !... Je serai derrière pour vous soutenir ! » Mais son plan à lui était qu'après avoir battu la Prusse, il viendrait à Rome avec ses troupes victorieuses, sous prétexte de maintenir l'ordre ; et qu'une fois là il y resterait. Le Pape n'eût été que son sujet ! Ainsi il reprenait et réalisait le plan de son « oncle... » Malheureusement il tombait quelques mois après à Sedan. « QUAND IL VOUDRA ÊTRE A LA FOIS PAPE ET EMPEREUR, avait dit Notre-Dame de la Salette, BIENTOT DIEU SE RETIRERA DE LUI ; IL EST CET AIGLE QUI, VOULANT TOUJOURS S'ÉLEVER, TOMBERA SUR L'ÉPÉE DONT IL VOULAIT SE SERVIR POUR OBLIGER **LES PEUPLES** A SE FAIRE ÉLEVER. » A Sedan, il tombait sur sa propre épée ; il ne put la porter à Rome... et Guillaume, à qui il la rendit, *la refusa !!!* car il n'était plus le chef de son armée !!!

9 — « L'Italie sera punie de son ambition en voulant secouer
« le joug du Seigneur des Seigneurs ; aussi elle sera livrée à
« la guerre ; le sang coulera de tous côtés ; les Eglises seront
« fermées ou profanées ; les prêtres, les religieux seront
« chassés ; on les fera mourir, et mourir d'une mort cruelle.
« Plusieurs abandonneront la foi, et le nombre des prêtres et
« des religieux qui se sépareront de la vraie religion sera
« grand ; parmi ces personnes il se trouvera même des Evê-
« ques. »

Qui pouvait prévoir et deviner en, 1846, les « AMBI-
TIONS DE L'ITALIE ? » L'Italie ! Qu'était-ce que l'Italie ?...
Etait-ce Parme ou bien Florence ? Etait-ce Rome, ou
encore Naples ? ou peut-être Turin ? Y avait-il donc des
visées d'ambition dans quelqu'une de ces multiples capitales ?... Les cours bourbonniennes du centre et du midi
étaient-elles à ce point sorties de leur légendaire sommeil ?... Ou bien, au nord, la maison de Savoie, qui avait
pourtant assez de peine à se remettre debout, laissait-
elle percer des projets conquérants ?...

Les « AMBITIONS DE L'ITALIE ! » Le traité de 1815 y
avait bien mis ordre ! D'abord il n'y avait plus d'Italie ;
rien qu'une petite demi-douzaine de principicules, semés
sur toute la péninsule, dans ces anciennes cités, si bruyantes au moyen âge, tranquilles désormais, garanties au
dehors par les rivalités jalouses des grandes puissances,
libres au dedans de toutes querelles intestines, même de
ce tumulte des arts qui les avaient animées si longtemps :
des cités idéales, endormies en plein XIXe siècle dans le
patriarcal sommeil des meilleurs temps féodaux !...

L'ambition de l'Italie en 1846 ! A peine pouvait-on
penser alors à l'ambition de l'Autriche, dont le protec-
torat pourtant ne pesait pas lourd malgré le royaume
Lombard-Vénitien et les quelques garnisons allemandes
des Etats de l'Eglise.

On était donc en 1846, et on prévoyait sans peine
qu'il y aurait une année 1848. Mais pouvait-on deviner
que ce fatidique 1848 verrait le berceau de cet enfant
d'avenir et de dévastations formidables, la Jeune Italie,
qui allait naître dans les rêveries des utopistes, pour se

réaliser, dix ans après, dans la complicité aveugle de l'Empire français et du Piémont ?

Pauvre Italie nouvelle ! Elle a fait son premier pas dans le monde au lendemain de Villafranca. Elle n'a pas tardé à « SECOUER LE JOUG DU SEIGNEUR DES SEIGNEURS », et quels maîtres a-t-elle trouvés, qui lui tiennent les rênes sous un joug d'autre sorte !

Pauvre Italie nouvelle ! avec ses capitales, autrefois si florissantes, et qui ne sont plus que des villes mortes ; avec ses églises profanées et pillées ; avec ses monastères vides ; avec son paupérisme ; avec ses milliers d'indigents qui, chaque année, désertent un sol qui ne peut plus les nourrir !... Pauvre Italie ! avec sa manie de jouer à la grande nation !... Pauvre Italie ! avec ses rêves d'indépendance, qui n'aboutissent qu'à un César contre lequel s'est débattue pendant plus de dix siècles toute sa vie dans l'histoire : un César germanique !

La Vierge le disait avant même qu'on pût soupçonner le début de la crise : « ELLE SERA PUNIE DE SON AMBITION EN VOULANT SECOUER LE JOUG DU SEIGNEUR DES SEIGNEURS » ; et ce que nous avons vu jusqu'à ce jour n'est pas encore le châtiment... Si ce n'est qu'un acompte, quel sera le paiement définitif !

Lisons tout l'alinéa. Un double châtiment attend ce peuple infortuné : châtiment d'abord pour le crime national qui souille le berceau de cette société avec ses prétentions de renaissance. Nous avons vu ce que ce crime « D'AMBITION » commence à lui coûter. Mais il ne fut pas exclusivement social : du sommet à la base de ce peuple tous y ont trempé ; l'aristocratie du pays comme ses couches infimes, le clergé lui-même comme les Ordres monastiques.

Qu'on se rappelle les impressions rapportées de là-bas par les cœurs généreux qui s'étaient enrôlés dans les légions pontificales pour défendre ces Italiens ! On ne s'attendait pas à avoir à les défendre contre eux-mêmes. Les pires adversaires n'étaient pas dans les rangs garibaldiens. Tout autour d'eux, dans ce peuple pour qui ils versaient leur sang, les volontaires étrangers sentaient la défiance et la haine : haine sournoise et perfide, à la fois mesquine et redoutable, dont ils avaient à se garder, dans les provinces, aussi bien que dans Rome même sous les toits de la caserne Serristori... Tous ces gens-là, qu'ils coudoyaient dans les mille relations de la vie civile ou de la vie militaire en campagne, ce n'étaient pas seulement des Italiens : ils s'étaient affublés d'un vocable nouveau, c'étaient des *Italianissimes* !

Italianissimes ! on le vit bien le soir du 20 septembre, quand les bandes royales eurent forcé la porta Pia. On a beaucoup parlé des indignations patriotiques et filiales des Transtéverins. Elles furent vite étouffées sous les explosions d'allégresse des Italianissimes de la ville ! On n'avait qu'un masque à jeter : ce fut vite fait !... Quelques arriérés par ici par là, quelques rares fidèles qui tiennent assez bien le rôle des Sénateurs de Brennus ; mais à côté, le grand nombre, la fameuse noblesse romaine si vantée, les Gavazzi, les Pantaleoni, les Caputo ! des moines ! des prêtres ! des évêques ! qui exultent de joie ! Rome était pleine d'Italianissimes ! Et c'était la même chose dans tout l'Etat Pontifical, et plus tard dans les Deux-Siciles !

Et l'on s'étonnerait des réponses d'en haut ?

« LES EGLISES SERONT FERMÉES OU PROFANÉES, avait dit la Vierge de la Salette, LES PRÊTRES, LES RELIGIEUX SERONT CHASSÉS, etc. » — C'est la lamentable histoire de ces trente et quarante dernières années. On les a vus, les évêques, dont la plupart pourtant restèrent fidèles et payèrent pour les autres, comme Mgr Pétagna, le saint évêque de Castellamare ; on les a vus, avec leurs menses ruinées, gémir sur la misère du troupeau qu'ils ne pouvaient plus secourir ; on les a vus, pauvres victimes des crimes qu'ils n'avaient pas commis, mourir à la peine dans l'indigence la plus extrême, menés au tombeau dans l'appareil des pauvres, *ne laissant pas de quoi se payer la croix funé-raire !...* On les a vus, les moines et les prêtres, arrachés à leurs retraites, conduits aux prétoires *les menottes aux mains...* « Ils marchaient, disait un témoin, en ordre plus régulier qu'à la procession. » On ne faisait que les mener en prison, parce que ce n'était que le début des châtiments. On ne les a pas encore, comme a prédit la Sainte Vierge, « FAIT MOURIR, ET MOURIR D'UNE MORT CRUELLE », Mais puisque ce n'est que le commencement !!.

D'ailleurs, plusieurs assassinats immondes ont eu lieu... *Intelligenti pauca.*

10. — « Que le Pape se tienne en garde contre les faiseurs « de miracles, car le temps est venu que les prodiges les plus « étonnants auront lieu sur la terre et dans les airs. »

Notre-Seigneur a prévenu son Eglise qu'à la fin des temps : « Il s'élèvera de faux prophètes qui feront des signes et des prodiges à faire tomber en erreur, s'il se pouvait, jusqu'aux élus ! » Notre-Dame de la Salette croit devoir prévenir le Pape lui-même que ce temps est arrivé. Combien plus les autres doivent se tenir en garde, ne pas négliger la prière et la pénitence, qu'elle recommande plus haut aux conducteurs du peuple de DIEU.

Prédictions suspectes, prestiges diaboliques, découvertes psychiques, double vue, matérialisations, investigations supranaturelles etc., on croit aussi promptement à tout cela que malaisément aux avertissements évangéliques de Notre-Dame. Un prêtre, abonné à la plus appréciée des revues psychiques, en adressa plusieurs fois des numéros à Mélanie. Toujours elle m'a dit :

« Cette revue n'est pas savante, car elle fait beaucoup trop grande la part du naturel dans ces phénomènes d'hypnotisme... Cette part est très petite : le diable intervient presque dès le début »

11. — « En l'année 1864, Lucifer avec un grand nombre de « démons seront détachés de l'enfer : ils aboliront la foi peu à « peu et même dans les personnes consacrées à DIEU ; *ils les « aveugleront d'une telle manière, qu'à moins d'une grâce « particulière ces personnes prendront l'esprit de ces mau- « vais anges : plusieurs maisons religieuses perdront entiè- « rement la foi et perdront beaucoup d'âmes. »*

En 1864, le fait invisible, que « LUCIFER ET UN GRAND NOMBRE DE DÉMONS » ont été « DÉTACHÉS DE L'ENFER » coïncide avec la plus grande victoire remportée par l'enfer depuis la Révolution. En effet, jusqu'en 1864, la franc-maçonnerie en France était surveillée, et c'est dans ce but de surveillance qu'un décret impérial de 1862 en avait nommé le Grand Maître. En 1864, ce décret fut rapporté, et ouvertement fut reconnu le droit au Grand Orient de nommer lui-même son Grand Maître. C'était reconnaître l'existence légale de la secte. Lucifer prenait possession de la France pour, de là, régner sur la terre entière.

Encore en 1864, apparaissaient en Europe les premiers représentants de la secte infernale : « *La Science Chrétienne* », qui a des églises pour le culte de Satan [1]. Enfin, il faut reconnaître que « L'ABOLITION DE LA FOI » depuis 1864 progresse dans le monde d'une manière épouvantable, et que cette œuvre des démons se fait « PEU A PEU ». Il ne faut donc pas chercher dans cette année 1864 « DES MAISONS RELIGIEUSES » qui eussent perdu entièrement la foi : la Sainte Vierge a dit au contraire : « ILS ABOLIRONT LA FOI **PEU A PEU** ». Je ne puis cependant oublier que Pie IX fit fermer un couvent à Rome même, peu après 1864.

12 — *« Les mauvais livres abonderont sur la terre, et les*
« esprits de ténèbres répandront partout un relâchement uni-
« versel pour tout ce qui regarde le service de DIEU ; ils auront
« un très grand pouvoir sur la nature : il y aura des églises
« pour servir ces esprits. Des personnes seront transportées
« d'un lieu à un autre par ces esprits mauvais, et même des
« prêtres, parce qu'ils ne se seront pas conduits par le bon
« esprit de l'Evangile, qui est un esprit d'humilité, de charité

---

(1) C'est en 1864 que le célèbre spirite Home (Daniel Douglas), dont tous les journaux du temps ont raconté les *prestiges inouïs*, obtint ses premiers succès aux Tuileries. Il fut successivement reçu par tous les souverains de l'Europe.

Il y a peu d'années, un ecclésiastique du diocèse de Paris, visiteur d'un grand ordre, prêtre très sage, très prudent, n'aimant à dire que ce qu'il savait bien, déclarait qu'il existait à Paris, dans le seul quartier de Saint-Sulpice, *vingt-deux* autels consacrés au démon, et servant à des pratiques sacrilèges. — Des groupes de cabalistes et d'occultistes ont des pourvoyeuses d'hosties consacrées, d'abominables femmes qui, pour une médiocre rémunération, se présentent à la sainte Table et font marché des hosties qu'elles ont reçues sous la surveillance de témoins implacables. On tremble de révéler de telles abominations, mais, depuis quelque temps, elles deviennent fréquentes et publiques.

« *et de zèle pour la gloire de* Dieu. *On fera ressusciter des*
« *morts et des justes* », [c'est-à-dire que ces morts prendront la
figure des âmes justes qui avaient vécu sur la terre, afin de
mieux séduire les hommes : ces soi-disant morts ressuscités, qui
ne seront autre chose que le démon sous ces figures, prêcheront
un autre évangile contraire à celui du vrai Christ-Jésus, niant
l'existence du Ciel, soit encore les âmes des damnés. Toutes ces
âmes paraîtront comme unies à leur corps.] « *Il y aura en tous*
« *lieux des prodiges extraordinaires, parce que la vraie foi*
« *s'est éteinte et que la fausse lumière éclaire le monde. Malheur*
« *aux Princes de l'Eglise qui ne seront occupés qu'à entasser*
« *richesses sur richesses, qu'à sauvegarder leur autorité et à*
« *dominer avec orgueil !* »

Ce qu'il faut remarquer d'abord, *car il y va de l'inté-*
grité des paroles de la Très Sainte Vierge, c'est que
le milieu de cet alinéa, le tiers environ, est entre deux
crochets *à angles droits*. Ce ne sont donc pas des
paroles de la Sainte Vierge, mais de la voyante. Ce
qu'elle dit dans cette note est la plus stricte vérité,
mais la fidèle missionnaire de Notre-Dame de la Salette
ne veut pas qu'on confonde ses commentaires avec les
paroles de la Sainte Vierge.

Elle a eu la vision de ce qu'elle a écrit ici entre
crochets.

On sait que les deux petits bergers ont *vu* beaucoup
plus de choses qu'ils n'en ont entendu; qu'ils avaient
la « **vue** » détaillée de tout ce qu'ils entendaient en
peu de mots. On sait que d'après cette « vue »,[1] qui

---

(1) Cette question de la *Vue* fut étudiée,
dès 1849, par M. Dausse.

M. Dausse, ingénieur civil, homme
des plus distingués de la ville de Grenoble, fut l'un des quatre témoins choisis
par Mgr de Bruillard pour assister à la
rédaction des deux enfants, pendant que
ceux-ci écrivaient leurs secrets à l'évêché
pour être de là, cachetés séparément,
transmis à Pie IX. Il avait beaucoup
interrogé les enfants dès 1849. Voici
quelques-unes de ses notes, tirées de la
vie de M. l'abbé Gérin :

« Les deux enfants ont vu l'avenir se
dérouler sous leurs yeux pendant que la
Très Sainte Vierge leur confiait son
double message.

« Des gens trouvent que Mélanie parle
trop et ne croient pas que la Sainte
Vierge lui en ait tant dit en un moment :
« *La Sainte Vierge*, m'a-t-elle répondu
« à ce propos, *en un mot peut dire et faire*
« *comprendre de quoi écrire pendant cent*
« *ans !* »

« Pour moi, cette réponse : « *La Sainte*
Vierge, en un mot, peut dire et faire com-
prendre de quoi écrire pendant cent ans ! »
prouve à elle seule que Mélanie a eu la
vision dont le bruit a rempli le monde.
Qui, en effet, a pu faire exprimer ainsi
par cette ignorante la différence qu'il y
a entre ce que l'homme apprend à force
de temps et de peine, et ce qu'il plaît à
Dieu de révéler parfois à quelques âmes,

n'était pas son Secret proprement dit, Maximin put prédire un grand nombre d'événements; par exemple, que Paris, en 1870, serait brûlé non par les Prussiens mais par « sa canaille »; que Mgr Darboy serait « fusillé », etc... Mélanie au contraire, en général, n'a dit que ce qu'elle avait mission de « faire passer », c'est-à-dire les paroles de la Très Sainte Vierge. Ce

sans nul effort de leur part, et sans qu'il soit besoin de temps... qui, dis-je, si ce n'est la Sainte Vierge? »

M. l'abbé Bliard posa, en théologien, de nombreuses questions à Mélanie, relativement à ce phénomène plus extraordinaire que l'Apparition elle-même. Elle lui écrivit le 26 décembre 1870 :

« La Sainte Vierge prononçait *toutes* « *les paroles*, soit des Secrets, soit des « règles; seulement j'aurais pu deviner « ou pénétrer le reste de ce qu'elle disait « en paroles : un grand voile était levé, « les événements se découvraient à mes « yeux et à mon imagination à mesure « qu'elle prononçait toutes les paroles, « et un grand espace se déroulait devant « moi; je voyais les événements, les « changements d'opération de la terre; « et DIEU, immuable dans sa gloire, « regardait la Vierge qui s'abaissait à « parler à deux points! »

M. Bliard insista; elle lui écrivit cette seconde lettre :

« Il y a des personnes qui voudraient « que la Sainte Vierge n'eût pas tant « parlé. C'est dommage qu'elles soient « si avares envers une pauvre Bergère « qui désirerait de tout son cœur que « le monde entier eût vu et entendu « pendant une demi-heure, parce que « tout le monde se serait converti... Et « ces personnes, qui disent que la Sainte « Vierge ne parle pas autant, auraient « bien compris, et mieux compris que ce « qu'enseignent les livres, s'il y en a qui « l'enseignent, que les paroles du Ciel « ne sont pas seulement des paroles : « c'est-à-dire, que la personne qui écoute « ne s'arrête pas à la lettre, à la parole ; « mais chaque parole se développe, et « l'action future a lieu dans le moment, « et l'on voit mille et mille fois plus de « choses que ce que les oreilles enten- « dent. On s'élève à une hauteur qui

« n'est pas le Ciel, et peut-être même « on ne change pas de place ; mais on « voit et on entend tout, on comprend « sans rien dire, et l'on s'oublie soi- « même entièrement. Et, sans le vouloir, « on entre dans l'esprit des tableaux qui « sont exposés : c'est-à-dire que si c'est « un tableau triste, on est triste ; si c'est « joyeux, on en ressent de la joie. On « voit des complots qui se font ; on voit « les rois de la terre, lesquels ont chacun « plusieurs anges gardiens ; on les voit « s'agiter, faire, défaire ; on voit la « jalousie des uns, l'ambition des autres, « etc., etc., et tout cela dans une seule « parole qui s'échappe des lèvres de « Celle qui fait trembler l'enfer, la « Vierge MARIE. Oui, si ces personnes « avaient vu une seule fois quelqu'un « du paradis, elles ne diraient plus que « l'esprit qui leur a parlé n'a pas dit « tant de choses ; mais elles diraient « plutôt qu'il leur est impossible de dire « tout ce qu'elles savent. Je suis une « grande ignorante, mais si j'étais une « lettrée des plus savantes, je ne pour- « rais rien écrire des choses d'en-haut, « parce que les expressions des plus « grands savants n'arrivent pas à l'ombre « de la vérité des expressions dont on « se sert là-haut pour parler. Le langage « d'en-haut est un mouvement de l'âme, « des souhaits de l'âme, des élans de « l'âme : et les yeux vifs de l'âme se « cramponnent !

« Donc, je crois que si ici-bas nous « voulions expliquer cela, nous n'y arri- « verions pas. Et moi surtout, pauvre « vile poussière, je suis encore à naître « pour parler de ces choses-là. « Aimons « le bon DIEU de tout notre cœur : voilà « notre science et notre richesse ». Oh ! « il faut être fou, pour ne pas être fou « de l'amour de Celui qui a été, le pre- « mier, fou d'amour pour nous... »

qu'elle a vu, elle a toujours refusé de le publier, à moins qu'une explication, comme dans le cas présent, ne lui parût nécessaire.

« Que voulez-vous, répondait-elle, cela ne servirait de rien ! J'ai dit ce que j'avais mission de dire. On n'a pas cru aux paroles de la Très Sainte Vierge : on croirait aux miennes encore bien moins ! »

J'ai insisté plus d'une fois, sous prétexte que ses prédictions, se réalisant, éclaireraient sur la divinité du secret :

Non, me répondit-elle : *ils ne veulent pas faire leur examen de conscience...* Est-ce que tout ce que dit le Secret, qui se réalise, les éclaire pour *se soumettre ?*

Ne devons-nous pas remercier la Providence qui a permis ce silence ? La Bergère a vu le *détail* des événements tragiques dont nous sommes depuis tant d'années témoins. Quelles fureurs auraient été suscitées si, en 1870, on avait pu lire dans un livre signé, les sinistres événements de cette année terrible [1] ? Autre exemple : Supposez-vous qu'un asile, le plus fermé possible, aurait pu dérober aux recherches de la police l'humble fille qui aurait dit : « Le président Carnot sera poignardé à Lyon ; le président Félix Faure, dans une chambre retirée de l'Elysée, tombera foudroyé en buvant un verre de liqueur...? »

Si vous voulez préciser les suppositions, imaginez-vous qu'on pourrait sans péril, à l'heure présente, soulever le moindre coin d'avenir, si ce coin n'était pas gai ? Qu'on dise, par exemple (j'amoncelle les suppositions les plus folles), qu'on dise : Presque tous les chefs actuels d'Etats seront assassinés : Victor Emmanuel III, d'un coup de révolver ; Guillaume II, d'un coup de fusil ; Léopold II, d'un coup d'épée ; François-Joseph, d'un coup de sabre ; Alphonse XIII et Georges Ier, d'un coup de feu ; Nicolas II et Christian IX, par le poison ; Abdul-Hamid..., etc. Continuez

---

(1) On sait qu'elle quitta Corenc en 1854 ; or, après son départ on remarqua ces mots qu'elle avait gravés dans le bois de son pupitre à l'aide d'un canif : **Prussiens 1870.** Encore à Corenc, la maîtresse de classe lui donna un jour une carte de France à étudier. La pauvre enfant se mit à pleurer et *biffa d'un trait l'Alsace et la Lorraine.*

l'énumération, précisez les circonstances, et finissez toutes ces suppositions en ajoutant que ces nombreux crimes ne seront presque rien en comparaison des malheurs qui tomberont sur les peuples!... Quelqu'un qui saurait des secrets de ce genre ferait bien de ne le dire à personne, et ce serait de la plus élémentaire prudence.

« D'ailleurs, disait Mélanie, la Très Sainte Vierge n'est pas venue satisfaire la curiosité, la curiosité humaine n'est jamais satisfaite; et en attendant qu'on voie tout se réaliser, on ne se convertit pas.... Toutes ces questions nous servent de prétexte pour différer notre conversion. *Faisons pénitence,* et voilà! »

« LES MAUVAIS LIVRES ABONDERONT SUR LA TERRE ». L'alinéa précédent annonçait pour 1864 une très forte action diabolique contre l'Église, ses dogmes, sa morale, ses institutions et même contre son existence. En 1864, fut répandue partout, en nombre incalculable, sous l'inspiration de l'Empereur, l'édition populaire de la *Vie de Jésus,* de Renan, à l'effet d'enlever toute *foi* au peuple. Dans la même année furent publiés *le Maudit, la Religieuse, le Jésuite* et *le Moine...* dus à la plume d'un mauvais prêtre... Peu après on vit surgir un livre écrit par un savant français, en *faveur de Mahomet, de la Mecque et du Coran,* contre Notre-Seigneur Jésus-Christ, Rome et l'Évangile... Alors furent publiés par l'ex-abbé Alphonse-Louis Constant [1], chef des *Grands Mages,* à Paris, divers écrits diaboliques, sous le nom emprunté d'Éliphas-Lévy. Alors enfin furent composés, par Jean-François-Rivail, sous le pseudonyme d'Allan-Kardec, le *Livre des Médiums, l'Imitation de l'Évangile*

---

(1) Renan ! Michon ! Constant ! Quand des ecclésiastiques apostats donnent de pareils exemples et se font les théologiens officiels de Satan, peut-on envisager sans effroi les conséquences de la propagande faite en faveur des plus pernicieuses doctrines. Ajoutez qu'à côté de ces littérateurs amateurs de haut vol il y a encore les auteurs des manuels d'enseignement primaire qui empoisonnent la jeunesse.

Qu'a-t-on fait pour contrebalancer ces efforts ?

N'est-il pas permis de penser que l'on pourrait parfois et que l'on devrait faire autre chose que de fructueuses opérations de librairie ?

La *bonne* Presse est celle qui fait du bien et non celle qui donne des dividendes !

selon le spiritisme, le Livre des Esprits, le Ciel et l'Enfer, et *Qu'est-ce que le Spiritisme ?* Ces affreux petits livres, composés sous la dictée du diable, avec un art infernal, pénétrèrent, on s'en souvient, jusque dans les couvents pour entreprendre d'y abolir la foi.

En cet état il n'est pas étonnant que le démon ait réussi en plusieurs endroits à se rendre « COMME LE ROI DES CŒURS, » ainsi qu'il va être dit au paragraphe 18 relatif à l'année 1865.

Le commentaire de cet alinéa du Secret demanderait un volume. « MAUVAIS LIVRES — RELACHEMENT UNIVERSEL — POUVOIR GRANDISSANT DES ESPRITS DE TÉNÈBRES SUR LA NATURE » dans les pays qui perdent la foi... quels sujets de méditations dans une ligne ! — « IL Y AURA DES ÉGLISES POUR SERVIR CES ESPRITS. » Mélanie en vit trois en France, dont une à Paris. Elle en vit deux en Italie ; d'autres en Allemagne, au Brésil, etc. — « IL Y AURA EN TOUS LIEUX DES PRODIGES EXTRAORDINAIRES, etc. » En ce temps-là, qui lui paraissait distant d'une vingtaine d'années, c'est-à-dire vers 1866, elle vit des personnes perverties se donnant au démon de la magie. Ces personnes faisaient apparaître aux yeux des curieux des défunts qu'ils avaient connus et qui n'avaient pas vécu chrétiennement. Ces soi-disants morts ressuscités, qui n'étaient que le démon sous leur figure, se montraient dans la gloire céleste. D'autres, qui avaient vécu chrétiennement, paraissaient être dans d'affreuses tortures, exhortaient leurs amis et connaissances à ne pas les imiter, et prêchaient un évangile opposé à celui de Notre-Seigneur JÉSUS-CHRIST.

———

Une autre remarque importante à faire, c'est que la phrase : « MALHEUR AUX PRINCES DE L'EGLISE QUI NE SERONT OCCUPÉS QU'A ENTASSER RICHESSES SUR RICHESSES, QU'A SAUVEGARDER LEUR AUTORITÉ ET A DOMINER AVEC ORGUEIL », n'est pas détachée de ce qui précède pour faire un alinéa à part ; comme si la Reine de l'Eglise les rendait responsables de cette invasion des mauvais livres, dont elle vient de parler, et de ce pouvoir étonnant des esprits de ténèbres pour répandre partout un relâchement universel et éteindre la vraie foi : double invasion épouvantable contre laquelle ils auraient lutté avec avantage, s'ils n'avaient été occupés à autre chose...

Par « PRINCES DE L'EGLISE » , il ne faut pas entendre les seuls cardinaux ; car la Reine de l'Eglise, m'a dit la voyante, n'emprunte pas ici les formules du protocole des cours. Au sens ecclésiastique, les évêques sont aussi Princes de l'Eglise. D'ailleurs, plus haut, elle a parlé d'une manière générale des « CHEFS ET CONDUCTEURS DU PEUPLE DE DIEU » ; il est logique qu'elle s'adresse maintenant à tous les hauts prélats en général, à ceux d'entre eux qui n'ont pas dépensé leurs forces, tout leur zèle, la majeure partie de leur temps à l'œuvre qui prime toutes les autres : *sauvegarder son peuple* des fausses lumières qui éclairent le monde ; parce qu'ils se sont trop occupés de chancellerie, etc., et qu'ils n'ont pas été la lumière du monde par l'éminente sainteté de leur vie, le désintéressement, la justice, l'observation des saints canons.

Ce passage qui ne scandalise personne parce qu'il n'apprend rien à personne, a suscité, en France, une opposition violente au Secret, et des abus d'autorité qui l'ont justifié *encore*, car, « *tandis que nous sommes inondés de mauvais journaux nés de la franc-maçonnerie, de brochures et de feuilletons immondes, l'autorité ne songe, depuis vingt-cinq ans, qu'à barrer le chemin au Message de la Reine du Ciel, qui réveillerait les endormis.* » C'est la réponse de Mélanie à la question que je lui posais.

Est-ce qu'une pauvre Bergère improvise d'elle-même de ces mots-là ?

Ah ! si la Sainte Vierge n'avait pas dicté ces trois ou quatre malheureuses lignes... si elle n'avait parlé que des défaillances laïques... si la céleste Bergère s'était contentée de frapper des coups de houlette sur les moutons, les brebis et les agneaux... Mais ! frapper aussi sur les gardiens du troupeau, qui sont muets, qui ne font pas bonne garde, qui se laissent passer des cordes au cou !... C'est comme son divin Fils lui-même : ils n'avait pas cherché noise aux négociants du Parvis, s'il avait été un peu plus prévenant pour les honnêtes pharisiens, pour les doctes scribes, pour les puissants Princes de la Synagogue !... certes, les Hosanna du jour des Rameaux eussent été bien plus nourris, et ne se fussent pas changés, trois et quatre jours après, en cris de mort !

On n'ose pourtant pas dire que le Christ a eu tort !

Que n'a-t-on un peu de la même indulgence pour sa Mère ? Après tout, les plaies de l'Eglise dirigeante, la Sainte Vierge est bien placée pour les voir ; et si elle les dénonce, à qui fera-t-on croire que c'est pour les envenimer ? « Malheur aux Princes de l'Eglise, qui.... ». Elle ne dit pas : Malheur à *tous* ; elle ne généralise pas.

Parce qu'on empêchera d'entendre cette parole, empêchera-t-on qu'elle ait été dite ?

Parce que les laïcs ne sauront pas qu'elle a été dite, leur ôtera-t-on le scandale de constater par eux-mêmes qu'elle est vraie quelquefois ?

Certes, on nous accuserait à bon droit d'irrespect, si nous jetions des noms en pâture à la malignité publique, car quelles que soient les fautes personnelles d'un ministre de Dieu, elles n'autorisent personne à lui manquer de respect. Mais ne sent-on pas, en maints endroits, cette tendance fatale à monnayer bien des choses ? Le fameux « nerf de la guerre » ne semble-t-il pas prendre des proportions anormales : quitter un peu le rôle de moyen pour s'installer à l'état de but ?... De bien belles œuvres en sont là ! Quelle plus belle œuvre que le Denier de Saint Pierre ? Quoi de plus touchant que l'empressement généreux et filial des catholiques à réparer l'injustice flagrante des faits accomplis ? Leur père dépossédé ne perdra rien des pompes royales auxquelles il a droit ; il n'aura pas à recourir à la pitié déshonorante des spoliateurs ; il ne sera pas privé de la plus douce joie des Papes : il n'aura qu'à ouvrir ses mains pour que des trésors se répandent, et que soient soulagées les misères de ce peuple d'Italie qui est son peuple.

Il n'est pas une âme catholique qui ne comprenne la nécessité du Denier, et de tout l'univers, de la France surtout, le tribut filial est versé avec allégresse ; mais l'or n'est qu'un métal, chose inerte : on devient financier rien qu'à le canaliser. Et la grande loi des finances, à laquelle il est difficile de se soustraire, c'est hélas ! toujours : *do ut des*. Et ce sont les chefs des diocèses qui donnent.

On donne avec générosité, avec amour, c'est entendu ; mais il est bien entendu aussi que celui qui reçoit doit donner quelque chose, quand ce ne serait que la fameuse lettre pour empêcher qu'on dise : « MALHEUR AUX PRINCES DE L'EGLISE QUI..., » etc.

Quelle somme fut versée pour cela ? Le cardinal Caterini ne l'a pas dit, ses contractants non plus. D'autre part, il n'y a plus d'Evangéliste pour nous fournir le libellé de ces marchés-là. Mais il est certain qu'on n'a rien pour rien, et, en 1880, le marché a été fait [1].

---

(1) Des prêtres français, des religieux, et plusieurs évêques voulant faire condamner par Rome la brochure de Mélanie, Mgr Cortet, évêque de Troyes, se chargea d'attacher le grelot.

Mgr Cortet, connaissant mal les règles du Droit canonique en cette matière, s'adressa à la Congrégation de l'Index, qui le renvoya à celle de l'Inquisition. Là encore, il ne put rien obtenir. Alors, il menaça le cardinal Caterini, simple diacre, mais secrétaire par rang d'âge de cette Congrégation, du retrait du Denier de Saint Pierre, « si l'on ne faisait pas quelque chose (*sic*) en sa faveur ».

Le secrétaire, étant déjà âgé (85 ans), ne fit que signer la lettre suivante rédigée par un sous-secrétaire :

« Admodum Rev. Pater.

« Litteræ tuæ diei 23 elapsi julii. relate
« ad evulgationem opusculi cujus titulus
« — *l'Apparition de la Sainte Vierge sur la*
« *Montagne de la Salette.* — relatæ sunt Emis
« Patribus, una mecum Inquisitoribus qui
« Paternitati tuæ respondum esse duxerunt
« S. Sedi non placuisse præfatum opuscu-
« lum factum esse publici juris : ideoque

« ejus esse voluntatem ut ejusdem exempla-
« ria, ubi vulgata sunt, quoad fieri potest,
« *e fidelium manibus retrahantur.* . . .
  Romæ, 8 augusti 1880.
      « P. Card. CATERINI. »

« Révérendissime Seigneur,
« Votre lettre du 23 juillet relative à la
« publication de l'opuscule intitulé : *l'Ap-*
« *parition de la Sainte Vierge sur la Mon-*
« *tagne de la Salette,* a été remise aux Très
« Eminents Cardinaux, avec moi Inqui-
« siteurs de la Foi qui veulent que vous
« sachiez que le Saint-Siège a vu avec
« déplaisir la publication qui en a été faite
« et que sa volonté est que les exemplaires
« déjà répandus soient, autant que possible,
« *retirés des mains des fidèles.* . . . .
  « Rome. 8 août 1880.
      « P. Card. CATERINI. »

A la réception de cette lettre, Mgr Cortet fut atterré, car ce n'était pas une condamnation. 1° Rome ne dit pas de « retirer autant que possible » quand elle condamne un livre. — 2° C'était une lettre privée qu'on lui envoyait et nullement un décret, car il est de rigueur qu'on relate dans un décret la date de la réunion du Saint Office. — 3° Au lieu du pointillé, que nous expliquerons dans un

APPARITION DE N.-D. DE LA SALETTE

DANS LE RAVIN DE LA SEZIA

Après leur sommeil, Maximin et Mélanie venant de visiter leur bétail, qu'ils ont découvert sur le versant du Mont Gargas, aperçoivent, au milieu d'une éblouissante clarté, *une Belle Dame tristement* assise au lieu même où jaillit depuis sans interruption la Fontaine miraculeuse. Saisie de crainte, Mélanie laisse tomber son bâton en appelant Maximin

Qu'on ne dise pas : « La parole de MARIE n'a pas été mise à l'index. » Je le sais bien. On n'avait pas moins demandé, mais ils n'ont promis que ce qu'ils pouvaient faire. Ils n'ont pas condamné le Secret, mais ils ont frappé tout autour des coups qui, sans rien décider au fond, ont réussi à le rendre suspect aux fidèles et à le faire mépriser du clergé. Avait-on besoin d'autre chose ? Ils n'ont pas mis à l'index la parole de MARIE, mais ils l'ont plombée, ce qui, en pratique, revient au même. Les francs-maçons non plus ne détruisent pas l'Eucharistie ; ils mettent simplement les scellés à la porte des chapelles, et l'Eucharistie est emprisonnée. De la même sorte est emprisonnée, elle aussi, la parole de la Sainte Vierge. Elle avait dit : « Vous

---

instant, il y avait ces mots : « *Mais qu'on la maintienne* (la brochure) *dans les mains du clergé pour qu'il en profite.* » — Sans cette dernière phrase on ne lui envoyait qu'un os à ronger ; avec cette phrase on lui envoyait en réalité une approbation de la brochure ! Il était impossible de publier cela !

Mgr Cortet envoya cette réponse de Rome à son collègue de Nîmes ; Mgr Besson ne s'embarrassa pas pour si peu : il supprima la dernière ligne, la remplaça par un pointillé et publia sous la couleur d'un décret cette lettre privée, tronquée, faussée, qui n'était pas même à son adresse. — Monseigneur de Troyes l'imita. Un grand nombre de *Semaines Religieuses* s'empressèrent d'en faire autant, bien qu'elles sussent ce qu'il en était. Les *Revues Catholiques*, les bons journaux furent priés d'insérer, et le firent de bonne foi. Tout le monde crut que la brochure de MÉLANIE était *condamnée* !

Plus tard, les Missionnaires de la Salette, estimant que le pointillé en disait encore trop, le remplacèrent par un seul point, et glissèrent par milliers dans les mains des pèlerins leur petit papier !

En même temps, les calomnies allaient bon train : aucun doute n'était possible : « L'Enfant de Marie avait mal tourné : elle était égarée par la vanité ; elle était infidèle à sa mission, etc., etc. »

Voici, à ce sujet, une lettre écrite par MÉLANIE à M. l'abbé Roubaud, curé de Vins, au diocèse de Fréjus, dont j'ai l'original :

Castellamare, 25 octobre 1880.

Mon Très Révérend Père,

« *Ne vous troublez pas de tout ce que*
« *fait le démon par le moyen des hommes ;*
« *le bon Dieu le permet pour affermir la*
« *foi des vrais croyants... Les person-*
« *nages à qui je me suis adressée à Rome*
« *appartiennent, l'un à la Congrégation de*
« *l'Index, et l'autre à celle du Saint Office*
« *ou de l'Inquisition, qui est la même.*
« *Autant l'un que l'autre, ils ignoraient la*
« *lettre du cardinal Catérini. C'est ce qui*
« *leur a fait dire que c'est un parti qui*
« *agit indépendamment du Pape, et même*
« *des Congrégations de l'Index et de l'In-*
« *quisition .. »*

Elle écrivit encore à Mgr Pennachi, consulteur de l'Index, qui lui fit la même réponse que les deux cardinaux, dont l'un était l'éminent cardinal Ferrieri. J'ignore le nom de l'autre.

Mgr Zola s'était rendu immédiatement à Rome pour avoir des explications. Le sous-secrétaire qui avait écrit la lettre fit très humblement toutes ses excuses à Mgr de Lecce, lui disant qu'il avait eu la main forcée par l'évêque de Troyes et autres évêques de France. Sa lettre ne devait pas être publiée. Les formules qui compromettaient dans cette affaire « les très Éminents Cardinaux » et « le Saint Siège » étaient des *rocamboles ! ! !*

FEREZ PASSER CELA A TOUT MON PEUPLE » ; on a empêché de passer cela, voilà tout. Les scellés ne pouvaient avoir prise sur elle. Les Secrétaires ont bien travaillé quand même : ils ont mis les bandes officielles ou officieuses sur les livres qui parlaient d'Elle. Qu'elle passe maintenant...

Les conditions du marché ont-elles été bien remplies ? et l'argent n'est-il pas bien dûment acquis ? Mais n'est-ce pas spécialement pour cela que la Mère de Miséricorde a dit : « MALHEUR AUX PRINCES DE L'ÉGLISE QUI NE SERONT OCCUPÉS QU'A ENTASSER RICHESSES SUR RICHESSES, QU'A SAUVEGARDER LEUR AUTORITÉ ET A DOMINER AVEC ORGUEIL ! » Après les châtiments qui vengeront cette auguste parole, on sera épouvanté de l'aveuglement incompréhensible qui les aura mérités, dans lequel nous sommes plongés à cette heure [1].

13. — « Le Vicaire de mon Fils aura beaucoup à souffrir, « parce que pour un temps l'Eglise sera livrée à de grandes « persécutions : ce sera le temps des ténèbres ; l'Eglise aura « une crise affreuse. »

---

[1] L'aveuglement précède toujours les grandes expiations et dure jusqu'à ce que DIEU ait épuisé sa colère ; car rien ne peut le dissiper. C'est l'un des plus terribles mystères :

« *Aveuglez* le cœur de ce peuple, bou-« chez ses oreilles et fermez ses yeux, de « peur que ses yeux ne voient, que ses « oreilles n'entendent, que son cœur ne « comprenne, et qu'il ne se convertisse « à moi, et que je ne le guérisse. — Eh ! « Seigneur, dis-je, *jusqu'à quand durera* « *cet aveuglement ?* — Le Seigneur répon-« dit : Jusqu'à ce que les villes soient « désolées et sans citoyens, les maisons « sans habitants, et que la terre devienne « déserte. (Isaïe VI, 10 et 11.)

Mais alors, comment l'aveuglement mérite-t-il ces expiations terribles ? N'est-il pas déjà un châtiment épouvantable ? Que reste-t-il à expier après lui ? La justice divine n'est-elle pas satisfaite ?

C'est que l'aveuglement, à proprement parler, n'est pas la dette payée à la justice : il est plutôt la borne posée à la miséricorde.

La miséricorde est désarmée par l'in-gratitude : la miséricorde, soleil dont les rayons n'atteignent plus les yeux aveu-glés, source dont les eaux ne pénètrent plus la pierre des cœurs endurcis. Lumières de la foi, eaux limpides de l'humilité, de la reconnaissance, de la sainte charité : les esprits aveuglés et les cœurs endurcis sont à l'abri des divines tentatives de la miséricorde. DIEU n'a plus devant lui que l'inexorable justice à satisfaire, et c'est l'heure qui sonne du véritable châtiment.

C'est ainsi que l'aveuglement, suite des péchés qui l'amènent, précède à son tour, comme nous le disions tout à l'heure, les grandes expiations et dure jusqu'à ce que DIEU ait épuisé sa colère.

Excœca cor populi hujus, et aures ejus aggrava, et oculos ejus claude, ne forte videat oculis suis, et auribus suis audiat, et corde suo intelligat, et convertatur, et sanem eum. Et dixi : Usquequo Domine ? et dixit : Donec desolentur civitates absque habitatore, et domus sine homine, et terra relinquetur deserta.

Remarquons cette répétition du mot *temps* : « Pour un TEMPS, l'Eglise sera livrée a de grandes persécutions » ; « Ce TEMPS sera celui des ténèbres. »

Donc cette persécution cessera *quand les ténèbres cesseront* ; quand on comprendra *pratiquement* que Dieu ne veut pas d'un catholicisme amoindri.

« Ecoutez ceci : on veut combattre le mal qui ravage l'Eglise en neutralisant les effets de la persécution, tandis qu'il faudrait aller à la source du mal, détruire la cause. Se contenter de neutraliser les effets n'amènera jamais une vraie guérison du mal.

« Les uns disent : il faut prier. Quand on priera assez, Dieu arrangera tout.

« D'autres disent : C'est une erreur. Aide-toi, le ciel t'aidera ; il faut agir, agissons avant tout ; il est des temps où la prière ne suffit pas. Dieu demande notre action ; résistons, créons des œuvres qui échapperont aux ennemis : le salut est là.

« Enfin il y en a qui veulent unir la prière à l'action. Tout en reconnaisant que c'est la vraie méthode du catholique militant, il faut bien avouer qu'elle reste insuffisante dans l'état actuel des choses, puisqu'il s'agit moins de combattre en neutralisant les effets du mal, que de nous réformer en détruisant la cause.

« La cause du mal consiste dans l'affaiblissement de l'esprit de Dieu ; or, ni la prière, ni l'action, ni la prière unie à l'action ne suffisent pour remettre à son niveau l'esprit de Dieu dans les âmes : il faut la pratique des vertus chrétiennes, et pour les fidèles, et pour les âmes religieuses, et pour le clergé, chacun selon sa vocation.

« La persécution, dans la pensée de Dieu, n'a de raison d'être que dans l'absence des vertus propres à l'état de chacun, et cette persécution ne cessera ni par la prière multipliée, ni par l'action fiévreuse des œuvres, ni même par ce moyen de combat bien équilibré et si efficace en tant de circonstances, l'action unie à la prière. Non, tout cela ne suffit pas, il faut nécessairement la rénovation de la vie chrétienne. C'est si vrai que si, dans vingt-quatre heures, par un mouvement qui serait le plus grand des miracles, nous étions tous renouvelés dans la mesure suffisante pour disposer Dieu en notre faveur, nous aurions tout gagné sans coup férir, tout serait changé en vingt-quatre heures.

« Ce miracle ne se fera pas, nous nous renouvellerons sous l'action de la souffrance. Il faudra des années, grâce à notre lâcheté. Eh bien ! quand le renouvellement chrétien sera réalisé au degré suffisant, bien entendu avec la prière unie à l'action, Dieu balaiera nos ennemis comme le vent balaie la poussière du chemin. Tant que ce renouvellement ne sera pas fait, nous nous agiterons en vain dans les étreintes de l'agonie. » (F. B. Curé de M. la C.)

Pourquoi la Sainte Vierge a-t-elle cru devoir signaler cette concomitance de la persécution et des ténèbres ? Ne serait-ce pas pour caractériser notre époque où plus les ruines s'accumulent, plus on dit qu'on ne sait pas où est le devoir, qu'il est difficile de dire où il est, lorsqu'elle est venue elle-même nous dire où il est ? Concomitance, en effet, qui rend la situation affreuse, « *l'Eglise aura une crise affreuse* ».

Au lieu de faire ce que la Sainte Vierge a dit, on ne songe qu'à s'arranger pour souffrir le moins possible de cette crise... ! et on se demande seulement quand elle finira. J'ai posé la question le 1er janvier 1901 :

« Elle ne fait que commencer, me répondit la voyante. Cette année-ci vont commencer les lois barbares, les perquisitions, les multiples suppressions de traitements ecclésiastiques pour préparer à leur suppression totale, la fermeture de milliers d'écoles, la dispersion des communautés.... Bientôt **tous** les privilèges de l'Eglise Catholique lui seront enlevés et transférés à la Franc-Maçonnerie, qui deviendra comme religion d'Etat.... La persécution violente succédera logiquement à la persécution tranquille qui désorganise le gouvernement de l'Eglise depuis 1880... Mis au pied du mur auquel on fusille, les chefs et conducteurs du peuple de Dieu sauront où est le devoir et où il était : ils auront distinctement la certitude qu'ils n'ont pas aujourd'hui, que le salut est dans le Message de la Reine de l'Eglise, et non pas dans les *concessions de la prudence humaine*, dans des demandes d'autorisation, dans des pétitions à des adversaires décidés à détruire la religion chrétienne ; surtout des pétitions criminelles envers Dieu, humiliantes pour l'Eglise, puisque, dans le but de ne pas exaspérer ces suppôts du démon, le nom de Dieu et les droits supérieurs de l'Eglise y sont passés sous silence... **Le salut est dans la conversion** telle que Notre-Dame de la Salette l'a demandée ; car soyons convaincus que Notre-Seigneur est assez fort pour défendre son Eglise. »

14. — « *La sainte foi de Dieu étant oubliée, chaque* « *individu voudra se guider par lui-même et être supérieur* « *à ses semblables. On abolira les pouvoirs civils et ecclé-* « *siastiques, tout ordre et toute justice seront foulés aux* « *pieds ; on ne verra qu'homicides, haine, jalousie, men-* « *songe et discorde, sans amour pour la patrie, ni pour* « *la famille* ».

Le caractère prophétique, ici, n'est pas moins frappant. Tout commentaire est superflu. La magistrature épurée, qui rend des *services* et non des arrêts, laisse impunis les récidivistes qu'elle multiplie. La loi sur les associations a foulé aux pieds toute justice. Avec les écoles sans Dieu, la société arrive déjà au socialisme et bientôt à l'anarchie. L'antimilitarisme, suite de l'affaire Dreyfus, détruit l'amour de la patrie ; la loi du divorce, celui de la famille.

Et la loi de séparation de l'Eglise et de l'Etat, que le Sénat vote en ce moment avec tant de précipitation, et en écartant, de parti pris, tous les amendements, que nous réserve-t-elle ? Pourquoi cette loi dite libérale (!) satisfait-elle, relativement, les plus farouches sectaires des deux Chambres et de la presse ? Parce qu'elle organise les « Sociétés cultuelles » sans qu'il y soit question du Pape et des Evêques ! et que par le seul fonctionnement des dites sociétés, bientôt elle « ABOLIRA LES POUVOIRS ECCLÉSIASTIQUES ».

Si l'on avait *médité* chaque mot du .Secret, on aurait prévenu depuis longtemps les fidèles de ce qui se préparait contre leur religion dans le secret des loges, on les aurait réveillés, et cette loi d'apostasie et beaucoup d'autres eussent été impossibles [1].

Enfin, ces mêmes pouvoirs qui auront voulu renverser l'Eglise seront renversés à leur tour : la conséquence est logique : *Ni Dieu ni Maître !* « ON ABOLIRA LES POUVOIRS CIVILS, etc. »

---

(1) A cette date, 30 octobre 1905, grand nombre de prêtres persistent à espérer que la Séparation ne sera pas votée !

En juillet-août 1904, dans deux conférences que Mgr l'évêque de *** fit aux Retraites ecclésiastiques, il prononça ces paroles du haut de la chaire : « En vertu de mon autorité épiscopale, je vous défends, Messieurs, de lire cet écrit sur les menaces de la Salette (qu'un de ses prêtres soumettait avec confiance à son *Visa*) ; je le condamne ! j'ordonne que vous le jetiez au feu ! Non, Messieurs, le clergé séculier ne sera pas persécuté ; je vous le certifie, je vous le garantis ; vous pouvez être bien tranquilles ! »

On fut bien tranquille, il en est qui le sont encore !...

Comment aurait-on pris depuis vingt-cinq et trente ans ses mesures contre des éventualités auxquelles, encore l'année dernière, on ne croyait pas ? « *Cum dormirent homines, venit inimicus homo...* »

Il ne faut pas nous le dissimuler, le « sommeil » qui a préparé les catastrophes auxquelles nous touchons persévérera pendant les catastrophes pour les aggraver. « C'est la condition ordinaire des hérésies et des schismes que leur fortune soit faite par la force, mais ne soit pas assurée seulement par la violence des ennemis de l'Eglise : la complicité seule des membres de la hiérarchie sacrée assure leur triomphe... L'histoire n'a qu'un cri, ou plutôt qu'un gémissement, pour confirmer ces réflexions. » Pour éviter le schisme il faudra se réveiller... dans le sang.

15 — « *Le Saint-Père souffrira beaucoup. Je serai avec* « *lui jusqu'à la fin pour recevoir son sacrifice.* »

La Sainte Vierge revient avec amour, pour la troisième fois, vers Pie IX pour le consoler ; car c'est pour défendre avec courage les droits de l'Eglise et des opprimés contre les oppresseurs, qu'il sera par excellence l'homme de douleurs de son siècle, « *Crux de Cruce* ». Elle sera avec lui jusqu'à la fin pour recevoir son sacrifice, c'est-à-dire, son dernier soupir. *Pretiosa in conspectu Domini mors sanctorum ejus !*

16 — « *Les méchants attenteront plusieurs fois à sa vie* « *sans pouvoir nuire à ses jours ; mais ni lui, ni son succes-* « *seur..., ne verront le triomphe de l'Eglise de Dieu.* »

On a attenté au moins trois fois à la vie de Pie IX. La première, le 16 novembre 1848, il fut assiégé dans son palais par les révolutionnaires. Mgr Palma, son secrétaire, fut tué par une balle destinée au Pape, et tomba raide mort. — La seconde fois, en 1867, les mêmes révolutionnaires firent sauter la caserne Serristori, protection militaire du Vatican, espérant s'emparer du palais et tout y massacrer. — A Sainte-Agnès-hors-les-murs, la secte maçonnique ne fut pas étrangère, dit-on, à l'effondrement de la salle où se trouvait le Saint-Père.

Dans le manuscrit, au lieu de trois points de suspension après le mot « SUCCESSEUR » il y avait « QUI NE RÈGNERA PAS LONGTEMPS. » Ces cinq mots, qui sont une note de la *Vue* relativement à ce que Léon XIII ferait pour l'œuvre de la Salette, furent par la Bergère remplacés par ce pointillé, dans la copie qu'elle fit remettre à Sa Sainteté en 1878 ; et Mgr de Lecce, par la même délicatesse de conscience, maintint ces points de suspension en accordant l'Imprimatur, Mélanie n'étant point obligée de livrer toute sa *Vue* à la curiosité publique.

Pour la Bergère la *Vue* était aussi certaine que le texte. Du peu qu'elle a livré elle ne craignait pas de dire que :

« Pas un mot n'en tombera à terre, pas plus qu'un mot « sorti des lèvres bénies de la Sainte Vierge »,

car la lumière divine était la même dans la vision et dans

l'audition, et tout fut également gravé dans sa mémoire d'une manière ineffaçable. La *Vue* avait pour but de faire entendre à fond et de commenter les paroles. Or, elle avait vu que, pour les réformes et l'œuvre demandées, Léon XIII ne règnerait pas longtemps : ne saurait pas se faire obéir !... La Reine de l'Eglise parle du triomphe de l'Eglise, elle pose ses conditions : il ne viendra pas avant que l'Eglise s'affirme, se soumette aux réformes et que les Apôtres des derniers temps dont elle apporte la Règle prêchent partout avec « ZÈLE ET DÉSINTÉRESSEMENT, COMME DES AFFAMÉS POUR LA GLOIRE ET L'HONNEUR DE JÉSUS-CHRIST. » Or, le grand Pape Léon XIII, au début de son pontificat, voudra faire ces réformes et ne les fera pas !... Il voudra fonder les Apôtres des derniers temps et ne les fondera pas !... Il se laissera circonvenir et ainsi « NE VERRA PAS LE TRIOMPHE DE L'EGLISE DE DIEU ».

Il est certain que Léon XIII n'a pas montré long-temps la royale fermeté qu'il témoigna au début sur cet objet, puisqu'après avoir reçu le Secret, avoir mandé la Bergère et ORDONNÉ à Mgr Fava de prendre pour ses Missionnaires la Règle de la Sainte Vierge, il céda devant sa résistance. S'est-il cru réduit à une sorte d'impuissance ? A-t-il ignoré ce qui se passait ? L'a-t-on trompé, comme il disait un jour à un patriarche aujourd'hui défunt : « Hélas ! les ordres que je donne ne descendent pas toujours les escaliers du Vatican ! » Toujours est-il qu'il ne fut pas obéi [1]. Et la barque de l'Eglise est en proie à une tempête dont on ne peut prévoir l'issue.

17 — « Les gouvernants civils auront tous un même « dessein, qui sera d'abolir et de faire disparaître tout « principe religieux, pour faire place au matérialisme, à « l'athéisme, au spiritisme et à toutes sortes de vices ».

---

(1) Il y a deux ans, je terminais ce commentaire lorsque je reçus cette lettre de Mélanie, à qui j'avais manifesté mon intention d'abandonner ce travail :

« Cussol (Allier), 5 septembre 1903,

« *Mon très Révérend et très cher Père,*

« *Que Jésus soit aimé de tous les cœurs !*

« *...Pourquoi abandonner votre précieux travail ?.. Est-ce que Saint Paul n'a pas parlé à des sourds, n'a pas voulu éclairer des aveugles ? Les oppositions, l'in-succès l'ont-ils empêché de prêcher à temps et à contre-temps ?.. Allons! du courage, très cher Père. Notre douce Mère savait bien que ses enseignements ne seraient pas entendus ni compris; Elle nous a quand même enseignés. Faisons avec Elle ce qu'Elle a fait... »*

— 120 —

Tous les mots de cet alinéa ne sont-ils pas d'une vérité, d'une exactitude saisissante ? Un commentaire est superflu.

18 — « Dans l'année 1865, on verra l'abomination dans
« les lieux saints ; dans les couvents, les fleurs de l'Eglise
« seront putréfiées et le démon se rendra comme le roi des
« cœurs. Que ceux qui sont à la tête des communautés
« religieuses se tiennent en garde pour les personnes
« qu'ils doivent recevoir, parce que le démon usera de toute
« sa malice pour introduire dans les ordres religieux des
« personnes adonnées au péché, car les désordres et
« l'amour des plaisirs charnels seront répandus par toute
« la terre ».

Pendant l'année 1865, les Garibaldiens se livrèrent à des orgies infernales à Naples et en divers lieux de l'Italie. D'affreux sacrilèges furent commis dans un grand nombre d'églises, ainsi que des profanations des Saintes-Espèces, que la plume se refuse à retracer. Cela suffit pour justifier la prophétie. Mais pour plus ample commentaire j'écrivis à la Voyante ;

« Outre les temples, me répondit-elle, il y a deux lieux saints : la Sainte Eglise et les âmes consacrées à Dieu. En cette année, passait comme un vent de rébellion : des cardinaux... et d'autres... vendirent à Lemmi (qui fut élu plus tard, pour sa récompense, chef suprême de la Franc-Maçonnerie universelle) le grand siège de la catholicité... ; sur ce sujet il y en a long... N'a-t-on pas encore entendu dire que Napoléon, Garibaldi, d'autres hommes politiques... et certains prêtres visitaient des couvents, pour lesquels ils se montraient généreux ; qu'ils étaient *très charitables* pour ces religieuses ; et qu'en d'autres pays les rendez-vous étaient dans les églises ?... Mais je ne suis pas capable de développer les stratagèmes et couvées de crimes de cette année 1865, que seule l'apathie et la frénésie des plaisirs ont voilés aux yeux de ceux qui déjà ne voyaient plus... *On verra*, a dit la Sainte Vierge : ce n'est pas tout le monde qui verra, mais les âmes plus près de la lumière sans tache. Pour moi, il me semble que ce commentaire n'est pas nécessaire. Les âmes amies de Dieu le devinent ; les autres ne veulent pas se reconnaître. Tout au plus pourrait-on dire que Dieu nous reproche les crimes qui occasionnèrent aux villes de Sodome et Gomorrhe de périr par le feu du ciel. »

Est-il nécessaire de commenter le commentaire à la fois si clair et si obscur de la Voyante ? Faut-il spécifier les faits qu'elle énonce à peine ? Sera-t-il suffisant de rappeler des faits profanes de 1865, qui pâlissent dans les souvenirs à côté de ce qui reste des autres années, plus bruyantes dans leur retentissement ; des faits qui répondront aux derniers mots de l'alinéa : « LES DÉSORDRES, etc. » ?

M. de Morny venait de mourir ; l'Alcibiade du second Empire était un initiateur dans son genre. M. Duruy était en plein dans ses réformes scolaires ; le prince Napoléon n'avait jamais eu autant d'éclat au Palais-Royal ; les fêtes de Compiègne étaient dans toute leur splendeur ; la monarchie piémontaise faisait sa première étape à Florence. Tout cela c'étaient des semences. Nous avons beaucoup moissonné depuis ; et dans la moisson on ne pense guère au temps où l'on semait. Cependant, derrière ces quelques voiles à peine soulevés de l'histoire, quels dessous ne peut-on pas soupçonner ?

Mélanie les résume terriblement dans la litote finale de sa lettre : « Tout au plus pourrait-on dire, etc... »

Tout le monde a intérêt à ce que l'on ne multiplie pas les noms propres dans les affaires de ce genre. Les mauvais ne doivent pas tenir à être traînés en pleine lumière ; et les bons ont droit à ne pas être scandalisés par le rappel de ces ignominies. Ne dévoilons donc pas « *les stratagèmes et couvées de crimes...* »

En attendant, la parole virginale a dénoncé la cause et le crime ; qu'on ne s'étonne pas de l'effet et du châtiment.

19 — « *La France, l'Italie, l'Espagne et l'Angleterre* « *seront en guerre ; le sang coulera dans les rues ; le* « *Français se battra avec le Français : l'Italien avec* « *l'Italien ; ensuite il y aura une guerre générale qui sera* « *épouvantable. Pour un temps, Dieu ne se souviendra plus* « *de la France ni de l'Italie, parce que l'Evangile de*

« *Jésus-Christ n'est plus connu. Les méchants déploieront*
« *toute leur malice ; on se tuera, on se massacrera mutuel-*
« *lement jusque dans les maisons.* »

« La France, l'Italie, l'Espagne et l'Angleterre
seront en guerre ». La Sainte Vierge ne dit pas que
ces nations se feront la guerre, ni qu'elles se ligueront
ensemble contre un ennemi commun ; elle prédit seulement qu'elles auront le *châtiment* de la guerre, donc
des guerres humiliantes et désastreuses ; et les prédit
dans l'ordre même où elles devaient avoir lieu : humiliation et désastres de la France, en 1870-71 ; de
l'Italie, en 1896 ; de l'Espagne, en 1898 ; de l'Angleterre,
(encore n'est-ce qu'un *acompte*) en 1901-1902.

Rien n'égale nos désastres de 1870-1871, sinon
l'humiliation de l'Italie qui, voulant reconstituer la gloire
des aigles romaines et la prépondérance de Rome
païenne, laissa entre les mains d'un *roi nègre*, à Adoua,
le 29 février 1896. toute son armée, 72 canons, ses
drapeaux, le campement et l'espérance ! C'est là que
le successeur de César, le fameux Baratieri, fit des
prodiges de vitesse sur son cheval... [1]

A Cuba, furent anéanties la marine et la puissance
coloniale de la pauvre Espagne.

Au Transvaal, l'Angleterre est restée maîtresse,
grâce à d'immenses sacrifices d'hommes et d'argent,
mais elle a perdu son prestige comme puissance militaire, et son honneur comme nation civilisée. Il lui a
fallu dépenser cinq milliards et 574 millions ; envoyer
au Sud-Africain 380,577 soldats ; en perdre au feu ou
de maladie ou disparus 97,478 ; faire la guerre pendant
deux années et demie ; établir des camps de mort et
de famine, où l'on entassait les femmes et les enfants
boers, en chargeant la dyssenterie et la rougeole de les
exterminer ; pour venir à bout de 89,000 fermiers !

---

(1) La proclamation de Menelick à son
peuple, dans laquelle on trouve ce passage :
« Qu'il perde l'ouïe celui qui est l'ennemi
de notre foi et de la Vierge Marie » est
datée du 20 septembre 1875, jour où l'on
célébrait à Rome le jubilé de l'occupation
italienne. L'ordre de concentration était
du 6 octobre suivant, dimanche de la fête
du Rosaire et des Victoires de l'Eglise.
Le 6 décembre, les Italiens étaient massa-
crés à Amba-Alaghi, ils capitulaient le
15 janvier à Makallé, ils étaient écrasés
le 29 février et la nouvelle en arrivait à
Rome le 2 mars au milieu de la fête anniversaire du couronnement de Léon XIII.

« Le sang coulera dans les rues ; le Français se battra avec le Français, l'Italien avec l'Italien ; ensuite il y aura une guerre générale qui sera épouvantable. » — Cela et ce qui va suivre regarde l'avenir ; je m'abstiens de le commenter. La guerre civile précédera cette guerre générale « qui sera épouvantable », dit la Sainte Vierge. Rien ne sert de nous leurrer, de mettre un bandeau sur nos yeux, de cacher le Secret de Mélanie et de porter la responsabilité de ce sacrilège. Bientôt nous verrons la suite se réaliser aussi exactement que ce qui précède. Combien terribles seront la guerre civile et la guerre générale, pour que la Sainte Vierge en fasse une *longue* description, tandis qu'elle a passé avec rapidité sur les quatre guerres désastreuses ci-dessus, de la France, de l'Italie, de l'Espagne et de l'Angleterre !

« Pour un temps Dieu ne se souviendra plus de la France ni de l'Italie. » Il les laissera faire, et de ce qu'elles ont fait et font encore à cette heure, on conjecture leurs œuvres de demain. Le sensualisme n'est-il pas la note des temps nouveaux ? Le mensonge universel n'est-il pas la consigne ? L'âpre désir du gain, l'unique tendance ? « L'Evangile n'est plus connu », dit la Sainte Vierge, l'Evangile qui n'est pas un simple catalogue de dogmes, mais tout un code d'obligations strictes... l'Evangile : la loyauté, la simplicité chrétienne ; mais où sont les naïfs qui croient encore à tout cela, par ce temps de fiches, de chèques, de pots-de-vin ? l'Evangile avec ses Huit Béatitudes : mais il n'en reste plus qu'une et encore on l'a frelatée en ne changeant qu'un mot : *Beati possidentes !*

On a beau dire : la catholique Italie ! Qui de nos contemporains se vantera de l'avoir jamais vue, la catholique Italie, sous son masque maçonnique et dans sa course aux solutions les plus risquées ?...

On a beau dire : la France, fille aînée de l'Eglise ! Les Juifs aussi disaient : « Nous sommes les fils d'Abraham ! »

Souvenez-vous que Pie IX à qui l'on faisait cette réflexion : « la France est la *fille aînée de l'Eglise* », répondit : « Depuis Louis XIV, il n'y a plus de *pire aînée.* »

« Pour un temps, Dieu ne se souviendra plus de la France ni de l'Italie », c'est la sentence ! Est-il châtiment plus terrible ? Elles seront effacées du souvenir de Dieu : les plus châtiées parce que les plus aimées ; les plus châtiées parce que les plus coupables. Le crime a été la méconnaissance de l'Evangile. Mais qui plus qu'elles devait connaître l'Evangile ? En conséquence, « les méchants déploieront toute leur malice ; on se tuera, on se massacrera mutuellement jusque dans les maisons ».

20 — « Au premier coup de son épée foudroyante, les
« montagnes et la nature entière trembleront d'épouvante,
« parce que les désordres et les crimes des hommes percent
« la voûte des cieux. Paris sera brûlé et Marseille englouti ;
« plusieurs grandes villes seront ébranlées et englouties par
« des tremblements de terre : on croira que tout est perdu ;
« on ne verra qu'homicides, on n'entendra que bruit d'armes
« et que blasphèmes. Les justes souffriront beaucoup ; leurs
« prières, leur pénitence et leurs larmes monteront jusqu'au
« ciel ; et tout le peuple de Dieu demandera pardon et
« miséricorde, et demandera mon aide et mon intercession.
« Alors Jésus-Christ, par un acte de sa justice et de sa
« grande miséricorde pour les justes, commandera à ses
« anges que tous ses ennemis soient mis à mort. Tout à coup
« les persécuteurs de l'Eglise de Jésus-Christ et tous les
« hommes adonnés au péché périront, et la terre deviendra
« comme un désert. Alors se fera la paix, la réconciliation
« de Dieu avec les hommes ; Jésus-Christ sera servi, adoré
« et glorifié ; la charité fleurira partout. Les nouveaux rois
« seront le bras droit de la Sainte Eglise, qui sera forte,
« humble, pieuse, pauvre, zélée et imitatrice des vertus de
« Jésus-Christ. L'Evangile sera prêché partout et les hommes
« feront de grands progrès dans la foi, parce qu'il y aura
« unité parmi les ouvriers de Jésus-Christ, et que les hommes
« vivront dans la crainte de Dieu. »

Les péchés et les crimes sont de tous les temps : que de honteux dessous cachés sous les gloires rayonnantes des siècles les plus chrétiens ! Mais les siècles eux-mêmes du paganisme ne connurent pas cette impiété générale, universelle, cet athéisme de notre époque. On ne croit plus à rien. Dieu ne veut pas notre mort, mais notre conversion et notre vie ; et puisque les miséricordieux avertissements de la Reine des Cieux n'ont pas réveillé les endormis, il faut nous attendre à un réveil effrayant.

Ce « PREMIER COUP » foudroyant de la justice de Dieu se chargera de nous ouvrir les yeux, trop tard, il est vrai, pour beaucoup.

Ne cherchons pas à savoir en quoi consistera ce « **premier coup** » qui déjà fera trembler la terre d'épouvante, avant le grand coup dont il est parlé au milieu de l'alinéa. Il importe peu que nous le sachions d'avance. Ce qui importe, d'un bout à l'autre du Secret, c'est notre **conversion**. Je sais seulement qu'il y aura des ténèbres *extérieures* après les grands massacres, et qu'on verra sortir de terre des fantômes qui tueront les hommes.

« PARIS SERA BRULÉ. » Beaucoup supposent que cette prédiction a été réalisée en 1871 ; mais la destruction de quelques monuments par les Communards ne peut être considérée comme la destruction de Paris, ici clairement prédite, qui, du reste, précédera de peu l'engloutissement de Marseille. « PARIS SERA BRULÉ ET MARSEILLE ENGLOUTI ». D'ailleurs, les prophéties du Secret ont suivi, depuis le commencement, l'ordre chronologique ; donc tout cet alinéa, et même le précédent à l'exception de la première ligne, concernent l'avenir. La Bergère a *vu* Paris brûler presque en entier, par le feu de la terre et le feu du ciel réunis. Il se produisait des explosions souterraines... Au milieu de cet effroyable incendie, les hommes se massacraient, entraient dans les maisons pour piller et tuer et périssaient dans les flammes.

« MARSEILLE SERA ENGLOUTI » un an ou deux après la destruction de Paris. La terre s'affaissera : les parties basses seront *recouvertes* par les eaux et les parties hautes arriveront dans la mer par glissement du sol.

« PLUSIEURS GRANDES VILLES SERONT ÉBRANLÉES ET ENGLOUTIES PAR DES TREMBLEMENTS DE TERRE. » Une partie de Lyon sera ébranlée. A l'étranger, G***, près L*** sera engloutie plus complètement que Marseille, car il n'en restera pas de traces. Le P***, port d'A***, sera détruit par un tremblement de terre..., etc.

« On n'entendra que blasphèmes » en France !

« Les justes souffriront beaucoup. » C'est la crise affreuse dont il a été question au verset 13. Cette crise sera l'image de celle que l'Eglise aura sous l'Antechrist dans les dernières années du siècle.

« Tout le peuple de Dieu demandera pardon et miséricorde, et demandera mon aide et mon intercession. » On sera sous le quatrième successeur de Pie IX. Quel champ dévasté sera alors la Sainte Eglise ! Elle ne fera plus de concession : elle n'en aura plus à faire ! Elle s'affirmera doucement sous les fléaux de Dieu ; elle se réformera un peu, recourra à l'intercession de Notre-Dame de la Salette dont elle a fait couler les larmes ; et Dieu se laissera fléchir.

« Alors Jésus-Christ, par un acte de sa justice et de sa grande miséricorde pour les justes, commandera a ses anges que tous ses ennemis soient mis a mort. » Il ne faudra rien moins que cette terrible intervention divine pour sauver l'Eglise ! car on commencera à démolir les temples et à tuer les personnes consacrées.

« Tout a coup les persécuteurs de l'Eglise de Jésus-Christ et tous les hommes adonnés au péché périront » par un fléau inconnu, qui les fera mourir subitement d'une mort épouvantable. Cependant beaucoup, en même temps que frappés, seront éclairés et sauvés de la mort éternelle. La divine Justice, qui ne frappe qu'à regret, frappera *successivement* les diverses régions, pour donner aux coupables le temps de se repentir. Le fléau inconnu mettra environ un an à parcourir la Chrétienté.

« Et la terre deviendra comme un désert. » La terre des pays chrétiens deviendra comme un désert.

« Alors se fera la paix, la réconciliation de Dieu avec les hommes. » Alors seulement que Dieu aura épuisé sa colère, parce que les hommes, malgré tant d'avertissements, auront laissé passer le temps de la miséricorde, « *Quia si cognovisses et tu, et quidem in hac die tua, quæ ad pacem tibi ! Nunc autem abscondita sunt ab oculis tuis.* » (Luc, xix, 42.)

« Jésus-Christ sera servi, adoré et glorifié. » Il ne l'est guère aujourd'hui ; et comme sa doctrine est sainte il entend que ceux qui font profession de la suivre soient saints ; que son nom ne soit plus blasphémé dans les nations infidèles à cause des chrétiens...

« La charité fleurira partout. » Ce sera le règne du Sacré-Cœur, non comme aujourd'hui, mais en réalité : la pureté d'intention en tout et non le règne du Veau d'Or.

« Les nouveaux rois seront le bras droit de la Sainte Eglise ». Je n'ai pas demandé si les rois antérieurs auront *tous* disparu dans le cataclysme : le texte semble le dire. Remarquons aussi qu'il parle de saints rois et non du « Grand Roi qui, dit-on, étendra sa domination au delà des limites de l'Empire Romain ». Dans le secret de Mélanie il y a peu de choses pour la curiosité *humaine*. Cherchez d'abord le règne de Dieu et le reste viendra tout seul, dit la Reine du Ciel.

« La Sainte Eglise sera forte, humble, pieuse, pauvre, etc. » Voilà le triomphe de l'Eglise tel qu'il doit être pour être vrai, tel qu'il est annoncé et voulu par le Ciel, et non tel que le désirent certains chrétiens, et que des prêtres même l'imaginent et l'attendent. L'Eglise « sera forte », c'est-à-dire à l'abri des compromissions, à l'abri des défaillances... Tous les mots du Secret doivent être médités : l'Eglise **sera** cela : pourquoi ce futur ?... Le démon vaincu par Dieu, sera aussi vaincu par les enfants de Dieu : *quid enim prodesset diabolum a Deo vinci*, dit Saint-Bernard, *nobis manentibus superbis ?*

« L'Evangile sera prêché partout. » Des peuples schismatiques entiers reviendront à l'Eglise, mais pas en masse : les conversions se feront peu à peu. Les païens n'auront pas été frappés par le fléau miraculeux, mais les mauvais chrétiens n'étant plus là pour entraver l'évanglisation du monde, elle ira rapidement.

« Les hommes feront de grands progrès dans la foi, **parce qu'il y aura unité parmi les ouvriers de Jésus-Christ** » — On ne verra pas, par exemple, se produire ces rivalités qui ont fait perdre la foi au Japon il y a deux cents ans — « et **parce que les hommes vivront dans la crainte de Dieu.** » Toujours des futurs ! Avis à ces dévots d'aujourd'hui qui ne croient pas avoir besoin de prier Dieu humblement *pour leur salut,* tant ils sont à ce sujet en sécurité ; « les hommes feront de grands progrès dans la foi, **parce qu'ils vivront dans la crainte de Dieu.** » Celui qui est peu touché de la crainte de Dieu, en effet, ne saurait *longtemps persévérer dans le bien.* Si vous voulez faire *quelques progrès,* conservez-vous dans la crainte de Dieu. *Qui timorem Dei postponit, diu stare in bono non valebit, sed diaboli laqueos citius incurret. — Si vis aliquid proficere conserva te in timore Dei.* (Imit. de J.-C., liv. I, ch. 21 et 24.)

21 — « Cette paix parmi les hommes ne sera pas « *longue : vingt-cinq ans d'abondantes récoltes leur feront* « *oublier que les péchés des hommes sont cause de toutes* « *les peines qui arrivent sur la terre. »*

Ce triomphe splendide sera donc passager. Comment se fera-t-il que les hommes oublient promptement de si effroyables leçons ?... C'est que les hommes, surtout aux jours prospères, sont toujours des hommes « *Dura cervice et incircumcisis cordibus.* » Vingt-cinq ans d'abondance sont un puissant tampon contre les souvenirs désobligeants ! Vingt-cinq ans, c'est une génération humaine qui disparaît remplacée par une autre. Quand un de ces cycles se termine, c'est une barrière posée derrière laquelle le passé n'est plus que de l'histoire morte. Au lendemain du déluge, l'évolution des vies humaines était plus longue, et les peuples réunis dans la plaine de Sennaar avaient connu les patriarches de l'arche : ce qui ne les empêcha pas de bâtir la tour de Babel. Trois mois seulement après sa miraculeuse sortie d'Égypte, et moins de six semaines après la manifestation divine du Sinaï, tout le peuple hébreu, à l'exception d'une seule tribu, tombait dans l'idolâtrie !...

NOTRE-DAME DE LA SALETTE

S'ENTRETENANT AVEC LES DEUX BERGERS

La Mère de Dieu, ayant appelé près d'Elle Maximin et Mélanie, que sa douce parole a rassurés, leur communique, en
versant des larmes, ses graves avertissements et les charge de les faire passer à son peuple.

Il y aura de plus, sans doute, une poussée diabolique extraordinairement puissante, puisque Lucifer et un grand nombre d'esprits de ténèbres, détachés de l'enfer depuis l'année 1864, n'y doivent être rejetés qu'à la mort de l'antechrist. Lucifer, qui réussit à se faire adorer dans les arrière-loges de la secte infernale comme le *dieu bon*, qui nomme le vrai Dieu le *dieu mauvais*, et l'accuse d'être l'auteur de toutes les calamités, se servira sans doute des ruines qui couvriront la terre pour suggérer à la génération suivante la *haine de Dieu*...

Nous approchons des derniers temps. La Très Sainte Vierge va résumer rapidement les événements qui suivront cette rechute du monde dans le mal.

22 — « *Un avant-coureur de l'antechrist, avec ses*
« *troupes de plusieurs nations, combattra contre le vrai*
« *Christ, le seul Sauveur du monde ; il répandra beaucoup*
« *de sang et voudra anéantir le culte de* Dieu *pour se*
« *faire regarder comme un Dieu.* »

Cet « avant-coureur » paraîtra presque aussitôt après les « vingt-cinq ans d'abondantes récoltes » et de paix.

23 — « *La terre sera frappée de toutes sortes de plaies*
« [outre la famine et la peste qui seront générales]; *il y aura*
« *des guerres jusqu'à la dernière guerre, qui sera alors*
« *faite par les dix rois de l'antechrist, lesquels rois auront*
« *tous un même dessein et seront les seuls qui gouverneront*
« *le monde. Avant que ceci arrive, il y aura une espèce*
« *de fausse paix dans le monde; on ne pensera qu'à se*
« *divertir; les méchants se livreront à toutes sortes de*
« *péchés; mais les enfants de la Sainte Eglise, les enfants*
« *de la foi, mes vrais imitateurs, croîtront dans l'amour de*
« Dieu *et dans les vertus qui me sont les plus chères.*
« *Heureuses les âmes humbles conduites par l'Esprit-Saint!*
« *Je combattrai avec elles jusqu'à ce qu'elles arrivent à la*
« *plénitude de l'âge.* »

« La plénitude de l'age » pour les enfants de Dieu, c'est l'immortalité.

« Une fausse paix » est une paix non chrétienne.

« Les dix rois de l'antechrist » feront la guerre même aux peuples qu'ils gouverneront.

24 — « *La nature demande vengeance pour les hommes,*
« *et elle frémit d'épouvante dans l'attente de ce qui doit*
« *arriver à la terre souillée de crimes.* »

25 — « *Tremblez terre, et vous qui faites profession*
« *de servir* JÉSUS-CHRIST *et qui au dedans vous adorez vous-*
« *mêmes, tremblez; car* DIEU *va vous livrer à son ennemi,*
« *parce que les lieux saints sont dans la corruption. Beau-*
« *coup de couvents ne sont plus les maisons de* DIEU, *mais*
« *les pâturages d'Asmodée et des siens.*

26 — « *Ce sera pendant ce temps que naîtra l'ante-*
« *christ, d'une religieuse hébraïque, d'une fausse vierge,*
« *qui aura communication avec le vieux serpent, le maître*
« *de l'impureté; son père sera Ev.; en naissant il vomira*
« *des blasphèmes, il aura des dents; en un mot, ce sera le*
« *diable incarné; il poussera des cris effrayants, il fera des*
« *prodiges, il ne se nourrira que d'impuretés. Il aura des*
« *frères qui, quoiqu'ils ne soient pas comme lui des démons*
« *incarnés, seront des enfants de mal; à douze ans, ils se*
« *feront remarquer par les vaillantes victoires qu'ils rem-*
« *porteront; bientôt ils seront chacun à la tête des armées,*
« *assistés par des légions de l'enfer.* »

L'antechrist naîtra pendant « L'ESPÈCE DE FAUSSE
PAIX » qui suivra les vingt-cinq ans de grand triomphe,
donc vers le milieu du siècle ou peu après.

N'a-t-on pas publié qu'il est né en 1900, d'après
le Secret de Maximin, dont ce passage aurait été officiellement *(sic)* communiqué par le Cardinal Antonelli
à la Duchesse de Clermont-Tonnerre ? — En effet, cela
a été publié, mais comme tant de choses sur la Salette,
sans discernement, sans contrôle.

« Je sais positivement, m'écrivit la Bergère, que quatre
ans après la miséricordieuse Apparition, Maximin ignorait ce
qu'était l'antechrist. Pour se rendre intéressant, on fait dire
au Cardinal Antonelli ce qu'il n'a pas dit. Ce n'est pas par ces
racontars qu'on convertira le peuple de DIEU, mais en disant
la vérité, rien que la vérité. »

Ici nous sommes en présence d'un texte précis :
l'antechrist n'est pas né, mais il est proche. Et l'apostasie générale qui se prépare, prédite par l'apôtre

Saint Paul comme devant précéder immédiatement le fils de perdition, prouve également qu'il n'est pas venu mais qu'il est proche : « *Ne quis vos seducat ullo modo, quoniam nisi venerit discessio primum, et revelatus fuerit homo peccati, filius perditionis.* » (2. Thess. II, 3.)

Beaucoup de prophéties privées annoncent la prochaine venue de l'antechrist [1]. Mais cette prédiction est plus explicite et plus claire dans le Secret lui-même. La

---

(1) Leur authenticité n'étant pas *démontrée*, nous ne les citons *qu'à titre de document* concordant avec le Secret :

Selon Saint Benoît-Labre, le Bienheureux curé d'Ars et Catherine-Emmerich, l'antechrist *en personne* doit apparaître dans le XX* siècle.

La prophétie traditionnelle de la France, celle de Saint Rémy à Clovis, dit expressément qu'après le Grand Roy arrivera immédiatement l'antechrist : «... *Regnum Maximus, post quam regnum suum feliciter gubernaverit, statim antichristum ad futurum.* »

La prophétie d'Orval le dit aussi.

Le vénérable Holzhauser ne parle pas autrement.

La prophétie dite de saint Malachie n'a plus que dix devises des Papes jusqu'au *premier jugement*, c'est-à-dire, celui que Jésus-Christ exercera par le châtiment de l'antechrist :

1. *Ignis ardens ;* le feu ardent.
2. *Religio depopulata ;* la religion dépeuplée.
3. *Fides intrepida ;* la foi intrépide.
4. *Pastor angelicus ;* le pasteur angélique.
5. *Pastor et nauta ;* pasteur et pilote.
6. *Flos florum ;* la fleur des fleurs.
7. *De medietate lunæ ;* de la moitié de la lune (du croissant).
8. *De labore solis ;* du travail du soleil (obscurcissement du soleil).
9. *Gloria olivæ ;* la gloire de l'olivier.
10. *In persecutione extrema Sacræ Romanæ Ecclesiæ sedebit Petrus Romanus, qui pascet oves in multis tribulationibus ; quibus transactis, civitas septicollis diruetur, et judex tremendus judicabit populum ;* dans la dernière persécution de la Sainte Eglise Romaine, il y aura un Pierre Romain élevé au Pontificat, qui paîtra les ouailles dans de grandes tribulations ;

ce temps fâcheux étant passé, la ville aux sept collines sera détruite et le juge redoutable jugera le peuple.

Les trois premières devises : *Le feu ardent, La religion dépeuplée, La foi intrépide* symbolisent les terribles événements prochains prédits dans le Secret : l'incendie de Paris, la guerre générale ou conflagration universelle, et la guerre de destruction faite à la religion.

Les trois suivantes : *Le pasteur angélique, Pasteur et pilote, La fleur des fleurs* correspondent au grand triomphe, âge de rénovation générale.

Les quatre dernières : *De la moitié de la lune* (du croissant), *Du travail* (obscurcissement) *du soleil, La gloire de l'olivier, Dans la dernière persécution,* etc... font reparaître les tristes images dont le Secret fait suivre le triomphe passager. *De medietate lunæ,* semble indiquer un redoutable réveil du mahométisme ; *De labore solis,* les signes précurseurs des derniers temps ; *Gloria olivæ,* Enoch et Elie, désignés dans l'Apocalypse, sous ce même nom symbolique d'oliviers.

Remarquons que la fin de cette prophétie, « *le juge redoutable jugera le peuple* », n'indique pas nécessairement que le jugement dernier suivra de près la ruine de Rome, car alors cette date mystérieuse serait à peu près connue. Rien n'oblige même à entendre ces mots du jugement dernier. On peut à la rigueur les entendre de la scène du châtiment de l'antechrist et de ses partisans, qui seront surtout des juifs. Cette scène sera une sorte de jugement du peuple déicide, infatigable persécuteur de Jésus-Christ depuis deux mille ans : elle sera la fin des temps anciens, le commencement du règne social universel du Christ, et une image du jugement dernier.

Sainte Vierge s'est manifestée à la Salette Reine des prophètes, non moins que Reine de l'Eglise et des Apôtres.

Au sujet de l'expression « DIABLE INCARNÉ », Mélanie a écrit sur la copie, de sa main, qu'elle m'a donnée de son secret, et sur une copie semblable qu'elle me priait de faire passer à M. Boël, supérieur des Chapelains de la Salette, à qui je l'adressai, *recommandée*, le 17 décembre 1902 :

« Il est dit que l'antechrist sera le *diable incarné*, cela veut dire qu'il sera entièrement *possédé*. J'ai *vu* que le bon Dieu ne permet pas au démon de s'incarner personnellement dans une âme et un corps humains ; mais que le démon, sous une forme visible, aura des rapports familiers avec les parents de l'antechrist, et qu'ils le consacreront à son service dès les premiers moments de son existence. »

Je tiens d'elle également que les frères de l'antechrist seront beaucoup plus grands à l'âge de douze ans que les enfants de cet âge, mais qu'ils n'auront pas la taille d'homme.

27 — « *Les saisons seront changées, la terre ne pro-*
« *duira que de mauvais fruits, les astres perdront leurs*
« *mouvements réguliers, la lune ne reflétera qu'une faible*
« *lumière rougeâtre ; l'eau et le feu donneront au globe de*
« *la terre des mouvements convulsifs et d'horribles tremble-*
« *ments de terre, qui feront engloutir des montagnes, des*
« *villes* [etc.]. »

28 — « *Rome perdra la foi et deviendra le siège de*
« *l'antechrist.* »

Rome, c'est-à-dire les habitants de Rome perdront la foi :

Car c'est à Pierre, et non aux habitants de Rome, que les promesses divines ont été faites. Le Pape sera forcé sans doute de quitter la Ville Eternelle.

29 — « *Les démons de l'air avec l'antechrist feront de*
« *grands prodiges sur la terre et dans les airs, et les*
« *hommes se pervertiront de plus en plus, DIEU aura soin*

« de ses fidèles serviteurs et des hommes de bonne volonté ;
« l'Evangile sera prêché partout, tous les peuples et toutes
« les nations auront connaissance de la vérité ! »

« L'antechrist sera, dit la Bergère, un magicien de premier ordre... Il fera un tremblement de terre en la frappant du pied : il semblera ressusciter des morts, etc.. » Tout cela est conforme aux sinistres avertissements de l'Evangile et de l'Apocalypse.

30 « J'adresse un pressant appel à la terre : j'appelle
« les vrais disciples du DIEU *vivant et régnant dans les*
« cieux, j'appelle les vrais imitateurs du CHRIST *fait homme,*
« le seul et vrai SAUVEUR *des hommes; j'appelle mes enfants,*
« mes vrais dévots, ceux qui se sont donnés à moi pour
« que je les conduise à mon divin Fils, ceux que je porte,
« pour ainsi dire dans mes bras, ceux qui ont vécu de mon
« esprit; enfin, j'appelle les Apôtres des derniers temps, les
« fidèles disciples de JÉSUS-CHRIST *qui ont vécu dans un*
« mépris du monde et d'eux-mêmes, dans la pauvreté et
« dans l'humilité, dans le mépris et dans le silence, dans
« l'oraison et la mortification, dans la chasteté et dans
« l'union avec DIEU, *dans la souffrance et inconnus du*
« monde. Il est temps qu'ils sortent et viennent éclairer la
« terre. Allez, et montrez-vous comme mes enfants chéris ; je
« suis avec vous et en vous, pourvu que votre foi soit la
« lumière qui vous éclaire dans ces jours de malheurs. Que
« votre zèle vous rende comme des affamés pour la gloire
« et l'honneur de JÉSUS-CHRIST. *Combattez, enfants de lumière,*
« vous, petit nombre qui y voyez; car voici le temps des
« temps, la fin des fins. »

Cet ordre Religieux que la Sainte Vierge appelle avec tant d'amour est celui que Léon XIII voulait fonder en 1878 ; dont la Reine des Apôtres a donné la Règle, et dont Sa Sainteté chargera Mélanie, le 3 décembre 1878, de rédiger les Constitutions. Elle fit une *ébauche* de ces Constitutions à Rome, au couvent des Salésianes (Visitandines). La Règle et les Constitutions ne sont pas destinées au public, mais les lignes ci-dessus du Secret sont comme le résumé.

Est-ce providentiellement que les ordres du Pape furent éludés par l'Evêque et ses Missionnaires dont cette fondation « dérangeait les combinaisons... ? »

Est-ce que l'heure de la fondation n'était pas venue ?
On serait porté à le croire en présence de la tempête
actuelle qui disperse tous les Ordres Religieux, et
s'étendra à l'étranger...

Mais cette tempête aurait-elle eu lieu ? « L'œuvre
demandée, disait Mélanie, se serait faite dans la miséricorde et non sur des ruines. »

Les « Apôtres des derniers temps » n'apparaîtront-ils,
maintenant, qu'à l'époque de l'antechrist ? La Bergère
a écrit ces lignes qui indiquent qu'ils surgiront pendant
la crise actuelle ou de suite après :

« Je vis et je compris que le Bon Dieu voulait que cet
Ordre luttât contre tous les abus qui ont amené la décadence
du clergé et de l'état religieux, et la ruine de la société chrétienne. Beaucoup de congrégations religieuses rentraient dans
leur première ferveur par les soins et les bons exemples des
Apôtres, ou bien se fondaient dans l'Ordre de la Mère de Dieu. »

Sous le règne de l'antechrist, ces vaillants Apôtres
seront donc arrêtés quelque temps dans leur fruc-
tueuse mission : ils seront emprisonnés... et la Providence interviendra par un miracle pour leur rendre,
comme autrefois aux premiers apôtres et à Pierre, la
liberté : « il est temps qu'ils sortent !... »

L'Esprit-Saint les annonce depuis des siècles. Il
les montra à Saint François de Paule, Saint Vincent
Ferrier, Sainte Catherine de Sienne, le Bienheureux
Grignon de Monfort, etc.

Ce dernier les demandait à Dieu dans une prière
enflammée où il les appelle avec insistance « les vrais
enfants de Marie... par lesquels viendra ce déluge de
feu du pur amour, que l'Esprit-Saint doit allumer sur
toute la terre d'une manière si douce et si véhémente,
que toutes les nations... en brûleront et se convertiront...
Ces imitateurs des Apôtres prêcheront avec une si
grande force et une si éclatante vertu, qu'ils remue-
ront tous les esprits et tous les cœurs... Par leur
ministère, la face de la terre sera renouvelée et l'Eglise
réformée... il sera l'œuvre de Dieu seul ».

Les voilà, ces prêtres à l'âme de feu, que Pie X, *ignis ardens*, doit sans doute appeler de ses vœux pour tout restaurer dans le CHRIST, *instaurare omnia in Christo*. En présence d'un devoir nettement tracé, ils n'abriteront pas leur pusillanimité derrière cette formule commode : « Je n'ai pas d'ordres... »

Terminons ce commentaire par une lettre que Mélanie écrivait, *quelques heures avant de mourir*, à un prêtre du diocèse de Versailles qui la questionnait sur les calamités prochaines :

« Altamura, 14 décembre 1904.

« Mon très Révérend Père,

« Que JÉSUS soit aimé de tous les cœurs ! Votre bonne lettre du 28 novembre m'est arrivée avant-hier 12 décembre, c'est pourquoi, quoique en temps de l'Avent, temps de pénitence, *j'ai hâte de vous écrire* ces quelques lignes *s'il plaît à* DIEU. Malgré ma très profonde indignité très-réelle, de tout cœur j'unis mes faibles prières aux vôtres si ferventes, pour le retour à DIEU de ces pauvres âmes, qui sont le prix du précieux sang de JÉSUS-CHRIST. Sauvons-les, non seulement par nos supplications, mais par les sacrifices et l'humilité. Votre Révérence, comme envoyée de DIEU pour évangéliser les âmes de sa paroisse, sait bien mieux que moi, ignorante, infime bergère, ce que vous devez faire en cas d'une persécution terrible, persécution que nous avons voulue, que nous avons, pour ainsi dire, arrachée des mains de la justice divine.

« Le prêtre devrait, en tout et partout, être le vrai modèle des vertus qu'a pratiquées notre très amoureux JÉSUS-CHRIST dans son humanité sainte.

« Nous savons par les paroles de vie, c'est-à-dire le Saint Evangile, que Jésus passait ses nuits en prière ; et pendant le jour il s'occupait à enseigner les foules qui le suivaient, il guérissait les malades, les infirmes d'âme et de corps et mille, mille autres bienfaits, mais passons.

« Il est inutile que le Clergé se fasse plus longtemps illusion sur ses voies tortueuses et l'abandon de la prière mentale et vocale : le pauvre peuple qui y voit clair a fini par s'éloigner de l'église et chercher des divertissements ailleurs. Pauvre peuple ! Pauvre France et pauvre clergé qui, par son égoïsme, a perdu la vraie lumière de la Sagesse éternelle ! Il est écrit quelque part que celui qui aura été fidèle dans les petites choses (les petites pratiques de ses devoirs) le sera dans les grandes !... Et en vérité, ces prêtres égoïstes qui n'ont cherché qu'à contenter la nature, ses sens, les biens transitoires, etc., etc., comment auront-ils la grâce de résister, s'il leur était demandé de prêter serment, ou bien la prison, la faim, la fusillation, la guillotine, etc., etc., les attendant.

« Heureux et mille fois heureux les Prêtres selon le cœur de Dieu et qui l'auront servi et aimé en esprit et en vérité, avec la Vierge Marie ! Heureux tous ceux qui se seront sacrifiés auprès de leurs paroissiens, pour les consoler dans leurs peines, les encourager dans les afflictions, les soulager dans leur pauvreté, leur enseigner les voies de Dieu qui conduisent à la gloire éternelle dans le ciel des cieux !

« Je réponds, mon très Révérend Père, à votre question, et cela sans que vous soyez tenu à me croire, parce que je ne suis que l'ignorance même. « Je me suppose [donc] le plus haut et le plus étendu titre qu'il y ait sur la terre : *Je suis prêtre du Très-Haut* [1]. J'ai deux paroisses à servir et à sauver ; or j'ai toujours prêché librement, parce que je suis ministre de mon Créateur et Sauveur, et que ma mission est d'instruire les âmes à moi confiées par Dieu. Les sectes de l'enfer me font surveiller, afin de trouver un motif de m'emprisonner et, de là, me jeter dans la Seine avec une pierre au cou. Un jour un ami vient me dire que la secte a délibéré de venir me prendre. Fuyez ! Fuyez ! me disent des amis. Je dois répondre : Non, non : J'ai une charge d'âmes : de moi-même je ne les abandonne pas. — Mais on vous conduira ? — Je vous dis que je n'abandonne pas mon troupeau : on me portera, on me traînera, mais je ne laisserai pas mes paroisses ; pas plus celle qui a la foi vive que celle qui est indifférente dans sa foi morte. Le pasteur doit rester à son poste, et, s'il le faut, mourir avec ses brebis. Faire autrement ce serait un crime, une trahison envers Dieu et les âmes. Non, non, le curé d'une paroisse ne doit pas fuir pour échapper aux persécuteurs. Dieu saura sauver ses élus.

« Et cependant, il faut le sang des justes pour apaiser la divine justice.

« Je vous prie, mon très Révérend Père, de vouloir bien bénir votre très respectueuse infime servante inutile.

« Mélanie CALVAT, Bergère de la Salette. »

---

(1) En parlant des prêtres avec le plus profond respect, Mélanie tint plusieurs fois à me dire que l'ordre seul de la prêtrise a le *caractère* sacramentel : que ce caractère n'est ni commencé dans le diaconat, ni complété par l'épiscopat, que les ordres distincts de la prêtrise ne sont que hiérarchiques : que l'Eglise, dans sa sagesse, a réservé aux évêques l'administration de certains sacrements. — « Rien de cela, ma Sœur, n'est ni condamné, ni contraire aux principes théologiques, mais de qui le tenez-vous ? — De Notre-Seigneur. »

N'est-ce pas le plus beau commentaire qu'on puisse faire de l'alinéa, dans son application aux temps présents? Et cette solution : « Non, non ; j'ai charge d'âmes... on me portera, on me traînera... » ne vaut-elle pas la réponse d'un bon curé à qui l'on demandait : « Comment pensez-vous en sortir, avec les Associations cultuelles ? » — « Par un billet de chemin de fer ! »

A un monde qui ne croît plus à rien, des exemples seuls peuvent rendre la foi. La persécution prochaine s'annonce terrible : Honneur aux nouveaux martyrs !

« Je crois à des témoins qui scellent leur témoignage de leur sang », disait Pascal. — « Et moi aussi, je suis chrétien ! » s'écriait le bourreau dans l'arène, rénové par le sang du martyr qu'il venait d'envoyer au ciel.

31 — « L'Eglise sera éclipsée, le monde sera dans la « consternation. Mais voilà Enoch et Elie remplis de l'Esprit « de DIEU ; ils prêcheront avec la force de DIEU, et les « hommes de bonne volonté croiront en DIEU, et beaucoup « d'âmes seront consolées ; ils feront de grands progrès par « la vertu du SAINT-ESPRIT et condamneront les erreurs « diaboliques de l'antechrist. »

« L'Eglise sera éclipsée. — 1° On ne saura quel est le vrai Pape. 2° Le Saint Sacrifice cessera d'être offert dans les Eglises et même dans les maisons ; de sorte que, pendant un temps, il n'y aura plus de culte *pour* le public. Mais je vis, dit Mélanie, que pourtant le Saint Sacrifice ne cessa pas : on l'offrait dans des granges, des alcôves, des caves et des souterrains.

32 — « Malheur aux habitants de la terre! Il y aura « des guerres sanglantes et des famines, des pestes et des « maladies contagieuses ; il y aura des pluies d'une grêle « effroyable d'animaux, des tonnerres qui ébranleront des « villes, des tremblements de terre qui engloutiront des « pays ; on entendra des voix dans les airs, les hommes « se battront la tête contre les murailles, ils appelleront la « mort, et d'un autre côté la mort fera leur supplice ; le « sang coulera de tous côtés. Qui pourra vaincre, si Dieu « ne diminue le temps de l'épreuve? Par le sang, les larmes « et les prières des justes, DIEU se laissera fléchir. Enoch « et Elie seront mis à mort ; Rome païenne disparaîtra ; le

« *feu du ciel tombera et consumera trois villes ; tout l'uni-*
« *vers sera frappé de stupeur, et beaucoup se laisseront*
« *séduire, parce qu'ils n'ont pas adoré le* CHRIST *vivant*
« *parmi eux. Il est temps ; le soleil s'obscurcit ; la foi seule*
« *vivra.* »

Toutes ces guerres sanglantes, dit Mélanie, se feront
contre le Catholicisme ; en d'autres termes, ce seront
des persécutions à outrance. Ce nom de *guerre* est donné
aussi par l'Apocalypse à la même persécution : *Datum
est illi facere bellum cum sanctis et vincere illos* (XII, 7).

— « BEAUCOUP SE LAISSERONT SÉDUIRE. » Les faux prodiges
« *prodigiis mendacibus* » (II. Thess.) de l'antechrist et
de ses sectateurs auront tellement troublé la foi, que
presque plus personne ne croira en Dieu ! Seuls les hommes
de « BONNE VOLONTÉ » dont parlait le précédent alinéa y
croiront ; et l'antechrist voudra les faire mourir *tous.*

33 — « *Voici le temps ; l'abîme s'ouvre. Voici le roi*
« *des rois des ténèbres. Voici la bête avec ses sujets, se*
« *disant le sauveur du monde. Il s'élèvera avec orgueil*
« *dans les airs pour aller jusqu'au ciel ; il sera étouffé par*
« *le souffle de Saint Michel Archange, il tombera, et la*
« *terre qui, depuis trois jours, sera en de continuelles*
« *évolutions, ouvrira son sein plein de feu ; il sera plongé*
« *pour jamais avec tous les siens dans les gouffres éternels*
« *de l'enfer. Alors, l'eau et le feu purifieront la terre et*
« *consumeront toutes les œuvres de l'orgueil des hommes,*
« *et tout sera renouvelé :* DIEU *sera servi et glorifié.* »

« L'antechrist, dit Mélanie, publiera par toute la terre le
jour qu'il s'élèvera au Ciel, et de partout les foules se ren-
dront à Jérusalem... Il s'élèvera au milieu d'un pompeux
cortège de faux anges de lumière. Déjà il sera haut et jouira
des acclamations de ces millions de témoins et d'adorateurs ;
lorsque Saint Michel Archange apparaîtra avec une armée
d'anges d'une splendeur sans égale et au cri de : « Qui est
semblable à Dieu ? *Quis ut Deus ?* » Instantanément les
démons perdront leur éclat d'emprunt et leur force, et
s'écarteront de l'antechrist qu'ils soutenaient par leur vertu.
Un feu immense sort de la terre, entr'ouverte jusque sous
les pieds des spectateurs des premiers rangs, placés là selon
leur dignité et leur opulence : ils sont, avec l'antechrist et les
démons, engloutis dans ce vaste cratère, qui se referme sur
eux. Alors et aussitôt les Juifs se convertiront et seront des
plus fidèles et des plus fervents chrétiens. Toute la terre sera
catholique ».

Le Secret ne parle pas de la fin du monde ; il laisse plutôt entendre qu'elle ne viendra pas de suite. C'est un sentiment qui a pour lui de grandes autorités. Cornelius à Lapide, au chapitre XII de Daniel, verset 12, dit qu'il est probable qu'après l'antechrist, il y aura pour l'Eglise un temps assez long de triomphe éclatant et universel. C'est aussi l'opinion de Bossuet. Cette opinion a pour appui beaucoup de textes des Livres Saints, sur le règne *temporel* du Christ. D'après la *Vue*, elle est certaine.

Mélanie vit le monde subsister encore plusieurs siècles dont elle ne put estimer le nombre ; « quelques siècles », me dit-elle, puis ajouta :

« Jusqu'à la fin du monde les lois resteront chrétiennes : il n'y aura plus de persécution légale. Pendant un assez grand nombre de générations tous les hommes seront bons chrétiens ; mais peu à peu ils recommenceront à se laisser aller à la tiédeur, puis à l'oubli de Dieu et enfin à de grands crimes. Les lois chrétiennes, que le bras séculier aura, d'abord, fait observer avec une *grande sévérité*, finiront, peu à peu, par n'avoir plus de sanction, par suite d'une *fausse miséricorde* pour ceux qui les violeront. Les bons ne seront donc plus protégés : ils deviendront l'objet de toutes les humiliations, de toutes les railleries ; ils souffriront beaucoup de la société et de l'oppression des méchants et seront peu nombreux.

« Dieu poursuivra les hommes de sa colère. Les fléaux célestes seront épouvantables : les eaux seront empoisonnées, les tremblements de terre seront plus destructeurs que tout ce que le monde avait vu, le soleil ne donnera plus sa lumière ; enfin le monde finira dans l'épouvante de Dieu. Les pauvres, les humbles, destitués de tout secours, lèveront les yeux et les mains pour appeler le secours de Dieu... La venue du Christ sera soudaine...

« Les élus ressusciteront les premiers et avec eux les détenus des limbes... Dieu est meilleur que vous ne pensez : dans sa miséricorde il aura fait connaître à ces âmes leur origine, la révolte de notre premier père : elles se seront humiliées, anéanties devant Dieu, et Dieu les aura réhabilitées dans l'innocence, par le sang de Notre-Seigneur qu'elles se seront appliqué. Les ressuscités des limbes n'auront pas cependant la gloire des élus : ils seront dans une obscurité par rapport aux élus. Quand ils verront passer les réprouvés, ils s'anéantiront encore davantage. Ils n'assisteront pas au jugement.

« Le jugement des élus se fera comme un éclair ; ils seront emportés au devant du Christ pour juger les réprouvés.

« Notre-Seigneur *présidera* au jugement avec sa croix, celle sur laquelle il est mort ; mais c'est l'archange Saint Michel qui *prononcera* le jugement.

« Aussitôt après l'engloutissement des réprouvés au centre de la terre et l'assomption des élus, se réalisera cette ligne du Secret : « L'eau et le feu purifieront la terre et consumeront toutes les œuvres de l'orgueil des hommes. » La surface de la terre sera réduite en boue brûlante, pour ainsi dire en bouillie bouillante, jusque *bien au delà* des profondeurs où l'homme est parvenu : toutes les œuvres des hommes seront pulvérisées, dispersées dans cette boue de feu : il n'en restera pas de traces : ce sera un cataclysme semblable au chaos ; et la surface de la terre, disposée autrement, sera un paradis terrestre.

« Les ressuscités des limbes seront *réservés* pour habiter la terre *renouvelée*... Ils seront immortels, impeccables, parfai-tement heureux, n'auront aucune souffrance, verront Dieu, converseront avec Dieu, seront pleinement satisfaits selon l'étendue, à des degrés divers, de leurs facultés. Les agréments de leur séjour ne seront rien en comparaison de leur joie à servir et à honorer Dieu. Ainsi « Dieu sera glorifié au Ciel et sur la terre. »

Le forfait de l'étouffement du Secret et la Crise actuelle

I

VOILA un essai de commentaire du Secret. Ce ne sont donc pas des Avertissements vulgaires que la Reine du Ciel nous a donné à *méditer* et qu'elle a *prescrit* de « FAIRE PASSER A TOUT SON PEUPLE ». Cet ordre vaut-il qu'on s'y arrête ?

Le Congrès Marial de 1902 a donné la réponse :

« Que l'apparition de la Salette soit l'événement surnaturel le plus marquant du XIXᵉ siècle, c'est incontestable. Qu'on étudie dans leur ensemble les démarches de la Mère de DIEU en terre française, on y verra tout un plan, toute une œuvre d'apostolat, depuis la médaille miraculeuse de 1830, jusqu'à l'apparition de Pontmain [1]. MARIE veut la conversion de notre patrie ; elle y « missionne », pour ainsi dire, sur tous les points.

« Mais encore sa base d'opération est-elle à La Salette. Là, en effet, elle a catégoriquement dévoilé à « son peuple » les maladies morales dont il meurt et nettement indiqué le remède qui peut le relever : « Se soumettre » au CHRIST et à son Eglise. En un mot, se convertir ou passer par les châtiments de DIEU, voilà le point essentiel de la question. La Très Sainte Vierge

---

(1) Le rédacteur de cet article avait écrit : « depuis la Médaille miraculeuse de 1830, jusqu'au Scapulaire de Pellevoisin de 1876 ». Mais l'Eglise n'ayant pas reconnu l'apparition de Pellevoisin, on ne doit pas la mettre sur le même pied que les autres.

MARIE l'a fait ressortir, Elle, avec des larmes et des sanglots — chose inouïe dans l'Histoire de l'Eglise ! — et nous, peut-être, nous attardons-nous trop à des choses secondaires, au lieu d'aller droit au point essentiel [1].

« On dit que la Salette a rencontré de l'opposition. Cela devait être, puisque la Salette exige qu'on se corrige et qu'on n'y tient pas du tout : se corriger signifiant faire des sacrifices. Aussi trouve-t-on de l'opposition même de la part du clergé, de certain clergé surtout, parce que le « Secret de Mélanie » le vise. »

Ces graves paroles n'ont pas besoin de commentaire : on voit de suite de quels rangs est parti le doute, du reste facile à éclaircir : Le texte du Secret est-il authentique ?

1° — Le seul fait de l'Imprimatur ne devrait-il pas suffire à la solution de ce doute ?

---

(1) Même le costume de la Sainte Vierge est une prédication. Pourquoi ne pas le respecter ? — Dès 1854, Maximin disait : « Il y en a qui ne font que *bêtise* sur *bêtise* avec leurs nouvelles images ; ils y mettent ce qu'ils veulent et font *à leur idée :* cela ne fait pas la vérité. » (Suite de l'*Echo de la Sainte Montagne ;* page 145, ou 50 de la réédition.)

Une des particularités du récit des Enfants, c'est le soin extrême avec lequel ils se sont appliqués à nous dépeindre le costume de la Belle Dame. Rien n'est oublié : pas même ce « tablier plus brillant que plusieurs soleils ensemble », et qui pourtant ne fait pas partie du costume usuel des Reines ; mais les Enfants ne s'en étonnaient pas, eux qui n'avaient jamais vu de Reine. Vêtement de la femme dont les mains ne sont pas oisives, c'était sans doute une leçon de geste que voulait donner MARIE : la glorification du travail. Comme c'était aussi une leçon de modestie chrétienne qu'elle réservait aux femmes, dans l'aspect général de son habillement : cette robe à la coupe sévère qui ne laisse voir que le visage : ces manches longues et larges, qui ne laissent pas même voir les mains.

Ces derniers détails complémentaires ont été fournis longuement et de vive voix par Maximin et Mélanie à l'artiste chargée de reproduire la scène, M\ll\e des Brulais, le premier et le meilleur historien de l'Apparition ; et les Enfants ne témoignaient jamais la moindre fatigue, la moindre distraction quand on les interrogeait ; et ils n'ont jamais varié dans leur témoignage.

On conviendra que pour garder le souvenir de ces choses minimes perdues au milieu des grandes choses que les Enfants avaient entendues, on conviendra que pour ne rien oublier de ce qui pourrait passer pour des minuties, ces minuties devaient avoir pour nous leur importance, et que les leçons qu'elles comportaient n'étaient pas des leçons superflues. Aussi, qu'on veuille bien pardonner à la Bergère son étonnement et sa *peine*, et SA PROTESTATION EN 1903, à la vue de certaine représentation de la Salette d'où ces prétendues minuties sont absentes. Le tablier a été jugé trop vulgaire et la robe trop modeste. Que peut-on bien gagner à donner des leçons de mode à la Très Sainte Vierge ? Evidemment on a voulu lui donner une tenue plus artistique. Je ne crois pas qu'on ait bien réussi. Cette nouvelle N.-D. de la Salette, avec ses cheveux, sa gorge et sa chlamyde, est aussi pieuse, je le veux bien, que les Vierges de Raphaël, qui ne le sont guère, mais elle est bien moins belle. On ferait bien d'occuper mieux l'esprit d'invention.

Monseigneur l'Evêque de Lecce (Italie), qui donna l'Imprimatur en 1879 après mûr examen et *fit lui-même imprimer* la brochure, connaissait Mélanie personnellement. En outre, il était informé très exactement sur sa conduite et sur son esprit, par ses relations avec d'autres évêques la connaissant, particulièrement avec Mgr Pétagna, le saint évêque de Castellamare di Stabia, qui fut le directeur de Mélanie pendant seize ans, et la lui avait recommandée la même année avant de mourir [1]. Ces savants et pieux évêques d'Italie auraient-ils accordé leur estime à une personne hallucinée ou menteuse ? L'authenticité repose donc d'abord sur l'Imprimatur donnée en toute connaissance de cause.

2° — Elle repose ensuite sur la déclaration publique de la pieuse voyante, que la haine des incrédules a cherché à avilir. Ceux qui ont eu l'occasion d'admirer les qualités de son esprit, la rectitude de son jugement, la force et la grandeur de son caractère, bénissent la Sainte Vierge d'avoir choisi un témoin si difficile à influencer ; et tous ceux qui connaissent sa vie édifiante et ses vertus, surtout son amour de la vérité et son humilité, savent bien qu'elle aurait mille fois préféré mourir que de faire un petit mensonge. Or, elle a déclaré publiquement que son Secret, imprimé à Lecce par les soins de Mgr Zola, est le vrai Secret que la Sainte Vierge lui a donné en 1846 avec mission de le faire passer à *tout son peuple* ; que des particularités qu'elle fit connaître, à Pie IX, dans le texte de 1851, n'étaient que *pour Pie IX*. Elle a affirmé à plusieurs de ses

---

[1] Mgr Pétagna très souffrant de la maladie dont il mourut, ne connaissant pas, d'ailleurs, suffisamment le français et n'ayant personne dans sa chancellerie qui le connût, préféra que le Secret fût imprimé par les soins et sous les yeux de Mgr le Comte Zola, évêque de Lecce.

Le 4 novembre 1896, Mgr Maupier m'écrivit :

« *Monsieur le Curé*,

« *Je vous félicite de votre excellent travail. Aux témoignages que vous apportez pour prouver que l'authenticité du Secret publié par Mélanie n'a jamais été mise en doute à Rome, vous pouvez ajouter celui de mon illustre ami, Mgr Luigi Philippi, archevêque d'Aquila, qui m'écrivit à ce sujet, le 2 novembre 1880, après sa visite ad Limina où il étudia officiellement la question.*

« *Vous pouvez faire de ma lettre l'usage que vous jugerez utile à votre parfaite publication. Je vous remercie du bien que vous m'avez fait pour le cœur autant que pour l'esprit.* »

confidents de ma connaissance, et à moi-même, qu'elle avait conservé toujours la mémoire claire et parfaite de tous les mots du Secret. Lorsqu'elle voulait se rappeler un détail de sa révélation, elle avait de plus, devant les yeux de son intelligence ce qu'elle appelait la **Vue**, c'est-à-dire la vision qui accompagnait les paroles qu'elle entendait. En un mot, elle n'a jamais perdu la mémoire ni l'intelligence de sa révélation.

3° — Ce miracle de mémoire et d'intelligence est le cachet des révélations divines : il n'a rien de surprenant pour un théologien. La Reine de l'Eglise apportant une révélation solennelle et si grave à son peuple devait, à l'exemple de Notre-Seigneur, faire en sorte que son Message fût porté à notre connaissance exactement et sûrement. Sinon elle eût parlé en vain ! Le principe de la tradition orale des enseignements du Sauveur, fondant l'Eglise avant la publicité des écrits des Evangélistes, est par conséquent un troisième moyen, par voie d'analogie, d'établir l'authenticité du Secret.

4° — Du reste, quand un souverain choisit un ambassadeur et l'accrédite, son choix doit être respecté et non discuté. De sorte que le seul choix de la Reine du Ciel dans la personne de Mélanie, accréditée par l'Apparition de 1846, est une garantie suffisante. Est-ce que Pie IX et Léon XIII ont pensé autrement ? Est-ce que Pie IX ne répondait pas par ce mot bien connu aux calomnies qu'on lui portait contre Mélanie, mot qu'il répétait avec complaisance : « *Mélania, buona figlia !* » Est-ce qu'il contesta la *persévérance* de la mission de sa « bonne fille », comme ambassadrice de la Reine du Ciel auprès de l'Eglise, depuis le Chef suprême jusqu'aux plus humbles fidèles ? Est-ce qu'il n'aprouva pas, et par trois fois, le livre où M. Bliard publiait une importante partie du Secret, qu'il tenait non de Pie IX, mais de Mélanie ?... En apprenant qu'elle avait voulu sortir du Carmel de Darlington, où Mgr Ginoulhiac l'avait enfermée, ne répondit-il pas : « A cause de sa mission elle ne peut pas, elle ne doit pas être dans un couvent ? » Est-ce que, peu après, en témoignage de cette mission

ASSOMPTION A NOTRE-DAME DE LA SALETTE

SUR LE PLATEAU APPELÉ MONT-SOUS-LES-BAISSES

Après son Discours, la Reine du Ciel, ayant traversé la Sezia et gravi le tertre opposé, s'élève dans les airs, où le visage baigné de larmes et tourné vers l'Orient, Elle disparait aux yeux des deux Pâtres étonnés. Maximin s'efforce vainement de saisir une des roses qui ornent la chaussure de Marie. (Voir l'Écho et la Suite de l'Écho).

persévérante, il ne lui accorda pas le privilège princier d'avoir chez elle la Sainte·Messe tous les jours ? Est-ce que Léon XIII, aussitôt après son élévation sur le siège de Pierre, ne la manda pas pour lui donner la mission *officielle,* l'ordre d'aller sur la Montagne faire observer aux Missionnaires et aux Sœurs la Règle des Apôtres des derniers temps, et d'en rédiger les Constitutions d'après la *Vue ?* Et sur sa respectueuse observation que, sous l'autorité de l'Evêque de Grenoble, elle n'aurait pas le moyen de faire parvenir ses écrits à Sa Sainteté, vu les dispositions de Monseigneur Fava et des Missionnaires, ne lui permit-il pas de rester et de les rédiger à Rome ? N'est-ce pas après cette longue audience seulement, et après connaissance du Secret (de ce texte qu'elle publia l'année suivante, après l'avoir fait remettre deux fois [1] à Sa Sainteté), que Léon XIII ordonna le couronnement de Notre-Dame de la Salette et éleva le sanctuaire au rang de basilique ? Est-ce que moins de deux ans après, c'est-à-dire le Samedi Saint 1880, il ne donna pas à M. Amédée Nicolas, avocat à Marseille et frère d'Auguste Nicolas, l'illustre apologiste chrétien, la mission de rédiger une brochure explicative du Secret tout entier, afin que le public le comprît bien ? Franchement, est-ce le texte de 1851 que Léon XIII demandait à M. Nicolas d'expliquer [2] ?!!!

---

(1) Elle le fit remettre *manuscrit,* peu de temps avant l'audience ; et *imprimé,* peu de mois après l'audience.

(2) Le Père Perrier, jésuite à Lyon, aujourd'hui exilé en Angleterre, a raconté à l'un de mes amis que Léon XIII, la veille de l'audience qu'il donna à Mélanie venant de lire le Secret qu'elle lui avait fait remettre peu de jours avant par le Père Fusco, Rédemptoriste, et le cardinal Ferrieri, Préfet de la Sacrée Congrégation des Evêques et Réguliers, prononça, séance tenante, cette parole souveraine et impérative : « Ce document doit être publié ! »

Voici les termes de la lettre publique de Mgr Zola, en date du 24 mai 1880 : « Je sais enfin, par mes informations, que M. Nicolas, avocat à Marseille, étant à Rome le Samedi Saint 1880, a été chargé par Sa Sainteté Léon XIII de rédiger une brochure explicative du *Secret tout entier, afin que le public le comprenne bien.* »

Relisons ces lignes de M. Girard dans son *Complément du livre Les Secrets de la Salette ;*

« Le Pape encourage, approuve des publications et un évêque désapprouve !!! Et nous avons vu bien autre chose à Rome, lors du Concile ! Le Gallicanisme alla jusqu'à espérer, lors du Concile, un 89 dans le catholicisme. Il a mérité d'être défini : *l'insubordination vis-à-vis du Souverain Pontife, le servilisme envers l'autorité laïque, et le despotisme envers les prêtres...* »

Sans commentaire.

— Mais on dit que le texte de 1851, envoyé à Pie IX, était moins long, c'est donc le seul authentique !... Quand le Pape le publiera nous nous *inclinerons !* »

— Cette guerre à coups d'épingles n'infirme pas l'authenticité du texte de 1878, puisque ces actes multipliés de Pie IX et de Léon XIII prouvent que la mission de Mélanie n'était pas finie en 1851.

Parce qu'il y aurait, je suppose, quelques variantes dans le texte de 1878, avez-vous le droit de contester l'authenticité de ce dernier ? Savez-vous s'il n'y a pas une raison de ces variantes ? Eh quoi ! vous n'avez rien vu, rien entendu sur la Montagne, et vous vous posez en face du seul témoin pour lui dire : « Vous êtes illusionnée ou menteuse : taisez-vous ! » Vous ne sentez, ni la gravité de cette parole, ni son ridicule ! Vous ne voyez pas même que l'insulte rejaillit sur la Reine du Ciel ; car si elle n'a pas su choisir une messagère fidèle, elle n'est pas le « Siège de la Sagesse ! »

Il n'y a pas de variantes, du reste, mais des additions seulement dans l'un et l'autre texte ; et *le passage sur les prêtres,* etc., cause de toute cette guerre à l'authenticité, *se trouve dans les deux* [1] *!!!*

Si dans l'autographe de 1851, *il y avait des choses pour Pie IX seul* (d'après la *Vue*), cela ne nous regarde pas. Et si dans la publication de 1879, il y a quelques particularités que, le moment n'étant pas venu, la Sainte Vierge n'a pas fait connaître à Pie IX, cela nous regarde moins encore. Dirons-nous que la Reine

---

(1) On croit à tort, que Pie IX avait *ordonné* de lui transmettre le Secret des enfants ; il n'avait qu'exprimé *quelque désir* de le connaître. La veille du jour où, après bien des angoisses et des larmes, la Bergère **se décida d'elle-même** à écrire, la Sainte Vierge lui était apparue *(L'Echo de la Sainte Montagne)* et lui inspira tout ce qu'elle devait écrire *(Lettre publiée de Mgr Zola, du 24 Mai 1880).* — Je tiens d'elle que son écrit de 1851 (trois grandes pages serrées) n'était pas « moins long » que celui de 1879 ; et que la Sainte Vierge lui avait fait connaître que, devenu après la publication de ce dernier l'objet d'indiscrètes curiosités, *il a disparu du Vatican.* Si le fait est vrai, et il est facile de s'en assurer, voilà la réponse de la Reine du Ciel... Les actes de Pie IX et de Léon XIII concordent avec sa courageuse et persévérante affirmation : qu'elle devait elle-même faire passer le Message à tout le peuple de Marie.

n'avait pas ce droit !... Personne n'avait à s'en occuper et ne les vit mieux, ces additions, que Léon XIII, puisqu'il eut les deux textes sous les yeux. Il en comprit la raison, cela suffit.

Pie IX et Léon XIII savaient que, dans ces conditions, contester la persévérance de la mission de l'humble ambassadrice, c'était faire crouler l'Apparition de 1846. Cette misssion persévérante et l'Apparition de 1846 sont liées ensemble ; elles font parties indissolubles d'un tout, c'est un *bloc* sacré. Voilà aussi pourquoi, malgré les assauts multipliés que le Saint Office et l'Index ont eu à soutenir de cette guerre au Secret, ces congrégations n'ont jamais voulu condamner la brochure de Mélanie.

5° — L'authenticité du Secret ressort enfin victorieusement de l'examen de cet admirable document, d'une valeur théologique éminente, qu'on pourrait commenter avec les seuls textes de l'Ecriture que la Sainte Vierge semble reproduire ou avoir visés ; et d'une valeur prophétique plus étonnante encore, puisque tout se réalise, hélas !...

II

Mais les paroles de MARIE rappelant à chacun ses devoirs selon le véritable esprit de Notre-Seigneur peuvent-elles avoir une autre destinée que les paroles de Notre-Seigneur lui-même ? *Signum cui contradicetur :* aux unes comme aux autres, il faut la contradiction.

Or, rien n'a changé depuis l'époque évangélique ; tous les personnages en sont typiques et immortels : Notre-Seigneur survit ; Pierre et les autres sont toujours là ; les Pharisiens non plus ne sont pas morts. Et ils ont répondu à MARIE, comme jadis ils répondaient au Maître en personne : *Hic homo, non est a Deo !* Ce secret est un scandale : il dit du mal des Prêtres ! Quel bien peut-il résulter de la publication de ces reproches ?

1º Quand il s'agit de *justifier* sa justice et sa providence, Dieu a toujours voulu que ses reproches à ses ministres soient connus : car la gloire n'est due qu'à Lui, « *Soli Deo honor et gloria !* » Je ne donnerai ma gloire a personne, dit-il, « *Gloriam meam alteri non dabo !* »

Ad vos, ô sacerdotes qui despicitis nomen meum et dixistis : In quo despeximus nomen tuum?... Ad hoc mandatum hoc, ô sacerdotes.. recessitis de viâ et scandalizastis plurimos in lege... Propter quod et ego dedi vos contemptibiles et humiles omnibus populis. » (Malach., I et II.)

Fili hominis fode parietem... ingredere et vide abominationes pessimas quas isti faciunt... in abscondito. » (Ezéchiel, VII et suiv.)

Qu'on lise dans les Prophètes ces crimes cachés des prêtres, que Dieu leur faisait **dévoiler à son peuple** avant de les punir.

Qu'on lise même le Nouveau Testament. Est-ce loin de la foule que Saint Jean-Baptiste adressait ces paroles foudroyantes : « Race de Vipères » à ces prêtres qui étaient habitués à voir les fronts se baisser devant eux ? Notre-Seigneur, si miséricordieux pour les pécheurs, a-t-il pris à part les Scribes et les Pharisiens pour leur lancer ces terribles « Væ » qui flétrissaient ces docteurs qu'il disait pourtant d'écouter ! Est-ce en secret que Paul reprit Pierre lui-même, pour une simple observance judaïque, parce qu'elle pouvait scandaliser les fidèles ? Est-ce en secret, que l'Eglise dans ses Conciles de Trente et du Vatican inscrivit au programme « La Réforme du Clergé ? »

Rien ne conduit au scepticisme, à l'approbation du mal, comme l'absence de protestation et le parti de fermer les yeux sur tout. La publicité est un contrôle absolument nécessaire à l'état moral d'un peuple. Louis Veuillot et, même avec des erreurs et des fautes, Edouard Drumont ont certainement relevé le niveau moral en France. Si la critique ne convertit pas, elle empêche au moins la prescription contre la vertu.

Le clergé, sous prétexte de dignité, ne doit pas méconnaître ces principes : l'Eglise le comprend si bien, qu'elle a imposé aux clercs la tonsure et un costume spécial pour les soumettre à l'attention générale, et si elle couvre ses pontifes de croix d'or et de couleurs éclatantes, c'est principalement pour leur apprendre à se respecter plus que les autres.

Ne craignons pas de nous faire les propagateurs d'un Secret qui ne fera aucun mal aux bons et qui ne peut qu'humilier justement les méchants.

En principe, les prophéties sont données moins pour éclairer l'avenir, que pour démontrer à l'heure de leur accomplissement, que tout était prévu par Dieu. Quand le grand coup de la colère divine éclatera sur le monde, il y aura certainement nombre d'églises ruinées et de prêtres frappés visiblement. Le peuple ne pourrait s'expliquer ces coups de la justice de Dieu sur ses temples et sur ses ministres, il croirait à une vengeance aveugle, s'il n'était pas un peu averti par les prophéties, il faut donc qu'il soit prévenu pour la justification des châtiments divins, il faut qu'au moins le Secret imprimé en grande quantité soit répandu à profusion, pour qu'on puisse le trouver facilement au moment de la perturbation générale. Alors les vrais croyants sauveront le peuple, le Secret à la main : ils le montreront comme *pièce justificative* pour expliquer que c'est le péché qui cause tant de maux et qu'il faut renoncer au péché et se convertir.

La construction de l'arche a été la preuve de la miséricorde divine voulant sauver le monde et l'explication du déluge. Ainsi le secret de la Salette est le signe de la miséricorde pour ceux qui veulent se convertir et le signe de la justice pour ceux qui l'auront méconnue.

Malheur à ceux qui veulent faire Dieu se taire !

2° Depuis 1846, nous devions nous *réformer* puisque la Sainte Vierge s'était plainte de *tout* son peuple, sans excepter le clergé. Mais elle savait qu'après nous avoir longtemps attendus, cette publication du secret lui serait nécessaire pour nous forcer à nous « SOUMETTRE » ou pour *justifier* au moins (*soli Deo honor et gloria*) les extraordinaires châtiments que son Fils, dont elle ne pourrait retenir le bras, nous enverrait. C'est le cas de redire la parole du Cardinal Fornari : « Je suis effrayé de tels prodiges : nous avons dans la Religion tout ce qu'il faut pour la conversion des pécheurs ; et quand le Ciel emploie de tels moyens, il faut que le mal soit grand. »

Le mal, direz-vous, est-il plus grand que dans les siècles passés ? Si le nôtre est mauvais, il ne faut pas trop dire que les précédents étaient des siècles de vertu ! Oui, le mal est plus grand, par l'irréligion : jamais l'impiété ne fut aussi générale, aussi radicale et aussi puissante : donc la sainteté des personnes consacrées est plus nécessaire que jamais pour préserver le peuple de perdre la foi, à plus forte raison pour que celle-ci progresse.

Ainsi, n'atténuons pas les reproches de notre douce Mère et ne lui faisons pas le procès si elle a voulu qu'ils soient connus. On rêve le retour d'un Charlemagne ! Le prêtre à l'état de sainteté fera plus pour la restauration du règne de JÉSUS-CHRIST que mille empereurs aussi puissants et aussi chrétiens que le fut Charlemagne.

3° Voici enfin la réponse de Mélanie à cette parole : « Secret scandaleux qui *dit du mal* des prêtres ! »

« Mon très Révérend Père... Je ne puis laisser passer cette accusation soulignée sans protester de tout mon pouvoir. Non, non, le Siège de la Sagesse n'a jamais *dit du mal* des Ministres des Autels. Miséricordieusement, MARIE, tutélaire de la France, Reine du Clergé catholique, a indiqué les maladies dont était infestée l'âme des Pasteurs du peuple de DIEU ; la foi de ceux qui ont oublié la prière et la pénitence et rempli leur cœur des affections aux choses transitoires s'est attiédie. Dans le monde, a-t-on jamais entendu le père d'une nombreuse famille se plaindre de ce que le médecin a osé dire le genre de maladie qui consume sa femme, surtout s'il avait déjà avoué au médecin que la plupart de ses enfants étaient contagionnés par la maladie de leur mère, laquelle, maladive et faible, ne donnait pas à ses enfants les remèdes opportuns? Il est certain que bien avant la visite du charitable médecin, et qu'il eût appelé par son nom le *chancre* dont souffrait la mère, toute la famille connaissait ce mal amplement. Et de même aussi les chrétiens connaissaient amplement celui de leur mère, la Sainte Eglise, et c'est hélas! ce qui les autorisait à se relâcher dans leurs devoirs de chrétiens.

« N'oublions pas ce à quoi nous aurions dû porter notre attention : les Bergers ont toujours dit que la Belle-Dame, Marie, notre douce Mère, a dit par deux fois : « Mes enfants vous le ferez passer a tout mon peuple. » Elle l'a dit une première fois à la fin des avertissements et des menaces à l'orbe catholique. Puis se mettant en marche et ayant franchi le petit ravin, elle dit encore : « Vous le ferez passer a tout mon peuple. » Ce fut l'ordre de publier le secret. J'ai dû obéir, c'est ma mission.

« Au lieu de se révolter, on aurait dû rentrer en soi, raviver sa foi, sa charité et régler sagement sa conduite sur les exemples de Jésus, notre divin maître et modèle. »

Cette réponse de l'ambassadrice de la Reine du Ciel est admirable de sagesse, de fermeté ; elle est sans réplique.

Oui, les consciences chrétiennes savent à quoi s'en tenir sur nous et sont révoltées de cet étouffement sacrilège des ordres de Marie.

Mais, encore une fois, remarquons-le, ce fut le cas de l'Evangile. La Bonne Nouvelle du Fils fut reçue de la même manière que la Grande Nouvelle de la Mère : même opposition criminelle, mêmes personnes, mêmes motifs et mêmes moyens, pour arriver, hélas! au même résultat : « Malheur!...»

Tant que le Fils de Dieu se borna à prêcher le peuple, il fut écouté avec respect et amour. Tous les historiens ont appelé, la première année de sa vie publique, « *l'année douce* ». Mais dès qu'il voulut prêcher les chefs, ceux-ci manifestèrent une violente opposition. Le grand Prophète qu'on avait acclamé, *quia propheta magnus surrexit in nobis et quia Deus visitavit plebem suam*, était devenu un homme dangereux :

venient Romani ! Pas de ménagements ! Tous les moyens sont bons pour le discréditer ! *Quousque animam nostram tollis ? Si tu es Christus, dic nobis palam !* Il a dit et prouvé qu'il est le Christ : « *Loquor vobis et non creditis. Opera quæ ego facio, hæc testimonium perhibent de me.* — Non, ce n'est pas le Christ : *il dit du mal de nous !* C'est un samaritain, un hérétique, un fou, un possédé du démon !...»

Dans cet événement incontestable de la Salette, qui par sa nature et sa provenance ne forme qu'un bloc indivisible, nous avons fait également deux parts :

Tant qu'il ne fut question que du discours qui fut immédiatement rendu public par le récit des enfants, on feignit de croire que les reproches de la Très-Sainte Vierge ne s'adressaient qu'aux simples fidèles, et le clergé propagea cela volontiers. C'était un beau texte pour les prédicateurs « *Propheta magnus surrexit in nobis !* Et la Vierge en pleurs a visité son peuple ! » Mes frères, il faut *vous* convertir, s'écriaient-ils triomphants... D'ailleurs, la Belle Dame demandait peu de chose aux simples fidèles, et si elle ne demandait pas davantage au clergé, la propagation de cette partie de son message pouvait s'accommoder, pour les chefs et conducteurs du peuple de Dieu, avec les dévotions faciles et les semblants de pénitence.

On avait bien entendu dire que Pie IX avait communiqué le Secret de la Bergère à quelques cardinaux, et qu'il contenait des plaintes à l'égard du clergé et des communautés. Mais on ne savait pas qu'il devait être publié un jour. On s'en occupait par curiosité et non pour se *convertir.* D'ailleurs, Mgr Ginoulhiac avait pris ses précautions : il avait déclaré, pour plaire à l'empereur, que la mission des Enfants était finie, et avait éloigné la voyante. Il espérait bien qu'elle était enfermée à Darlington pour sa vie dans un couvent de Carmélites. Il ne savait pas que Pie IX dirait : « Pour remplir sa mission elle ne peut pas, elle ne doit pas être dans un couvent. »

Bref, la propagation de la première partie du Message se fit agréablement : ce fut « *l'année douce* ».

Mais quand vint notre tour d'être prêchés ! Quand fut divulgué par l'ambassadrice le terrible secret qui avait fait pâlir Pie IX et couler ses larmes, on vit se déchaîner en France, contre la missionnaire de Marie, les fureurs des Juifs contre Notre-Seigneur. On ne saura jamais les tortures morales dont sa vie depuis 1878-1880 fut abreuvée par l'impossibilité de remplir sa céleste mission.

<h3 style="text-align:center">III</h3>

C'est ainsi que deux crimes ont été commis contre la Reine du Ciel : 1° Elle avait demandé en pleurant que son peuple se convertît, et l'exemple ne lui étant pas donné il ne s'est pas converti ; 2° Elle avait ordonné qu'après un délai son Message fût intégralement publié, pour nous forcer à donner l'exemple de la pénitence, ou pour **justifier** les châtiments que son Fils enverrait ; et on n'a pas compris ; l'aveuglement a méprisé ce Message : l'hostilité est allée si loin qu'on a défendu de le faire connaître ! [1]

Il y a là deux états d'inégale proportion, tous deux coupables, mais d'une gravité bien différente.

D'abord, on ne s'est pas converti, c'est un fait. On s'est agité beaucoup, c'est vrai, « *Ærem verberantes* », comme disait Saint Paul, mais on ne s'est pas converti. « *Nihil cepimus* » disaient les autres Apôtres qui pêchaient à Tibériade. Tant de fatigue pour battre le vent ! Toute une nuit et tant de coups d'aviron pour ne rien prendre !... C'est le fait, encore une fois. La faute n'en est pas à Dieu ; à qui est-elle si ce n'est à nous ?... Nous n'avons pas jeté le rets du bon côté, « *jacete in dexteram navigii rete* ». Le mot **PÉNITENCE,** nous l'avons creusé en lettres énormes et profondes sur les murs de la basilique du Vœu national,

---

(1) On a vu, page 91, que l'opposition au Message fut précédée de l'opposition à l'Ordre Religieux demandé par N.-D. de la Salette, dont elle a donné la Règle.

à la façon dont notre gouvernement inscrit les mots **Liberté, Egalité, Fraternité** sur la façade des monuments publics... Est-ce cela que la Sainte Vierge nous demandait?...

Ah! sans doute, c'est bien triste et bien coupable de ne s'être pas *converti,* « *soumis* » à l'appel éploré d'une voix aussi douce que la voix de la Sainte Vierge; mais est-ce cela *seul* qui a pu déchaîner de la sorte les colères divines?... Nos duretés de cœur, nos somnolences, nos froideurs, c'est notre vieille nature! Est-ce que cela rebute la Mère des Miséricordes ? Est-ce qu'elle serait miséricordieuse si nous n'étions des misérables ? Non, non, ce n'est pas là le grand crime. Le grand crime, celui qui ne se pardonne pas et qui crie vengeance, c'est l'autre : **c'est le mépris qui a été fait de la parole de Marie !**

Elle, peut-être, elle nous pardonnerait, mais Notre-Seigneur qui est **son Fils ne pardonne pas qu'on méprise sa Mère** !

Ne pas faire ce qu'elle nous dit, ce qu'elle nous ordonne, ce qu'elle nous prie de faire, on peut, en famille, mettre cela sur le compte de l'inattention, de l'inconscience, de la légèreté... Mais l'empêcher de parler, **lui mettre insolemment la main sur la bouche pour la réduire au silence,** de quels termes flétrirez-vous une conduite pareille?

Dira-t-on : « Le crime fut moins abominable, car on ne savait pas si c'était la Sainte Vierge qui parlait ? »

— Le couronnement de Notre-Dame de la Salette et le titre de Basilique accordé au Sanctuaire par Sa Sainteté Léon XIII étaient plus que suffisants pour la tranquillité des âmes timorées. D'ailleurs, a-t-on cherché à s'instruire avant de rejeter le Secret? avant de persécuter, de crucifier moralement la missionnaire de la Sainte Vierge, pour lui crier ensuite comme les Juifs : « *Descendat nunc de cruce et credimus ei ?* » Non, la raison de l'incrédulité est dans l'Evangile : « *Omnis qui male agit, odit lucem, et non venit ad lucem, ut non arguantur opera ejus* », et même, rien ne confirme plus le surnaturel divin de cet ordre « VOUS LE FEREZ PASSER A TOUT MON PEUPLE », que l'action visible du Mauvais Esprit chez certains adversaires.

Châtiments privés.

Tous ceux qui, à ma connaissance, ont discrédité *avec scandale* le Secret de la Salette en ont été punis :

Mgr G7** qui, le premier, a persécuté les Enfants au sujet de leurs Secrets, et proclama, pour plaire à l'Empereur, que leur mission était finie, qui traita Mélanie de folle, est mort fou [1].

Mgr F*** répondit solennellement à l'ordre de Léon XIII, que lui transmettait le Cardinal Ferrieri : « Je ne prendrai la Règle de Mélanie que quand **l'Eglise m'aura prouvé** (sic) qu'elle vient de la Sainte Vierge. » — Les dernières années de sa vie, il fut la risée de la France et de l'Etranger pour s'être laissé mystifier publiquement par Margiotta, Léo Taxil, Bataille et Cie. Quand déjà tous les journaux lui refusaient leurs colonnes, il tenait bon : il s'obstinait à croire et à espérer en sa Diana Vaughan, qu'il n'avait jamais vue. La *Croix* de Paris, seule, consentit à insérer une lettre de lui où il disait : « **Moi,** je certifie que la pieuse Diana existe ! La preuve, c'est que j'ai reçu une lettre d'elle. » Monseigneur, **l'Eglise vous avait-elle prouvé** que cette lettre venait de

---

(1) Il dit à Mélanie : « Je viens de voir Maximin qui m'a refusé de me dire son secret, à moi son évêque !!! *Il s'en repentira !!!* Mais vous, vous êtes plus raisonnable, vous avez plus de connaissance que lui ; je pense que vous n'allez pas refuser d'obéir à votre évêque...!!! » Et sur le refus de la pauvre enfant de désobéir à la Sainte Vierge, il lui fit la même menace : « *Vous vous en repentirez !* » Il ne tint que trop parole. Quand vint pour elle le moment de faire profession, de prononcer ses vœux chez les Religieuses de la Providence de Correnc, il s'y opposa, malgré les Religieuses qui disaient combien elle était pieuse, et chercha par tous les moyens et vexations possibles à la faire partir. Finalement il l'embarqua pour l'Angleterre, avec défense de le dire même à ses parents. Bien mieux, il donna des ordres pour la forcer à faire des vœux de clôture. Comme elle refusait de les faire à cause de la mission qu'elle aurait à remplir après 1858, et qu'aucune pression, aucune insistance ne pouvait vaincre sa résistance, les religieuses lui dirent : « Où irez-vous ? Monseigneur G*** nous a écrit que si vous revenez dans son diocèse, il vous excommuniera partout où vous résiderez. »

Diana et non de Léo Taxil ?... — Puis, en inaugurant les bureaux de *la Croix de l'Isère*, il y installa Notre-Dame de Lourdes, méconnaissant de nouveau, *vu les circonstances*, la faveur que la Sainte Vierge avait faite à son diocèse. La soirée fut joyeuse dans les bureaux ; il se retira tard. Le lendemain il fut trouvé mort sur son plancher, dévêtu, les bras tordus, les poings crispés, le visage, *les yeux* exprimant l'effroi d'une horrible vision... [1]

En 1882, Mgr G***, ancien évêque de G***, plus tard archevêque de B***, mais alors évêque d'A***, lança du haut de son siége épiscopal ce blasphème : « Le Secret

---

[1] Le document qui suit, écrit de la main de MÉLANIE, fera connaître la SOURCE des calomnies, sans cesse renouvelées depuis vingt-cinq ans, contre le Secret, la Règle de la Sainte Vierge, la Voyante et sa mission. — Il fut adressé par elle à M. l'abbé Rigaux, mais elle comptait sur moi pour sa publication, et, dans ce but, le pria de m'en envoyer copie. Ce qu'il fit. — Dans une lettre en date du 5 mai 1904, elle m'écrivit qu'elle a « *mitigé* les dires de Mgr Bianchi ; les ordres qu'il donnait à la Supérieure de la Visitation ». Mais elle n'a pas reculé devant l'obligation de faire connaître la *source empoisonnée* d'où le mal est sorti et continuerait de sortir, si elle n'était enfin connue. Dès le 21 février, elle m'annonçait ainsi cet écrit qu'elle commençait huit jours après :

« L'honneur n'est dû qu'à DIEU !... le vouloir pour soi et avec excès, c'est l'orgueil au plus haut degré, c'est de l'idolâtrie... Le P. Berthier me fait mentir en disant que jamais Léon XIII n'avait *ordonné* à Mgr Fava d'accepter la Règle de la Sainte Vierge, tandis qu'il n'était pas présent au Congrès ni à l'audience du Pape ! De ce fait, s'il plaît à DIEU, je vais écrire ce qui s'est passé dans le Congrès et auprès du Saint-Père. »

Voici le document :

« ... [Cusset, Allier], ce 28 février 1904.

A Monsieur l'abbé H. Rigaux,

Curé d'Argœuves.

par Dreuil-les-Amiens (Somme).

Mon très Révérend et très cher Père,

Que Jésus soit aimé de tous les cœurs !

Je vous avais promis, cela plaisant à DIEU, de mettre par écrit mon voyage à Rome, ce qui l'a précédé, le Congrès tenu au nom du Saint-Père par son Eminence le Cardinal Ferrieri, Préfet de la Congrégation des Evêques et Réguliers, ce qui s'y est dit, mon audience privée auprès du Saint-Père et ce que nous avions dit, mon entrée chez les Salésiens (Visitandines), puis ma sortie et ce qui a suivi.

Jusqu'à présent je n'ai pas pu écrire cela, par cause de maladie. Que le bon DIEU soit béni de tout !

I

En l'an de grâce 1878 et, je crois, en octobre, un matin après la Sainte Messe, le Révérend Père Fusco me dit avoir lu dans un journal l'intention de Mgr Fava, évêque de Grenoble, de venir à Rome pour faire approuver *sa* Règle pour les Pères et pour les Sœurs de la Montagne de la Salette.

A cette nouvelle je dis : « Pour avoir ma conscience nette, je vais me hâter d'écrire la Règle de la Très Sainte Mère de DIEU et l'envoyer au Saint-Père. » — « Je la porterai moi-même à Rome, dit le Père Fusco. » Et tout se fit comme nous avions dit.

Un mois environ s'était écoulé, quand, un Dimanche, mon saint Evêque, Mgr Pétagna, me fit savoir qu'il désirait me parler. Je me rendis à l'Evêché. En montant les escaliers, je rencontrais des bons vieux chanoines qui versaient des larmes et disaient : « Il aurait mieux fait de rester dans son Diocèse et ne pas venir tuer notre Evêque. Si ce n'était sa soutane je l'aurais pris pour un gendarme hautain, impérieux. » D'autres chanoines me dirent : « Par charité, faites finir les cruelles instances de l'Evêque de Grenoble auprès de Mgr Pétagna déjà assez

de la Salette n'est qu'un tissu d'impiétés, de mensonges et d'extravagances ! » Ce blasphème fut répété par nos Semaines Religieuses et nos journaux Catholiques. Mgr G*** ne s'en tint pas là. Parlant de la Salette, il dit à ses petits séminaristes, devant leurs professeurs : « *Jé né crois pas à toutes ces bé-étises* (sic) ! »

---

malade. » — Je demandai la raison des *ordres* que l'Evêque de Grenoble donnait à mon saint Evêque. — On me dit : « L'Evêque de Grenoble, avec un air de puissante autorité, *ordonne* à notre saint Evêque de vous obliger, de vous contraindre d'aller dans son Diocèse, etc., etc. » — J'entre, et pour la première fois je voyais Mgr Fava.

L'Evêque de Grenoble était accompagné d'un prêtre, que je sus, plus tard, être le Père Berthier, un des missionnaires de la Salette.

Mgr de Grenoble me dit, qu'il avait entendu dire que j'étais ici et qu'il était venu de bien loin pour me voir. — Je le remerciai. — Mon saint Evêque, déjà malade, se sentait épuisé et avait besoin de repos et surtout de tranquillité d'esprit. Un domestique vint lui dire que sa chambre était préparée, s'il avait besoin de se reposer. Alors mon saint Evêque me dit : « Mgr de Grenoble et le R. Père Berthier prendront leur repas chez vous, parce que, ici, depuis que je suis si souffrant, on ne prépare rien, on ne se met plus à table. » — Je dis à mon saint Evêque, en lui exprimant mon regret pour son état maladif, que je le remerciais de l'honneur qu'il me procurait d'avoir Monseigneur et ce digne Prêtre chez nous ; et le priai de me permettre de me retirer, afin que chez moi on pût préparer le nécessaire. — Mon saint Evêque remarquant le mutisme de Mgr Fava sur ce qu'on venait de combiner, crut qu'il n'avait pas compris. Il le répéta une deuxième fois, puis, une troisième fois, et je revins chez moi afin de tout préparer pour le déjeuner de midi.

A midi arrive Mgr de Grenoble avec le P. Berthier. Sa première parole fut : « Je suis venu à Rome pour trois raisons : pour faire approuver ma règle pour les Pères et pour les Sœurs ; pour obtenir le titre de Basilique à l'Eglise de la montagne de la Salette, et faire faire une NOUVELLE STATUE de Notre-Dame, semblable au modèle que j'ai apporté ; parce que, voyez-vous, aucune statue ne représente bien la Sainte Vierge, qui ne devait pas avoir un fichu ni un tablier ; et tout le monde murmure et désapprouve ce costume des femmes de la campagne. Le modèle que j'ai fait exécuter est bien mieux ! D'abord, elle ne portera pas de croix... parce que, voyez-vous, cela attriste les pèlerins, et la Sainte Vierge ne devait pas avoir de croix... » — J'étais effrayée ; c'est à peine si j'ai pu lui dire : « Et au bas de votre statue, Monseigneur, vous écrirez en grosses lettres : **Vierge de la vision de Mgr Fava !** » — On appela pour nous mettre à table.

Après le repas, l'Evêque de Grenoble ouvrit un balcon pour voir la campagne et surtout le Vésuve que nous avions en face. Sa Grandeur me demanda qui nous avions pour voisin à côté de nous. Je lui répondis que nous étions seules.

— « Oh ! mais vous êtes princièrement logés ! » Et il se mit à parcourir les pièces. Il sortit sur la terrasse qui servait, quand il ne pleuvait pas, de lieu de récréation à mes élèves. Il contempla encore longtemps le Vésuve, la mer et le paysage... Après quoi il rentra, non sans avoir ouvert et examiné ma chambre de travail ; et, en voyant tant et tant de lettres sur mon bureau, il me dit : « Mais votre correspondance est bien plus nombreuse que la mienne ! D'où vous viennent toutes ces lettres ? » — « De toute l'Europe, Monseigneur. » — « Vous êtes logée dans un palais trop beau ! Sans sortir vous avez de quoi vous promener... »

Après environ trois quarts d'heure où une heure, Monseigneur dit qu'il allait souhaiter le bonsoir à Mgr Pétagna, puis reprendre le train pour Rome : « Oh ! elle sera ravissante de beauté MA statue : toute en marbre, avec un beau manteau

— Le voilà devenu archevêque de B***, et nommé Cardinal. Il fait *spirituellement* des promesses aux uns et aux autres, qu'il réalisera, dit-il, dès qu'il aura le... *Chapeau*, et part pour G***, revoir son ancien palais épiscopal, et sacrer, le 1er août 1889, Mgr B***, son

---

qui l'entoure ; pas de souliers, pas de crucifix, cela attriste trop : la Sainte Vierge ne devait pas être accoutrée comme vous avez dit. » — « Eh bien, Monseigneur, lui ai-je dit, si le bon DIEU m'envoyait sa Providence, je ferais faire une peinture, où la Très Sainte Vierge Mère de DIEU serait représentée au milieu de deux resplendissantes lumières, et vêtue telle qu'elle est apparue sur la Montagne de la Salette. » — Et Mgr Fava s'en alla ainsi que le P. Berthier.

Dans l'après-midi avancée, une personne envoyée par mon saint Evêque vint me dire que mon saint Evêque avait quelque chose à me communiquer.

— Je demandai à cette personne si Mgr de Grenoble était parti. — « Heureusement il partait, répondit-elle, quand un messager a ouvert la porte et remis à Mgr Pétagna un pli venant de Rome pour vous être communiqué. Alors il est rentré, et il voulait absolument savoir le contenu de la dépêche. Il fait bien de la peine à notre Monseigneur. » — Je partis avec la même personne pour l'Evêché.

Arrivée à la porte je lui dis : « Sans doute que Mgr l'Evêque de Grenoble sera resté : entrez, et dites à notre Mgr Pétagna que la personne l'attend. » — Ainsi fut fait.

Mon saint Evêque vint à moi avec la dépêche et, à demi voix, il me dit à peu près ceci : « Le Saint-Père désire vous parler. Voici la dépêche en ce qui vous concerne :

« Si Mélanie n'est pas malade et qu'elle puisse venir à Rome, Sa Sainteté voudrait lui parler. Si elle ne peut pas venir, qu'elle envoie tout ce qui se rapporte à la fondation du nouvel Ordre religieux des Apôtres des derniers temps. »

Je demandai à Monseigneur quand il voulait que je parte.

« C'est aujourd'hui dimanche, dit-il, et aussi trop tôt à cause de vos préparatifs. Il n'y a rien qui presse. »

A ce moment l'Evêque de Grenoble s'amène et dit : « Monseigneur, je crois que vous avez dit à Mélanie *toute* la dépêche, vous pouvez bien me la dire *à moi*. »

Et mon saint Evêque répondit humblement : « Excusez-moi, Monseigneur, il y a dans la dépêche des choses pour elle et pour moi. Ce qui n'est pas un secret, c'est qu'elle est mandée à Rome.

— Ah bien ! Et savez-vous pourquoi ? ce qu'elle va y faire, Monseigneur. ? »

Silence de mon saint Evêque.

« C'est très bien, nous partirons ce soir ensemble. »

Alors je dis : « Je ne voyage pas le Dimanche. »

Mgr de Grenoble : « Mais vous devez obéir au Pape !

— Le Saint-Père ne m'a pas dit de partir au reçu de la dépêche. »

Regardant mon saint Evêque il lui dit : « Il faut lui commander de partir ce soir avec moi, Monseigneur.

— Monseigneur, elle ne peut pas partir comme cela. Il faut bien, si elle a quelque chose à préparer, lui en donner le temps.

— Obéissez ! obéissez ! Vous savez que je suis l'Evêque de Grenoble ! et j'ai tant de choses à vous apprendre, à vous dire et à vous demander. Voyez, c'est ce soir, à dix heures, que nous devons prendre le chemin de fer pour Rome. Vous vous y trouverez, n'est-ce pas ?

— Je ne sais pas, Monseigneur.

— Ah! mais il le faut!... Monseigneur, s'écria-t-il, obligez-la, commandez-lui de partir ce soir avec moi. »

Mon saint Evêque, pâle comme la mort, lui répondit : « Je n'ai pas l'art de commander aux personnes qui obéissent au moindre signe. Pas plus que le Saint-Père je ne puis savoir si elle a quelque préparatif à faire avant son départ. »

successeur sur le siège de G***. Chemin faisant, il trouve encore à promettre « pour quand il aura le *Chapeau* (sic) ». Le 9 août, jour fixé pour son départ, il se trouve un peu indisposé... Le 15, on le laisse seul un instant. Tomba-t-il de son lit? Quand on rentre on voit à

Pour en finir, je dis que je me retirais. Il était nuit.

L'Evêque de Grenoble en me disant : « Au revoir, à dix heures ! » rentra dans le salon, et je pus parler et prendre l'obéissance de mon saint Evêque qui me dit : « Monseigneur de Grenoble me conduira dans la tombe. Si vous pouvez, partez ce soir pour me l'enlever d'autour de moi. Je vous donnerai le Père Fusco et votre compagne. Vous partirez quand vous pourrez ce soir, et que le bon DIEU vous bénisse. »

Arrivée chez moi, nous nous concertons, croyant que je ne resterais que deux ou trois jours à Rome. Comme j'y avais envoyé la Règle de la Mère de DIEU depuis environ un mois : « Je crois, dit le Père Fusco, que vous êtes mandée pour s'entendre au sujet de la fondation des Apôtres des derniers temps. Car l'Evêque de Grenoble nous a dit à l'Evêché, qu'étant allé à la Sacrée Congrégation des Evêques et Réguliers pour qu'on se hâte d'approuver sa Règle, le cardinal Ferrieri lui avait fait entendre qu'en ce moment Il était très occupé, et que Monseigneur pouvait, pendant au moins huit jours, passer son temps à visiter les monuments de Rome et des environs. Voilà pourquoi l'Evêque de Grenoble est venu ici. »

Nous combinâmes alors de prendre à Castellamare le train de neuf heures du soir.

A dix heures nous étions à Naples. Nous dûmes attendre le train qui partait pour Rome. Permission de DIEU!... l'Evêque de Grenoble arrive tout essoufflé :

« Il y a une demi-heure que je vous cherche!... Eh bien, venez, nous allons prendre place. »

Je remerciai Monseigneur et lui dis que nous voyageons toujours en troisième classe.

« Mais, dit-il, est-ce qu'il y a quelqu'un avec vous?

— Un prêtre et ma compagne, Monseigneur.

— Ils peuvent se mettre dans un autre wagon, dit Monseigneur. Donnez-moi votre billet, j'y ferai ajouter un supplément de première classe. »

Je lui dis que mon saint Evêque ayant eu la bonté de me donner ces personnes pour m'accompagner, je ne pouvais pas m'en séparer.

Presque fâché, Monseigneur dit : « Je paierai encore un supplément pour eux. Mais savez-vous pourquoi vous êtes mandée à Rome? »

Je répondis : « Non, et je ne m'en inquiète pas. »

Nous partons. L'Evêque de Grenoble, qui avait tant de choses à dire, ne me dit rien. Mais j'étais bien peinée de voir que le P. Fusco et ma compagne étaient regardés de travers et, on aurait dit, avec colère.

Le P. Berthier n'avait pas l'air satisfait : il n'avait pas réussi en fermant la portière, afin que mes compagnons ne pussent monter dans notre compartiment: aussitôt la porte s'était ouverte, et le P. Fusco en entrant avait dit :

« Excusez-moi, Monseigneur, si je prends la liberté d'entrer ici; c'est pour me conformer à notre Mgr l'Evêque de Castellamare, qui désire que je ne quitte pas Sœur Marie de la Croix. »

Et l'Evêque de Grenoble n'avait rien répondu.

Lundi, à sept heures du matin, nous arrivions à Rome, et là, nous nous séparâmes. Monseigneur et le P. Berthier s'en allèrent au Séminaire Français, il me semble; et nous fûmes dans une Eglise, où le P. Fusco célébra la Sainte Messe. Après, nous fûmes loger dans un hôtel, où nous demeurâmes, je crois, plus de huit jours.

des traces qu'il s'était accroché au tapis et aux meubles
avec désespoir. Il était mort [1]. Ses restes sont ramenés

(1) Le récit de cette mort va, bien entendu, à l'encontre d'une version imaginée *après coup*, mais nous tenons le fait de témoin oculaire digne de foi et défions
les personnes qui sont entrées dans la chambre, avant qu'elle fût *disposée*, de nous
démentir. Nous ne craignons pas plus un démenti pour le fait précédent.

Dès le premier jour, je fis annoncer
mon arrivée au Cardinal Ferrieri, pour
me mettre à sa disposition. Son Eminence
me fit dire qu'il m'avertirait d'avance,
pour le jour qu'il aura besoin de moi.

Nous étions donc en liberté, tous les
jours après la Sainte Messe ; et nous
passions les après-midi agréablement en
Dieu, en visitant les belles Eglises de la
Maggiore, di S. Paulo hors les murs,
l'Eglise qui a un grand tableau repré-
sentant Notre-Dame de la Salette, et les
Catacombes. Mais nos premières visites
furent aux personnages connus de nous
pour être très croyants, très dévots à
Notre-Dame de la Salette, par exemple :
leurs Eminences les Cardinaux Consolini
et Guidi, qui, gracieusement, m'offrirent
leurs services dans n'importe quelle
circonstance. Et je leur remis, à l'un
comme à l'autre, une copie du Secret
que je voulais publier avec l'*Imprimatur*
de Mgr Pétagna, mon saint Evêque de
Castellamare di Stabia.

L'Evêque de Grenoble, avec une bonté
grande, envoyait tous les jours, souvent
deux fois par jour, le P. Berthier pour
prendre de nos nouvelles ; et surtout ce
dernier s'informait beaucoup auprès du
Maître d'hôtel, si nous nous absentions
souvent, si nos absences étaient longues,
s'il savait où nous allions, ce que nous
faisions et si nous recevions des visites.
— Un jour, je crois le troisième, le maître
d'hôtel nous dit :

« Le prêtre qui vient tous les jours et
qui est avec l'Evêque de Grenoble est
venu me dire, de la part de cet Evêque,
qu'il se chargeait de me payer toutes les
dépenses que vous ferez ici, et pour tout
le temps que vous resterez à Rome. »

Pour ne plus y revenir, je dis ici que,
lorsque je dus entrer chez les Salésianes
et mes compagnes retourner à Castellamare, je priai le maître d'hôtel de vouloir
bien faire tenir la note de notre dépense
à l'Evêque de Grenoble. L'Evêque

répondit qu'il ne connaissait pas cette
note. Le maître d'hôtel lui rappelle la
promesse qu'il lui avait faite par deux
fois. L'Evêque ne voulut rien entendre.
Ce pauvre maître d'hôtel n'en revenait
pas d'étonnement. Je pris alors la note
et je payai, tout en consolant ce pauvre
monsieur.

Il faut encore dire ici ce que je n'ai su
de bonne source qu'après : Mgr de Grenoble ne perdit pas son temps après notre
arrivée à Rome. Il se rendit dans les
Sacrées Congrégations, chez des Cardinaux, des Evêques, pour savoir dans
quel but, pour quelle raison la Bergère
de la Salette « a été mandée à Rome ».
Et s'il n'obtenait pas satisfaction, il
allait s'informer ailleurs. Quelqu'un lui
dit que le Cardinal Ferrieri avait la
Règle que la Sainte Vierge a donnée à
Mélanie, et que « le Secrétaire du Cardinal Ferrieri, Mgr Bianchi, doit être
bien pour savoir ces choses ». Quand
l'Evêque de Grenoble eut cette lumière,
il chercha Mgr Bianchi, qui lui annonça
qu'il y avait un Congrès pour cette
affaire. L'Evêque de Grenoble reconnut
en Mgr Bianchi l'homme capable de l'aider pour combattre contre « la Règle de
Mélanie ». L'Evêque de Grenoble chercha (ou acheta, m'a-t-on dit) d'autres
prélats.

II

Vers la fin de la semaine, le Cardinal
Ferrieri me fit dire le jour et l'heure
que j'étais attendue. Nous arrivons dix
minutes plus tôt. Nous restâmes pendant
ce temps dans la salle d'attente. A
chaque instant on sonnait ; c'étaient
toujours des évêques, et la personne
chargée de la porte leur disait :

« Son Eminence ne reçoit pas : il y a
un Congrès extraordinaire... »

Ce fut là, pour la première fois, que
je sus que je venais à un Congrès. Il y
eut deux ou trois Evêques, l'un après
l'autre, qui insistèrent pour entrer, et

VUE DU LIEU MÊME DE L'APPARITION

DE L'ÉGLISE, DU COUVENT, DU MONT PLANEAU (INDIQUÉ PAR UNE CROIX AU SOMMET), ET DU MONT GARGAU DANS LE LOINTAIN

La première pierre de l'Église a été posée, le 25 Mai 1852, par Monseigneur l'Évêque de Valence assisté de Monseigneur de Bruillard — Le sentier parcouru par la Sainte Vierge le 19 Septembre 1846 est indiqué par 14 Croix, qui conduisent du petit Monument de l'Assomption à la Fontaine Miraculeuse à B***, où des funérailles pompeuses, 24 août, l'attendaient. On ne s'est jamais expliqué comment, au cours de la cérémonie funèbre, la lourde bière roula du haut de son splendide catafalque et tomba sur le sol avec un bruit de tonnerre répercuté sous les hautes voûtes

---

l'un d'eux disait avoir été invité par l'Evêque de Grenoble. On ne les laissa pas entrer.

L'heure est passée, l'Evêque de Grenoble ne venait pas. Le Cardinal Ferrieri me fit entrer et m'asseoir à côté de lui ; tandis que son secrétaire, Mgr Bianchi, feuilletait des papiers.

Le Cardinal me dit :

« Y a-t-il longtemps que vous n'êtes pas allée sur la montagne de la Salette ?

— J'y suis allée en 1871.

— Les connaissez-vous ces religieux et leur genre de vie ?

— Je ne connais pas leurs personnes : ils ne m'ont jamais adressé la parole ; pas même pour se renseigner sur la sainte Apparition. Quant à leur genre de vie, privée ou publique, par entendu dire, ils ne sont que des médiocres séculiers, sans foi, sans zèle, ne s'occupant qu'à amasser de l'argent, jaloux, calomniateurs et de cœur dur. Cela m'humilie, Eminence, parce que c'est bien plus fort que cela ce que je ferais et serais, sans la Divine grâce.

— Avez-vous vu ? Avez-vous été témoin de quelque chose qui ne soit pas selon Dieu ?

— Je dirai, Eminence, que ce qui m'a frappée, ce qui m'a péniblement impressionnée : c'était, je crois, en 1854 : pendant que l'Evêque de Grenoble cherchait le moyen de se débarrasser de moi par l'exil, il m'envoya, pour environ un mois, sur la montagne de la Salette. C'était en février. Malgré la neige et le mauvais chemin, tous les jours, quelques pèlerins arrivaient à dos de mulet. Un jour arriva une riche dame. Alors tous les Pères allèrent à sa rencontre avec force cérémonies ; et comme le muletier voulait entrer aussi, parce qu'il était porteur des bagages de cette Dame et que, d'ailleurs, il avait besoin de se reposer et de prendre quelque chose, un Père prit le bagage et ferma brusquement la porte au nez du pauvre muletier, qui était transi de froid. Il vint entendre la Messe à genoux. Vers la fin du Saint Sacrifice, cet homme tomba avec fracas. Je vais à lui pour l'aider à se relever et le fis asseoir. Or, ni les Pères, ni les personnes attachées à leur service ne se déplacèrent : ni, après la Messe, ne lui offrirent quelque chose à boire. Ah ! si j'ai regretté d'être trop pauvre, c'est ce jour-là, je n'avais pas un centime ! Je descends et rencontre Mme Denaz, qui me dit :

« Allez à la cuisine, vous y trouverez votre café ».

J'y cours, je prends ma tasse et vite la porte à ce pauvre homme. Après, en me remerciant, il me dit :

« Vous m'avez remonté. Quand je suis parti de Corps, c'était trop matin. Et puis, marcher dans la neige pendant trois heures, c'est fatigant. Cette Dame m'avait bien dit de demander quelque boisson aux Pères, et à sa charge ; ils ne m'ont pas laissé entrer ; et vous allez voir qu'ils se feront bien payer pour ce que je n'ai pas pris. C'est toujours comme cela que font ces Pères ; aussi, ils ne sont pas aimés. »

Je reporte ma tasse, et Mme Denaz (elle était la belle-sœur d'un des Pères) me dit :

« Je suis sûre que vous n'avez pas pris votre déjeuner, que vous l'avez fait prendre au muletier. Si vous restez longtemps ici, la maison serait bien vite sans ressources, et nous serions réduits à manquer de tout. »

Quelques jours après, parmi les pèlerins qui arrivèrent, s'y trouvait un pauvre qui demandait l'aumône aux étrangers. Par cas, je me trouvais dans le magasin des Pères, quand le pauvre mendiant, avant de quitter la sainte Montagne, voulut acheter une simple médaille de Notre-Dame de la Salette. La personne qui tenait le magasin met

de la cathédrale. La foule se retira épouvantée et n'assista pas à l'inhumation qui se fit... *la nuit !...*

Un curé du canton de Corps, après la note des Semaines Religieuses sur la prétendue condamnation de la brochure de Mélanie, en *brûla* un tas sur l'une

---

la médaille sur le comptoir : le pauvre la prend et la baise avec amour, et la personne prend le sol, mais s'aperçoit que ce n'est qu'un demi-sol ! Vite, vite, elle rappelle le pauvre, lance contre lui son demi-sol, et se fait rendre la médaille (les demi-sols étaient alors en circulation dans tous les commerces de France).

Le pauvre avait beau dire qu'il n'avait que ce demi-sol, la personne était inflexible. Pour en finir, je donnai le sol et pris la médaille que je donnai à cet homme. Là-haut on ne sait pas, quand on donne aux pauvres, qu'on prête à DIEU.

Par cette occasion de me trouver dans le magasin des Pères, je voulus m'assurer si, comme ils me l'avaient dit, ils ne vendaient absolument que des objets de piété. J'y trouvai des bijoux pour ornements des dames, des tabatières, etc., etc.

Il me semble, Eminence, que sur ce lieu saint, où la Très Sainte Vierge a versé tant de larmes, où elle nous a rappelé l'observance de la sanctification du dimanche, il me semble, dis-je, que si ces Pères étaient pénétrés de la hauteur de leur mission, ils sacrifieraient leur avarice, et seraient les premiers à donner le bon exemple, en fermant leurs marchandises les saints jours de repos. »

Voici Mgr de Grenoble qui arrive : il salue en militaire avec la main au front. Il y a une petite discussion à la porte : c'est le P. Berthier qui veut entrer. On ferme la porte, et tous nous nous asseyons. Le Congrès commence.

Le cardinal Ferrieri dit :

« Eh bien ! Monseigneur, on dit que vous avez fait une Règle pour vos missionnaires.

— Oui, Eminence.

— Et saviez-vous que la Sainte Vierge en avait donné une à Mélanie ?

— Oui, Eminence, mais ma Règle est bien autre que celle de Mélanie.

— Et comment cela vous est-il venu

en tête, de faire une Règle, tandis que vous saviez que la Très Sainte Vierge en avait donné une à Mélanie ?

(SILENCE DE MGR FAVA.)

— Mais, au moins, vous avez consulté Mélanie pour faire votre Règle ?

(SILENCE DE MGR FAVA). »

Le cardinal s'adressant à moi me dit :

« Est-ce que Monseigneur ne vous a pas consultée quand il fit sa Règle ?

— Non, Eminence, jamais.

— Eh bien ! nous ordonnons que Mélanie aille sur la Montagne de la Salette, avec la Règle qu'elle a reçue de la Sainte Vierge, et qu'elle la fasse observer par les Pères et les religieuses.

— Eminence, dit Mgr Fava, je n'accepterai la Règle de Mélanie, que quand l'Eglise m'aura **prouvé** qu'elle vient de la Sainte Vierge. »

Et Mgr Bianchi, secrétaire, qui, selon les lois et les règles ecclésiastiques, n'était ici que pour écrire les demandes, objections et réponses, mais **vendu,** dit :

« Eminence, vous ne savez pas que les Religieuses sont comme cela avec Mélanie ? »

En disant ces paroles il mit ses deux index l'un vis-à-vis de l'autre, en les faisant battre.

Alors je dis :

« Je n'ai jamais parlé avec les Sœurs qui sont là-haut. Comment pouvons-nous être en désaccord, je l'ignore ».

Son Eminence me demanda ce que je pensais de ce que venait de dire Monseigneur de Grenoble.

« Je me soumets en tout aux décisions de la Sainte Eglise ! »

Je compris bien, après, que j'aurais dû dire : « aux décisions du Saint-Père ». Ma bévue a été grande.

Monseigneur, désireux de savoir pourquoi les prélats qu'il avait achetés comme

des places de Corps en disant : « Puissé-je la mettre dessus ! » Il ne put tenir au feu impur qui le *brûlait*, partit peu après avec une fille pour l'Amérique.

Un autre prêtre du diocèse de Grenoble disait à Mélanie, en riant : « Qu'est-ce que la Sainte Vierge vous

---

avocats n'étaient pas venus, s'en alla, et, restée seule, je témoignais mon étonnement au cardinal Ferrieri, de la solennelle rébellion de Mgr Fava contre la décision du Saint-Père. Il me dit :

« Que voulez-vous, *les Evêques Français sont tous des Papes !* Nous sommes obligés de les ménager pour ne pas occasionner un schisme. Ils ne sont pas Romains Papistes. Nous les supportons pour éviter un plus grand mal... Ah ! si vous saviez combien nous avons à souffrir de leur part. »

Pour faire comprendre ce qui suit de la relation du Congrès, je dois dire que, depuis quelques mois, deux ou trois bons prêtres, désireux de se dévouer à l'œuvre des Apôtres des derniers temps, vivaient en communauté dans le premier étage du même palais que nous. Nous habitions le second étage, dans une autre aile du palais. — Il est bien, il me semble, inutile de dire que tout se faisait avec la bénédiction de Mgr Pétagna, de glorieuse mémoire. — Et pendant deux ou trois ans, j'ai payé le loyer de cet étage, avec les subsides que j'avais reçus pour la fondation de cette œuvre de la Mère de DIEU.

Ces bons Pères vivaient dans la retraite, la pénitence, la prière et l'étude sacrée. Ils ne montaient chez nous que pour les repas. — Un de ces Pères vit encore : on peut le consulter si on a quelque doute. — De tout cela je n'avais rien dit, ni rien laissé suspecter à l'Evêque de Grenoble, lorsqu'il vint chez moi à Castellamare di Stabia ; mais je pense que le fin Père Berthier ne perdait pas son temps, pendant que je m'entretenais avec Mgr Fava, et qu'il aura fait des questions aux personnes de la maison, et aussi à d'autres personnes qui, avec la meilleure bonne foi, l'auront mis en lumière. C'est pourquoi, Mgr Bianchi, dès que le cardinal Ferrieri eut terminé et qu'il se levait de son siège, dit :

« N'est-ce pas, Eminence, qu'il ne faut pas élever autel contre autel ? On dit que Mélanie a des prêtres, tandis qu'il y a les bons missionnaires sur la montagne de la Salette : elle élève autel contre autel.

— Oh ! non », dit simplement son Eminence.

Et je dis :

« Je ne crois pas, Monseigneur, élever autel contre autel. Les Pères de la Salette sont missionnaires de la Salette, tandis que ceux d'Italie sont les missionnaires de la Mère de DIEU, et ils observent sa Règle. »

— C'est mal, c'est mal, il ne faut pas faire cela », dit Mgr Bianchi.

Et nous nous séparâmes : le Congrès prit fin.

— En sortant, je retrouvai mes compagnons dans l'antichambre. Ils me racontèrent les vives instances du Père Berthier pour assister au Congrès, comme avocat de Mgr Fava ; ainsi que la fâcheuse mine de ce dernier, quand, en entrant, il ne trouva pas les Evêques qu'il avait invités. Par deux fois il demanda si un tel et un tel Evêque n'étaient pas venus. On lui répondit que beaucoup d'Evêques étaient venus, mais n'étaient pas entrés. Comme s'il fût furieux, il avait repris :

« C'est moi qui leur ai dit de venir ; ils l'avaient promis : ils étaient engagés. »

Et, s'adressant à la personne qui avait gardé la porte :

« Peut-être que les Evêques sont venus. Pourquoi ne sont-ils pas entrés ?

— Parce que j'avais la consigne de ne laisser entrer personne, Excellence. »

III

Comme toujours, le Père Berthier vint à notre hôtel prendre de nos nouvelles.

Le jour après, l'Evêque de Grenoble m'envoya chercher par le Père Berthier : Sa Grandeur voulait me faire visiter le le... je ne sais pas précisément si c'est

a dit des prêtres ?... » — Quelques jours après, une fille tirait sur lui un coup de revolver, parce qu'il ne tenait pas les promesses qu'il lui avait faites...

Le Supérieur d'un établissement français à Rome qui avait organisé la dérision de ce Secret qui, disait-il, *calom-*

---

le Collège ou le Séminaire Français : c'était là que logeait l'Evêque de Grenoble, et où les femmes n'entrent jamais.

Le Père Berthier croyait sans doute, et de bonne foi, que Lui, étant venu me chercher, je serais allée seule avec lui. Mes fidèles compagnons de voyage se trouvèrent à partir avec moi. Nous entrâmes dans le parloir, où Mgr de Grenoble attendait ; et son déplaisir, en voyant que je n'étais pas seule avec le Père Berthier, se manifesta sensiblement à nos yeux.

— « Eh bien ! me dit l'Evêque de Grenoble, vous voilà. Attendez un instant : je vais solliciter la permission pour **vous** au Supérieur ; puis nous visiterons le Séminaire. »

Et il s'éloigna.

Pendant ce temps je pensais :

« Monseigneur n'obtiendra pas la permission. Il me semble que c'est bien ici que se trouve ce Directeur (ou professeur) qui ne croit pas à la Salette ; il fait même du mal aux séminaristes. »

Je vois revenir Monseigneur. A son allure je vois qu'il n'est pas satisfait bien. Il dit quelques paroles à voix basse ; puis il vint à moi ; puis il me fit retirer à part, et me demanda ce que j'allais dire au Pape.

— « Je n'en sais rien, Monseigneur, car cela dépendra de ce que le Saint-Père me dira ou me demandera.

— Mais vous devez bien savoir un peu ce que le Pape vous dira ?

— Non, Monseigneur. Je n'ai pas encore pensé de penser à ce que me dira le Saint-Père.

— Ah ! vous n'êtes donc pas instruite : vous ne savez donc pas que le Pape n'est pas une personne comme une autre : et l'on doit penser, préparer ce que l'on a à lui dire.

— Ne sachant pas sur quel sujet, ni sur quoi le Saint-Père daignera me par-ler, je ne puis penser ; je m'abandonne, tout à la sainte volonté du bon DIEU.

— Eh bien, écoutez-moi bien. J'ai ici quelques billets de cent francs pour *vos menus plaisirs.* Si le Pape voulait vous faire faire quelque chose ; à tout vous répondrez au Pape : que vous ferez comme voudra l'Evêque de Grenoble et tout de la manière que voudra l'Evêque de Grenoble. Et si le Pape vous disait d'aller à tel endroit et faire telle chose ; vous lui direz : « Je veux aller là où l'Evêque de Grenoble me dira d'aller : je veux dépendre en tout de l'Evêque de Grenoble, qui est mon VÉRI-TABLE SUPÉRIEUR. » *Et ces billets de banque sont pour vos menus plaisirs.* »

Je répondis :

— « Monseigneur, je ne dirai au Très Saint-Père que ce que ma conscience me dictera au moment même que j'aurai l'insigne faveur de lui parler. Vos raisonnements sont bons, Monseigneur, mais ils ne sont pas les miens. »

Et l'Evêque de Grenoble qui m'offrait (mais il tenait toujours les billets de banque sur l'ourlet, sur le bord de son portefeuille), se mit à les renfermer soigneusement. Et nous nous séparâmes. Et il n'envoya plus à l'hôtel prendre de nos nouvelles.

En nous en retournant à notre hôtel, mes compagnons me dirent :

— « Pourquoi l'Evêque de Grenoble tenait-il en mains son portefeuille ouvert, tout le temps qu'il vous parlait ?

— C'est que Son Excellence voulait m'acheter. Le marché n'a pas réussi : il a gardé ses billets de banque, et moi ma liberté de conscience. »

Depuis ce jour je ne revis plus l'Evêque de Grenoble, ni le Père Berthier.

IV

Ce fut, à ce qu'il me semble, le *trois décembre,* que j'eus la grâce d'une audience avec le Saint-Père Léon XIII.

niait les prêtres, fut des premiers à le justifier. Il quitta Rome sans bruit, vint en France rejoindre un Evêque, et demeura quelque temps à Paris avant d'apostasier.

Un célèbre prédicateur qui, dans les Communautés et à moi-même, qualifia de « diabolique ce Secret qui

---

Mes deux compagnons m'avaient sollicitée de demander à Sa Sainteté la faveur de lui baiser les pieds. Hélas ! Hélas ! l'entourage du Saint-Père était prévenu contre nous !… Le Saint-Père seul ignorait les intrigues ; et de cela j'avais parlé à Son Eminence le cardinal Guidi, avant de me rendre chez le Saint-Père au Vatican.

Le Saint-Père me reçut avec bonté et me dit en bon français :

— « Bien ! Vous allez partir tout de suite pour la montagne de la Salette, avec la Règle de la Très Sainte Vierge, et vous la ferez observer aux prêtres et aux Religieuses. »

(Ces paroles du Saint-Père confirmèrent ma pensée, que le Saint-Père n'avait encore rien su de ce qui s'était passé au Congrès.)

— Que suis-je, Très Saint-Père, pour oser m'imposer ?

— Oui, je vous dis : Vous allez partir avec Monseigneur de Grenoble, et vous ferez observer la Règle de la Sainte Vierge.

— Très Saint-Père, permettez que je vous dise que, depuis longtemps, ces prêtres et ces religieuses vivent de la vie plus que séculière ; et qu'il leur sera très, très difficile de se plier à une Règle d'humilité, d'abnégation. Il me semble plus facile de faire cette fondation avec des personnes séculières de bonne volonté, plutôt qu'avec toutes celles qui sont sur la montagne ; et qui sont loin d'être de bons chrétiens.

— Ecoutez. Vous allez aller là-haut avec la Règle de la Sainte Vierge, que vous leur ferez connaître. Et ceux qui ne voudront l'observer, l'Evêque les enverra dans quelque paroisse.

— C'est bien, Très Saint-Père.

— Vous allez donc partir, et partir tout de suite. Mais comme, pour l'ordinaire, quand le bon DIEU daigne donner un règlement de vie monastique, il donne, il communique à la même personne l'esprit dans lequel doit être observé le Règlement, c'est pourquoi il faut que vous l'écriviez, quand vous serez à Grenoble, avant de monter sur la montagne de la Salette, et que vous me l'envoyiez.

— Oh ! Très Saint-Père, de grâce, ne m'envoyez pas à Grenoble, sous Monseigneur Fava, parce que je n'aurai pas ma liberté d'action.

— Comment, comment cela ?

— Mgr Fava m'ordonnerait d'écrire comme il veut, non comme veut l'Esprit-Saint.

— Mais non ! mais non ! Vous vous mettrez seule dans une chambre et vous écrirez. Quand vous aurez écrit bien des pages, vous me l'envoyez A MOI.

— Très Saint-Père, pardonnez si j'ose vous manifester mes difficultés : quand j'aurai écrit deux pages, Monseigneur de Grenoble m'ordonnera de les lui remettre ; et, sous prétexte de mieux faire, il changera le tout, en m'ordonnant de copier ses explications sur le mode de pratiquer la Règle de la Sainte Vierge.

— Oh ! mais non. Voici ce que vous ferez : Quand vous aurez écrit partout dans une feuille, vous la mettrez vous-même dans une enveloppe, que vous cachetez bien, et vous mettez mon adresse comme cela : ***Sa Sainteté le Pape Léon XIII ;*** que c'est moi (*sic,* en mettant sa main sur sa poitrine).

— Très Saint-Père, pardonnez si de nouveau j'ose manifester la répulsion que je sens en moi d'écrire sous l'autorité de Monseigneur de Grenoble. Sa Grandeur décachètera mon enveloppe, changera mes écrits, et fera copier sa réforme par une autre personne : de sorte que ce ne seront plus mes écrits qui parviendront à Votre Sainteté.

— Oh ! mais non. L'Evêque de Grenoble ne ferait pas cela !

découronnait le clergé », est venu mourir d'apoplexie à Vichy... Le Religieux qui vint chercher le corps me pria de taire les circonstances dans lesquelles ce Supérieur, que je croyais exemplaire, avait *découronné* sa vie.

— Très Saint-Père, j'ai passé par ces voies : le vieux serpent ne dort jamais !

— Et comment faire ?

— Envoyez-moi, Très Saint-Père, en tout autre pays, pourvu que je ne sois pas sous l'Evêque de Grenoble.

— Comment faire : j'ai donné ordre que vous iriez sur la Montagne de la Salette, pour faire observer aux prêtres et aux religieuses la Règle que la Très Sainte Vierge vous a donnée, et qu'avant de monter, vous écriviez les Constitutions que vous m'enverriez ? Et vous savez que, quand le Pape a donné un ordre, il ne peut pas revenir sur cela.

— Très Saint-Père, Notre-Seigneur vous a confié tout pouvoir sur la terre pour gouverner son Eglise ; or la terre est spacieuse pour aller et revenir.

— Ecoutez. Priez bien cette nuit ; et demain je vous ferai dire ma décision.

— Très Saint-Père, j'ai, dans la salle, le prêtre que mon saint Evêque de Castellamare a bien voulu me donner pour m'accompagner dans mon voyage, et une compagne : ils voudraient la faveur de votre bénédiction ».

Aussitôt, l'Evêque Camérier, avec ennui, dit deux paroles au Saint-Père, qui paraissaient être un refus. Moi, ayant compris, je fis de nouveau ma demande. Enfin le Saint-Père dit de les faire entrer.

V

Nous rentrâmes à l'hôtel. Il était nuit. En peu de paroles j'écrivis à mon Saint Evêque, pour lui souhaiter la bonne fête : il s'appelait XAVIER.

Le jour après, nous sommes allés de nouveau chez Son Eminence le Cardinal Guidi, pour lui rendre compte de mon entretien avec le Saint-Père ; du mauvais effet que m'a donné tout l'entourage de Sa Sainteté le Pape Léon XIII ; des difficultés éprouvées pour que mes compagnons pussent se faire bénir par le Saint-Père... ; et enfin, de la décision du Saint-Père, qui est que je restais à Rome pour faire mes écrits, etc., etc.

Son Eminence Guidi se montra fort étonnée et peinée, de ce que le Saint-Père n'avait pas reçu sa carte avec les quelques lignes qu'il lui avait adressées, et envoyées par son secrétaire, afin de l'avertir, de le prémunir des pièges, que les révoltés de la vérité de Notre-Dame de la Salette pouvaient lui tendre.

« C'est incroyable, disait Son Eminence, qu'ils aient arrêté mon écrit adressé au Pape. Et cependant, la personne qui a fait cela n'ignore pas la peine, la censure qu'encourt toute personne qui se permet de s'emparer d'une lettre venant d'un cardinal et adressée au Pape. C'est si vrai, que, même un cardinal, ne peut, en aucune manière, briser un cachet d'une lettre, ou d'un objet d'un autre cardinal. Ce qui m'est arrivé pour mon adresse au Pape est très grave. »

Mes compagnons racontèrent à Son Eminence ce qu'ils avaient vu avant mon audience ; c'est-à-dire les billets de banque que Monseigneur de Grenoble voulait me donner, à condition que je ne dirais au Saint-Père que comme il allait me dire, lui, Evêque de Grenoble ; et qu'après avoir été instruite, j'avais élevé la voix en protestant et disant que je ne parlerais ou ne répondrais au Saint-Père que selon ma conscience, et ce que le Divin Maître m'inspirerait dans le moment ; puis l'air courroucé de l'Evêque de Grenoble.

Je dis, entre autres choses, à Son Eminence, que j'avais commencé d'écrire les Constitutions, étant à Castellamare di Stabia ; et que je désirais avoir ce cahier ; comme aussi quelque lingerie ; parce que je ne savais pas combien de temps me prendront ces écrits. — Son Eminence, avec une paternelle bonté, dit à ma compagne :

« Envoyez tout ce dont Mélanie a

Le Vicaire Général de Mgr C... se flattait d'avoir travaillé avec succès, plus que personne, à *étouffer la Brochure de Mélanie* sous la note Catérini. — La *Croix* du 30 mars 1896 annonça ma troisième édition du « *Grand Coup* » *augmenté de la dite Brochure*, et la

---

besoin. Et vous me l'enverrez bien fermé, bien cacheté, à mon adresse, que voici. »

Et tous les trois nous reçûmes son adresse.

Puis Son Eminence ajouta :

« Mélanie, ayez soin, quand vous quitterez votre chambre où vous écrirez, de bien la fermer, de mettre la clef dans votre poche, toujours, toujours. »

En sortant de chez Son Eminence, nous nous dirigeons chez un papetier, pour acheter du papier, plumes, encre et divers objets que je mis dans un foulard.

Nous nous retirions à notre hôtel, quand nous rencontrâmes le Cardinal Ferrieri, accompagné de son Secrétaire, Mgr Bianchi. Il venait me chercher pour me conduire chez les Salésianes, *al monte Palatino*. Nous rentrons à l'hôtel, et là, seule avec le bon Cardinal Ferrieri, il me renouvelle, de la part du Saint-Père, que « Sa Sainteté désire que je ne reçoive personne, la curiosité des Romains étant grande : leurs incessantes visites au parloir m'empêcheraient d'écrire. Elle désire que je sois parfaitement libre, tant d'écrire des lettres et de les cacheter moi-même, que d'en recevoir sans qu'elles aient été décachetées par qui que ce soit »

Après nous partîmes.

(Il faut que je dise que j'avais averti ma compagne que, si je voyais de nouvelles scélératesses, je ne le lui ferais savoir qu'en deux mots, en langue grecque ; et c'est ce qui arriva).

Pendant tout le trajet, Mgr Bianchi m'exhorta à ne pas me laisser influencer par personne : « qu'à Rome, on ne croit pas que je sois libre dans mes actions ; et que, toujours, on voyait ces deux personnes près de moi, pour me donner des ordres. Qu'elles ont trop d'influence sur moi, etc., etc. »

— « Monseigneur, lui répondis-je, Monseigneur l'Evêque de Grenoble a eu la preuve que je ne me laisse pas influencer. Il a eu la preuve que je me laisse encore moins acheter, c'est-à-dire acheter ma liberté de conscience ; et, sans aucun mépris pour son caractère sacré, j'ai méprisé les billets de banque qu'il m'offrait, pour que je répète au Saint-Père la leçon qu'il venait de me donner. Je désire que DIEU l'éclaire ; qu'il entre dans la voie de la justice : sinon il sera foudroyé par les maîtres qu'il aura servis ».

Changeant la conversation, Monseigneur Bianchi me dit :

— « Qu'est-ce que vous portez là, dans ce paquet ?

— Des choses qui me sont nécessaires. »

Monseigneur me laissa. Nous arrivions au monastère.

Son Eminence le Cardinal Ferrieri me dit :

« J'ai une lettre du Pape pour la Communauté : pour vous présenter et vous recommander à ces bonnes religieuses. Entre autres recommandations, Sa Sainteté leur dit que vous devez avoir toute votre liberté, et la liberté de votre temps. »

Le parloir s'ouvre. Je remercie chaudement Son Eminence et j'entre.

Ma première visite fut au Très-Haut, dans son Sacrement d'amour. Puis je fus conduite dans ma cellule, vraie cellule de Visitandine, où les portes n'ont pas de serrure. Dedans, une petite table à écrire, deux chaises et un lit : c'est tout. Donc, je ne pouvais pas enfermer mes écrits sous clef, la sœur qui m'avait montré ma cellule s'étant retirée pour entendre la lecture de la lettre du Saint-Père,

VI

Trois ou quatre jours après, je reçus une lettre du P. Bernard, missionnaire de la Salette.

lettre de Mgr Zola certifiant que tout ce que j'avais écrit sur la Salette était bien exact. — Il fut trouvé **mort** dans un wagon de 1re classe, **tenant ce numéro de la** *Croix* **déployé sur ses genoux et dans ses mains.**

Sans m'étendre, je dis seulement que c'était une lettre de récriminations : « de ma désobéissance aux ordres du Pape, etc., etc. »

J'entrevis là l'action de l'Evêque de Grenoble et de Mgr Bianchi. Je rendis grâce à DIEU de m'avoir délivré de leurs mains. — Et surtout lorsque je compris la manière dont l'Evêque de Grenoble voulait se débarrasser de moi, ayant à Grenoble le P. Berthier pour complice.

Après environ sept ou huit jours, je reçus de ma compagne le cahier, mes papiers, la cire pour cacheter et un voile.

Ces diverses choses avaient été soigneusement enfermées dans une boîte en bois, adressée à Son Eminence le Cardinal Guidi, qui attacha de nouveau la boîte avec de forts rubans rouges, et scella le tout, et à plusieurs endroits, avec son sceau sur cire.

Ce fut la Supérieure qui m'apporta la boîte, en plein jour. Or, elle avait été ouverte et fouillée, les rubans étaient coupés et les cachets enlevés. J'en fis la remarque à la Supérieure, qui me répondit humblement : qu'elle était arrivée *comme je la voyais.*

Déjà j'avais remarqué que les lettres que je recevais avaient été ouvertes ; et de Castellamare di Stabia on m'avait fait comprendre, en langue étrangère, que mes lettres, envoyées de Rome, avaient été ouvertes, au cabinet noir de Mgr Bianchi.

Je dois dire, pour ne pas laisser croire coupable qui est innocent de bonne foi, que la Supérieure n'était pour rien dans les trames de Mgr Bianchi et de l'Evêque de Grenoble. Elle était une machine inconsciente dont se servait Mgr Bianchi.

J'écrivis à Castellamare, et de là on écrivit au Cardinal Guidi, qui envoya demander à la Supérieure : « Si elle avait reçu, pour agir comme elle faisait, un ordre supérieur ? — Elle répondit néga-tivement. — Il l'invita à « s'en tenir aux ordres du Pape ».

En attendant, j'écrivais de jour et une bonne partie de la nuit. Je désirais avoir terminé en deux mois.

Tantôt la Supérieure venait me dire d'aller faire quelques tours dans le vaste jardin ; tantôt elle me disait de tenir compagnie à une infirme ; tantôt d'aller visiter les caves, les souterrains du palais des Césars ; et tantôt de venir à la récréation. — Mgr Bianchi, qui, sans doute, voulait ma sanctification, donna de nouveaux ordres à la Supérieure. Il est inutile de prolonger cette narration... Quelques jours avant mon départ pour Castellamare, la Supérieure, qui déjà m'avait dit que Mgr Bianchi venait souvent demander de mes nouvelles, vint me faire presque des excuses : « Si quelquefois elle avait outrepassé la discrétion à mon égard. » — Je l'embrassai avec affection, en l'assurant qu'elle m'avait toujours traitée avec trop de bonté. Elle m'ouvrit son cœur : entre autres choses elle me dit :

« Le Saint-Père a envoyé, trois fois environ, le Cardinal Ferrieri pour savoir si vous écriviez ; si personne venait vous visiter ; et si le temps ne vous dure pas, étant enfermée. — Son Eminence paraît vous estimer beaucoup. Il m'a demandé des nouvelles de votre santé ; m'a recommandé de bien vous soigner. — Monseigneur Bianchi est venu très, très souvent, me demander bien des choses sur votre conduite dans la Communauté. Il me semblait tout irrité quand je lui disais du bien ; et me reprochait de ne pas assez vous faire pratiquer les vertus. Il m'avait ordonné de lui faire tenir toutes vos lettres, et aussi celles qui vous étaient adressées ; et, afin que vous ne voyiez pas qu'elles avaient été ouvertes, de ne vous les remettre que le soir, quand vous étiez à table. Il m'a commandé de vous humilier, surtout en public ; de vous contrarier, vous contredire en tout : « Faites-la aller

Le P. Henri B*** qualifiait la Règle de la Sainte Vierge que le Pape voulait leur imposer, de *Règle impraticable*, qui exige que les Missionnaires soient *sans ambition sur la moindre des choses passagères!*... — Envoyé en Norvège pour une fondation, il trouva « *pra-*

à vos offices. » Et dernièrement il me dit : « Tâchez qu'elle ne donne pas d'ambassade aux personnes qui viennent dans le Monastère. Quand elle se rend avec les religieuses, repoussez-la, dites-lui d'aller passer par où passent les mondaines. Ne lui faites garnir sa lampe du soir que pour une petite heure. »

Après que j'eus fini mes écrits, je les fis porter au Cardinal Ferrieri pour le Saint-Père, ainsi que ma lettre adressée au Pape, dans laquelle je lui disais que j'étais à la disposition de Sa Sainteté, pour aller où elle me dirait d'aller (1).

Quinze jours passèrent et je n'eus aucune nouvelle. Mais Mgr Bianchi est venu ces jours derniers : je l'ai connu au zèle de la Supérieure : cette fois-ci, on veut me faire Visitandine, on veut me cloîtrer. Déja j'avais reçu cette nouvelle d'un prêtre français, à qui Mgr Fava avait écrit : « Enfin elle est enfermée dans un cloître, d'où elle ne sortira jamais plus ! » — On avait compté sans le Très-Haut. Il est vrai qu'on a usé de

tout le possible et l'impossible. — J'écrivis de nouveau au Saint-Père, qui probablement, n'a jamais reçu mes lettres.

Je tombe malade : je garde le lit quelques jours seulement; mais les luttes continuaient bravement. La Supérieure était jeune : les plus anciennes religieuses étaient à leur aise avec elle. C'est pourquoi, lorsque la Supérieure entrait avec moi à la récréation, une sœur dit :

« Ma Mère, Mélanie est trop faible pour venir ici. Voyez : elle semble une déterrée. »

Et voyant que la Supérieure ne prenait pas garde, elle dit :

« Ma Mère, on nous a confié Mélanie bien portante ; et voyez-la maintenant ! »

Un autre jour, la même sœur lui dit :

« J'aimerais beaucoup que Mélanie restât longtemps, et même toujours avec nous ; mais pas aux dépens de sa vie ; et vous savez comme elle nous a été recommandée. C'est devoir de conscience d'avertir le Saint-Père du danger qu'elle court. »

En attendant, la lutte augmentait. Et par surcroît, il m'arrivait des lettres de la ville, où l'on me traitait de désobéissante, d'entêtée, de révoltée à la volonté du chef de l'Eglise, et presque d'une damnée !!!

Entre temps, la Supérieure vint me dire « qu'il ne convenait pas que je fusse sans voile dans la maison, tandis que les sœurs le portent ». Aussitôt je mis un voile sur ma tête, que je ne quittai plus. — Puis elle m'insinuait de me faire Visitandine. Je lui dis que le Saint-Père Pie IX avait dit à mon saint Evêque que, « pour remplir ma mission, je ne pouvais pas être cloîtrée ». — Une autre fois, la même sœur Placide dit à la Supérieure :

« Ma Mère, devant DIEU, pour la paix de ma conscience, je me décharge de la

---

(1) Peu de jours avant le départ de Mélanie, je pris la traduction de ces écrits, dont elle avait conservé le brouillon. La Règle des Apôtres des derniers temps, qui n'est pas d'une austérité *excessive*, est cependant de la plus haute perfection. — Ce n'est pas une bergère, surtout au milieu de ces tracas, qui a trouvé cette Règle et ces admirables Constitutions ; pas plus que ce n'était le soldat de Pampelune qui inventait les « Exercices spirituels ». DIEU a son cachet que nul ne peut imiter. Toutefois, Léon XIII lui ayant seulement dit d'écrire : « l'esprit dans lequel doit être observé le Règlement », l'enfant de Marie se tint modestement dans ce programme. — Le 5 juin 1904 elle m'écrivait : « Il me semble vous avoir dit, mon très cher Père, que ce manuscrit est incomplet. et bien incomplet. Il devra plus tard, se compléter sur toutes les œuvres que feront les Religieux, et s'étendre sur chaque article de la Règle de la Mère de DIEU. » Le brouillon que j'ai eu entre les mains avait six chapitres notés *Lasciato*, non moins remarquables que les autres. Leurs titres font penser que son *humilité* s'est refusée à les mettre au corrigé : « Du manger et du boire — Du Supérieur Général — Du Vicaire Général — Du Père Provincial — Du Père Visiteur — Du Moniteur du Supérieur Général. »

ticable » de mettre dans une ceinture autour de lui les rouleaux d'or qu'il portait, et *ne la quittait pas même la nuit*. Il tomba à l'eau et... coula à pic, grâce à cette peu *pratique* ceinture de sauvetage.

Un prêtre digne de foi me disait qu'il avait eu

---

responsabilité que la Communauté avait acceptée, du soin de Mélanie, pour vous la laisser tout entière : parce que ce n'est pas à nous de donner d'ordres à Mélanie : c'est aux personnes qui nous l'ont confiée.

— J'ai écrit, dit la Supérieure j'ai écrit deux fois. »

Enfin, le cardinal Ferrieri arriva ; et entre autres choses il me dit que le Saint-Père a décidé que je retourne à Castellamare : et que je pouvais écrire pour que quelqu'un vienne me prendre. Ce qui fut fait.

VII

Dès que je fus en route, hors du couvent, je demandai à ma compagne, s'il y avait encore, à Castellamare, des croyants au divin Message.

— « Oui, me répondit-elle, mais à Rome, Mgr Fava, Mgr Bianchi et le Père Berthier n'ont cessé et ne discontinuent de semer partout calomnies criminelles et erreurs.

— Ce qui se dit contre moi, repris-je, mes péchés le méritent ; et c'est un exercice de patience pour me bien faire entrer dans ma nullité. Quant au divin Message, il écrasera les ennemis du Très-Haut. Dieu ne dit-il pas, par la bouche de Jérémie, que sa parole est un feu ardent, et un marteau qui brise les pierres ? C'est pourquoi, qui s'insurge contre la parole de Dieu ne fait autre chose que d'être cause de la répandre davantage. »

A ce moment, arrivait à nous le bon Père Trévis, qui venait à notre rencontre. Entre autres choses je lui dis :

« Avant de quitter Rome, je voudrais voir la nouvelle statue de Notre-Dame de la Salette, que Mgr Fava est venu commander. »

Nous y allâmes.

Entrés dans les ateliers, nous vîmes diverses statues ébauchées. Une seule était finie. Mais aucune ne paraissait représenter une Vierge quelconque. Je dis au Père Trévis :

— « Mais où est donc la statue, modèle de Monseigneur de Grenoble ?

— La voici, me dit le monsieur qui nous faisait visiter son atelier.

— Mais non ! mais non ! Monsieur ; ça ne peut pas être Notre-Dame de la Salette ! Elle n'a rien qui lui ressemble.

— Cependant, dit le monsieur, elle est exactement faite sur le modèle que vous voyez là derrière, et que l'Evêque de Grenoble m'a donné. D'ailleurs, il doit être bien renseigné, comme Evêque du diocèse où l'Apparition eut lieu.

— Sa Grandeur Mgr Fava, oui, devait être renseigné ; mais le fait est qu'il n'a jamais interrogé aucun des deux bergers. Son modèle est donc tout entier fantaisiste : et avec raison vous pouvez mettre sur le socle de *sa statue : « **Statue de la vision privée de Mgr Fava !** »* Elle ne sera jamais la statue de Notre-Dame de la Salette, dont on ne voyait pas les cheveux, et qui portait une grande Croix sur sa poitrine. La Madone, par charité, par compassion, *est venue nous enseigner en paroles et en exemple*. Un jour Dieu vengera le mépris fait à sa divine Mère ! »

Nous nous retirions. Le monsieur, à voix basse, demanda à M. Trévis : « qui était cette Dame à l'air renseigné sur le costume de Notre-Dame de la Salette ? »

Comme j'allais quitter Rome dans la soirée, M. Trévis lui dit :

« C'est la Bergère de la Salette... »

Nous nous dirigeâmes à l'hôtel, et de là à la gare pour Naples. C'est alors que le Père Trévis et ma compagne dirent les intrigues, les calomnies que Messeigneurs Bianchi, Fava et le Père Berthier avaient répandues à Rome et en France par écrit. Tout cela ne me touchait pas : c'était tout à mon profit. Ce qui me bouleversait, c'était la fausse statue en marbre commandée par l'Evêque de

connaissance d'une trentaine de châtiments du même genre.

—

N'est-ce pas étrange cette multiplicité de fins tragiques, et toujours les mêmes, pour tant de personna-

---

Grenoble, et qui devait être couronnée, cette même année 1879, sur la Montagne de la Salette ! ! !

« Mon DIEU, ne permettez pas que l'erreur de l'Evêque de Grenoble et du Père Berthier triomphe.

« Vous, à qui rien n'est impossible, arrêtez les vains complots des ennemis de la vérité. Ayez pitié de votre peuple ; ayez pitié de l'aveuglement de beaucoup de vos oints ; convertissez-nous tous à vous, Seigneur JÉSUS ! »

Le soir, nous prîmes le train pour Naples-Castellamare di Stabia : et ce fut pendant ce voyage, que mes compagnons m'apprirent la nouvelle guerre que les journaux noirs faisaient à la divine Apparition, qui disaient :

« Qu'en versant d'abondantes larmes, lorsque j'étais auprès du Saint-Père, je lui avais déclaré n'avoir rien vu sur la montagne. »

Qui disaient :

« Que le Pape ne croyait pas à l'apparition, et que c'est pour cette raison que *le Pape* fait faire une statue qui ne représentera pas Notre-Dame de la Salette. »

Et qui disaient :

« Le Pape ne veut plus qu'on mette les enfants devant les statues de Notre-Dame de la Salette. »

Qui disaient :

« Mélanie n'a pas voulu obéir au Pape : elle est excommuniée. »

Qui disaient :

« Le Pape a emprisonné Mélanie à Rome. Elle fait du tapage. Elle veut sortir, et le Pape ne veut pas qu'elle sorte, etc., etc. »

VIII

Nous voici arrivés à Castellamare. Une profonde tristesse me serre le cœur : je ne retrouverai plus Monseigneur Pétagna, mon saint Evêque.

Il avait quitté la terre d'exil depuis quelques mois : il était allé recevoir la noble et sublime récompense que DIEU réserve à ses plus dignes Ministres : à ceux qui ont combattu le bon combat pour la justice.

Quelques mois après, les journaux et les imprimés pleuvaient de tous côtés, annonçant avec pompe : « *le couronnement de la statue en beau marbre blanc, exécutée sous les yeux du Souverain Pontife, selon le modèle que lui avait donné Mgr Fava ! !* »

Entre temps, je recevais de Rome une lettre et, le jour après, j'en reçus plusieurs de diverses personnes, de Rome aussi, qui, toutes, disaient à peu près ce qui suit :

« Je ne sais, chère Sœur, si vous avez entendu parler du bruit qui court à Rome ? On dit que, depuis mai dernier, la nouvelle statue de Monseigneur de Grenoble n'a pas été travaillée : parce que le sculpteur est atteint d'infirmité à un bras. »

Une autre lettre :

« Savez-vous, ma très chère Sœur, que le sculpteur de la Vierge de **Mgr Fava** a été frappé de paralysie aux bras ? »

Une autre :

« On vient de nous apprendre que le couronnement de Notre-Dame de la Salette n'aura pas lieu cette année, à cause d'un accident arrivé au Maître sculpteur, qui a une paralysie dans les bras : il n'a pas pu faire à temps son travail. Ou, si le couronnement a lieu, on couronnera le modèle en *craie* [plâtre], en attendant que la statue en marbre s'achève... »

Ce qui est **vrai**, c'est qu'en septembre 1879, on a couronné, **avec grande pompe**, le modèle [**en plâtre !**] de Mgr Fava, par la raison que la reproduction en marbre n'avait pas pu être terminée. On n'en disait pas la raison vraie.

lités si diverses, qui n'ont qu'une caractéristique commune et en définitive peu originale : leur opposition scandaleuse à la Règle des Apôtres des derniers temps et au Secret de la Salette ? — Ne serait-il pas à désirer, pour la thèse de nos adversaires, qu'ils pussent apporter

---

De plusieurs côtés on m'écrivait pour informations, et on me donnait les nouvelles qui circulaient en France, et qui venaient de Mgr Fava et du P. Berthier. Tantôt c'était que « le sculpteur avait dû s'absenter ». Tantôt c'était qu' « il s'était trop fatigué. On lui avait ordonné un certain temps de repos, etc., etc. »

Mais, dans mon cher pays des montagnes, où les journaux ne pénètrent pas, les chemins de fer les plus rapprochés étant à plus de quatre heures de voiture, on ne connaissait que ce que les Pères de la Salette, disaient, c'est-à-dire que :

« La statue en marbre blanc sera très ressemblante ; un chef-d'œuvre de l'art. Le modèle a été fait par Sa Grandeur Monseigneur l'Evêque de Grenoble ; et, sur ce modèle merveilleux, la statue sera faite, à Rome, *sous les yeux* du grand Pape Léon XIII. Les Bergers n'ont pas su rendre le costume de la Vierge. Notre grand Evêque, Mgr Fava, a mieux compris ; et il a pu rendre l'exactitude de ce costume du Ciel, dans son modèle qui est ravissant de beauté ».

Le jour du couronnement, les foules étaient accourues. Je laisse la parole à un témoin oculaire qui m'a raconté le fait :

« La Basilique était parée. La nouvelle statue, venue de Rome, était sur un reposoir élevé en plein air, elle était cachée par un rideau ou voile. Tout le monde palpitait du désir de voir la *vraie* Notre-Dame de la Salette. Les personnes qui se trouvaient au bas de la Basilique montaient sur leurs chaises, pour la voir des premiers. On trouvait l'office trop long. Enfin, on entend un bruit sourd. C'était la foule qui avait vu bouger le rideau. Enfin, voilà le rideau qui se baisse lentement. On ne voyait encore que la tête, quand les habitants de nos contrées s'écrièrent :

Ce n'est pas ça ! Ce n'est pas Elle ! Elle a ses cheveux éparpillés sur ses épaules. »

Le rideau continuait à descendre : et toujours, à mesure qu'on voyait plus distinctement, les personnes disaient avec étonnement :

« Oh ! ce n'est pas Notre-Dame de la Salette : elle n'a pas sa Croix.

« Oh ! on lui voit les mains, et elle a un manteau comme les demoiselles de Paris : ce n'est pas Elle, ce n'est pas Elle. »

Et ce fut une générale désapprobation, jusqu'à ce que le chant couvrit les murmures de tous ces braves gens. (1) »

Sœur Marie de la Croix, Bergère de la Salette.

Pour copie conforme, 18 mai 1904,

H. RIGAUX,

Curé d'Argœuves.

---

(1) Le cardinal Guibert, délégué de Léon XIII, ne voulant, à cause de son grand âge, monter les marches du reposoir, un missionnaire prit le Diadème et le plaça lui-même sur la tête de la statue de plâtre. On la mit au rebut quand la statue de marbre fut achevée : laquelle des deux est couronnée! Ni l'une ni l'autre!!! 1o Le Saint-Père ne couronne pas une statue en plâtre. 2o Il est *essentiel* que la couronne soit placée par le délégué : il peut se faire aider, mais il faut qu'il intervienne physiquement. 3o La statue doit être celle qui sera honorée.

Le décret du couronnement de Notre-Dame de la Salette n'a donc pas été exécuté! Quand on l'exécutera on couronnera la vraie statue de l'Apparition. La prière de Mélanie : « Mon DIEU ne permettez pas que l'erreur de l'Evêque de Grenoble et du P. Berthier triomphe etc. » ne pouvait être plus complètement exaucée : tout fut manqué ! même *le Discours* : Mgr Paulinier qui devait le prononcer se trouva fatigué : Mgr Fava LUT des tirades contre les francs-maçons! même *la Procession* : il n'y avait pas d'ordre dans cette foule mécontente, on ne put la faire! — Aucun miracle n'a été accordé aux prières faites devant cette statue : Mélanie avait dit : « La statue du faux couronnement ne fera jamais de miracle. »

au moins un petit miracle à son appui ? Car, il faut bien le reconnaître, la Mère de DIEU, tout simplement, est intéressée à la question.

Elle aurait changé son plan, de la sorte, comme à la dérobée. Ou tout au moins, elle aurait consenti, et sans protestation, à être desservie par sa messagère. Cette messagère aurait forfait à sa mission, elle aurait dit ce qu'elle ne devait pas dire, et cela sous le couvert de Celle qui l'avait authentiquement autorisée ?...

Mais nous serions irrésistiblement trompés ! Car, après tout, la Reine ne doit pas être à bout de puissance ; et son *devoir* était de démasquer la tromperie. Elle a accrédité son ambassadrice par un miracle reconnu de tous, par une intervention que personne dans l'Eglise ne songe à contester ; ne devait-elle pas, par une intervention similaire, signaler le retrait de ses pouvoirs à la messagère infidèle ? Et je dis : qu'on nous apporte donc la preuve de cette intervention pour réforme, pour retrait du mandat mal rempli ? Un miracle, rien qu'un tout petit miracle en faveur de la thèse contre le Secret ?

On ne paraît pas s'être épuisé d'efforts à la recherche de ce miracle, pourtant nécessaire... On a bien fait : car les miracles n'ont pas besoin d'être cherchés à la mode de la Drachme Evangélique... ils se montrent, ils éclatent, ils se révèlent tout seuls.

De fait, ils sont nombreux les miracles de la Salette ; et pas un pour condamner le Secret ni sa publication ; au contraire ! Et faut-il le prouver ? La preuve est plus que facile.

Vous le reconnaissez bien : c'est une sainte terreur qui conduit les âmes à Notre-Dame de la Salette. La Vierge nous a appelés par de maternelles et pressantes menaces. Et ces menaces sont rangées dans une double catégorie : le discours à haute voix et le discours secret, tous les deux suivis de l'ordre : « VOUS LE FEREZ PASSER A TOUT MON PEUPLE. »

Je le demande à vous tous qui vous êtes rendus à l'appel de MARIE : avez-vous été réellement épouvantés par la prophétie des blés avariés et des pommes de terre gâtées ? C'est-à-dire, avez-vous prié sous le coup des menaces du discours immédiatement publié ? Ou plutôt, avez-vous pu voir dans ces menaces autre chose que les prodromes des annonces à dévoiler plus tard ? N'avez-vous pas prié sous la terreur de ce qui était contenu dans le Secret ?

La foi catholique ne s'est pas trompée, c'est le Secret qui est le point le plus saillant et la fin immédiate principale de la Salette ; c'est le Secret, connu ou à connaître, qui a mis la ferveur dans les âmes ; c'est cette ferveur qui a été récompensée par les miracles. Tous les miracles ont été accordés à la foi au Secret : une foi implicite, dans le plus grand nombre des cas ; mais souvent aussi une foi *explicite*.

—

Dira-t-on : « **Le mépris qui a été fait de la parole de Marie** fut le crime d'un petit nombre, puisque, encore à cette heure, beaucoup de prêtres ignorent le Message de la Salette ? »

— S'ils l'ignorent, c'est par suite de ce crime. Les Juifs n'ont pas autrement ignoré leur Messie : l'opposition à sa doctrine, son excommunication, sa mort, le cri « **Nous ne voulons pas qu'il règne sur nous !** » furent le crime de quelques conducteurs du peuple ; mais tout le peuple rejeta la « Bonne Nouvelle », tout le peuple fut maudit [1].

Châtiments publics.

Nous avons étouffé le Secret de la Salette sous prétexte qu'il ne fallait pas *effrayer !* Cela nous empêche-t-il d'être effrayés aujourd'hui ?... Quelle dose de préjugés il a fallu dans la Fille aînée de l'Eglise, pour

(1) La brochure de Mélanie a été répandue à plus de cent mille exemplaires. Elle a été envoyée gratuitement à tous les prêtres de France. Mais ils l'ont lue la plupart d'un œil distrait, ou dans un esprit de critique, puis l'ont reléguée au milieu de leurs paperasses sans y plus penser. Ils *ignoraient* cette brochure dont aucune Semaine Religieuse n'a jamais parlé qu'avec mépris. Assurément, on méritait les châtiments déjà, mais en rejetant le dernier appel de la miséricorde, on les arracha de force aux mains de Dieu. Ce fut le « *Verebuntur filium meum !* » de l'Evangile : « *Verebuntur Matrem meam !* » incompris.

qu'elle en arrive à ces déroutes définives, à cet enlize-
ment général des âmes, malgré des dépenses d'énergie
dont personne ne peut voir les effets !... Cela serait-il
arrivé si nous avions écouté la Sainte Vierge ? Quelle
dose d'aveuglement a-t-il fallu pour étouffer depuis
25 ans ses maternels avertissements sous prétexte qu'ils
effrayaient ! Cela pouvait-il empêcher les malheurs d'aller
à leur adresse ?

Nous avons étouffé le Secret de la Salette sous
prétexte qu'il nous appartenait de juger du moment
opportun de le publier. La Sainte Vierge devait savoir,
au moins aussi bien que nous, à quelle époque il était
opportun de le publier : « MÉLANIE... VOUS POURREZ LE
PUBLIER EN 1858. » Quand DIEU donna l'ordre à Abraham
de lui immoler son fils... Abraham partit la nuit même,
de nocte consurgens ; bien qu'il fût opportun de remettre
à quelques années... Car à ce moment c'était la destruction de l'œuvre de DIEU, le renversement de sa promesse,
l'anéantissement de la vie de sacrifice du vieux patriarche : il fut béni pour avoir obéi. — Et dans notre
sagesse *humaine* nous sommes aveuglés, délaissés ; nous
ne savons où est le devoir : « DIEU ABANDONNERA LES HOMMES
A EUX-MÊMES ! »

Nous avons étouffé la Règle et le Secret de la Salette
en *frondant* l'autorité du Saint-Siège. « Ces E... Français, disait avec douleur le Cardinal Ferrieri, ce sont tous
des Papes !... » Et le Cardinal Caterini : « Ah ! si vous
saviez comme ces E... Français m'accablent ! Tenez,
voyez sur ma table ces montagnes de lettres. Il n'est pas
facile de les faire démordre quand ils ont quelque chose
dans la tête ! » Et à la même date, M. Dumay entrait au
ministère des Cultes, simple employé, *frondant* l'autorité des Evêques[1], présidant à l'expulsion des Religieux ;

---

(1) M. Dumay entrait en 1879 à la direction des cultes comme sous-chef de bureau, devenait l'année suivante chef de cabinet de M. Flourens, directeur, et fut enfin appelé lui-même à ces hautes fonctions, lorsque M. Bousquet passa aux douanes en 1887. Depuis, M. Dumay est directeur général, conseiller d'Etat en service extraordinaire et commandeur de la Légion d'Honneur. Dès 1880, simple chef de cabinet, il *présidait* à l'expulsion des Religieux.

la franc-maçonnerie nous fait par ce huguenot, marcher, et nous donne un franc-maçon, clerc-apostat, quand elle peut, pour « Supérieur » comme ministre des Cultes, auquel Evêques, Prêtres et Religieux obéissent très bien...

Nous avons étouffé le Secret de la Salette en menaçant le Cardinal Caterini de ne pas envoyer le denier de Saint Pierre, s'il ne faisait pas quelque chose (*sic*) pour empêcher de circuler la brochure que Mélanie venait de publier. Et Dieu a permis que le Denier de Saint Pierre, qu'on se vantait de richement entretenir à ce prix sacrilège, fût, *la même année,* dépouillé de ses riches réserves... Grâce à de pressants appels des Evêques, des *Missi Apostolici* et de la presse catholique ; grâce à des quêtes multipliées dans les églises, une nouvelle réserve avait pu être reconstituée... Elle fut volée au mois de juin 1901, près des appartements du Saint-Père, le jour même où l'on décidait de mettre à l'index *le seul* ouvrage qui propageait alors la brochure de Mélanie [1]. Et depuis le Denier de Saint Pierre se meurt.

Nous avons étouffé le Secret de la Salette sous prétexte qu'il découronnait le Clergé, et Dieu à qui seul est due la gloire, et qui proteste dans les Saintes Ecritures qu'il ne donnera sa gloire à personne, Dieu, à qui on ne permettait pas de justifier sa Providence, a permis que la presse révélât parmi nous des plaies honteuses et des scandales retentissants... — Sa Mère nous ayant parlé, nous ne devions songer qu'à l'obéissance : toute la sagesse humaine devait se taire. Le peuple, d'ailleurs, sait discerner les bons prêtres et ne peut qu'être scandalisé de voir tant d'efforts pour essayer de couvrir les mau-

---

(1) On dirait que J.-C. dont on voulait aider la Providence par de tels marchés, ait répondu que le prix de la parole de sa Mère ne resterait pas dans le Trésor : « *Non licet eos mittere in corbonam, quia pretium sanguinis est.* » — Les personnes peu renseignées sur la portée et la valeur exacte des prohibitions de l'Index crurent (c'était à prévoir) que la Brochure de Mélanie était condamnée. Les adversaires entretinrent si bien cette erreur, que le Secret fut définitivement discrédité, en France, aux yeux de tous les fidèles et même des prêtres ! — « *L'imprudence obstinée d'un prêtre inconscient a fait mettre cet ouvrage à l'Index, non à cause du divin Message qui y est* IRRÉPROCHABLE, *mais* HUMAINEMENT, *pour un fait* VRAI, *touchant un personnage, qui est raconté dans le* SUPPLÉMENT. » (Lettre de Mélanie, en date du 13 mai 1903, sur : Les Sources de vérité du divin Message.)

Le Mont Gargas (a droite), le Mont Obiou (dans le lointain), l'Eglise, le Couvent et le sentier (a gauche) suivi par les pèlerins qui arrivent de Corps

vais. Marie a parlé, a menacé, a pleuré : il faut qu'on entende ces paroles et ces menaces, qu'on voie ces pleurs. On a tort de croire inopportunes ces paroles d'une mère attristée et de jeter un voile sur cet auguste visage tout en larmes. Avec de bonnes intentions peut-être, au début, on avait dit : « Ces paroles sont dures ; ces larmes coulent sur des plaies qu'il est bon de ne pas laisser voir. » Comme si les paroles d'une telle Mère pouvaient être dures… Comme si pour panser ces plaies il y avait une main plus légère, un plus sûr remède que la main d'une telle Mère… On avait dit : « Il ne faut pas découronner le clergé ; il est imprudent à l'heure actuelle de jeter à la foule corrompue ces plaintes contre un ordre de personnes trop attaquées… » Il était plus imprudent encore de se croire plus prudent que la « Vierge très prudente ». Et il était bon que des voix sacerdotales appelassent l'attention de tous, même sur ces plaintes dont certains prêtres et religieux sont l'objet.

Qu'on se le dise avec franchise : Ce n'est pas impunément qu'on respire l'atmosphère de ce temps ; dans l'abaissement universel, il y a besoin de relèvement même pour les âmes qui par état et vocation appartiennent à Dieu.

Le clergé contemporain s'acquitte avec vaillance de son devoir d'enseigner les peuples. Il prêche, c'est son devoir et son droit : absorbé par cette œuvre, il n'est pas surprenant qu'il oublie un peu qu'il a parfois besoin d'être prêché lui-même. Certes, ce n'est pas le premier venu qui sera autorisé à lui rendre ce service… Que ce soit son honneur de le recevoir de celle qu'il se plaît à nommer la Reine du clergé.

Oui, malgré des répugnances trop compréhensibles, mais à cause de besoins trop réels, que cette voix de Marie soit entendue !… Découronner le clergé ! le clergé seul peut se faire à lui-même cet outrage ! Ceux de ses membres dont la couronne est intacte n'ont pas à craindre de la voir ternie par l'haleine de la Vierge qui parle… Les autres la béniront de cette voix que l'amour a fait parler... S'il en est qui dans leur cœur ulcéré ne lui trouvent que la triste réponse : « Parole trop dure, qui peut l'entendre ?... » hélas ! que ceux-là fassent comme les disciples au lendemain de la multiplication des pains,... qu'ils s'en aillent !... Les autres ont le mot de leur reconnaissance dans la suite de ce récit évangélique : ils diront : « O Mère, vous avez les paroles de la vie !...

Les Ordres Religieux, en France, ont unanimement étouffé le Secret de la Salette, parce que l'Eglise abonde, disaient-ils, et surabonde de bons Ordres et que celui que Notre-Dame appelle avec tant d'amour n'est nullement nécessaire ! Et voilà que tous les Ordres Religieux seront chassés de France... « *Ce qui se serait fait dans la miséricorde*, avait dit Mélanie, *se fera sur des ruines* [1]. »

Veut-on d'autres exemples ? On ne le contestera pas : jusqu'en 1880, le gouvernement de la République fut favorable à l'Eglise ; et c'est dans les premiers mois de 1880, c'est-à-dire dès les agissements *publics* contre le Secret que la persécution commença. Les agissements n'ont pas cessé, et la persécution s'est continuellement aggravée. Elle se poursuit depuis 25 ans, méthodique ; aucune précédente mesure n'est rapportée et, à peine est-elle appliquée, qu'une nouvelle entrave à la liberté

(1) Objecter la « surabondance » des ordres religieux : 1° C'est prendre l'abus pour le principe ; 2° C'est oublier l'origine surnaturelle de tous les grands ordres religieux ; 3° C'est prétendre imposer des lois à DIEU. — Dans une lettre en date du 21 octobre 1900, Mélanie ajoutait : « En parlant de la « sorte, en voulant montrer par là que « MARIE, la Reine du Ciel et de la terre, « a demandé ce qu'Elle ne devait pas « demander (!!!) on a fait voir aussi « qu'on mettait l'Ordre des Apôtres des « derniers temps au rang de tous les ordres « existants. C'est qu'on n'a pas compris ; « c'est qu'on ne comprend rien de tout ce « qui n'est pas terre à terre... » Les Missionnaires de la Salette ont *résisté* à Léon XIII relativement à la Règle donnée par la Sainte Vierge. et étouffé avec plus de zèle que personne le Secret, parce qu'il leur aurait fallu laisser la place à d'autres. — Et la Madone les a « balayés » en 1902. Déjà, l'année précédente, ils avaient demandé à Mélanie, dans leur sacristie : « Que va-t-il arriver? » — « La Madone, répondit-elle modestement, va vous *balayer* » — Maximin leur avait prédit aussi « qu'ils descendraient de la montagne et qu'ils n'y remonteraient pas. » Mais ils emportèrent des « Souvenirs ». Léon XIII et Monseigneur de Grenoble leur ont fait rendre ces souvenirs : le plus riche calice, l'ostensoir. d'un prix inestimable, puisque l'étoile seule qui le domine est estimée 25.000 francs, la caisse, contenant 14.000 francs, le diadème du couronnement de la Sainte Vierge, couvert de pierreries.

religieuse vient s'y ajouter. La persécution avance toujours implacable, menaçant de tout détruire. L'église n'a plus une joie depuis 1880 : cela éclaire-t-il ? « Se soumet-on ? »

Comptez, si vous le pouvez, les décrets et les lois de persécution qui se succèdent, d'une manière inexplicable, depuis ce crime contre la Reine que l'Eglise invoque sous ce titre : « Cause de notre joie !... » 1880, première expulsion des religieux, puis, lois scolaires, crucifix arrachés des écoles publiques et des hôpitaux, loi du divorce, suppressions des processions, loi militaire, réduction des crédits budgétaires du culte catholique sur tous les chapitres successivement, loi des fabriques, suppressions de plus en plus nombreuses et iniques, sans jugement et sans recours possible aux tribunaux, des traitements ecclésiastiques, impôts d'exception sur les Congrégations et vingt autres mesures semblables, avant la Loi sur la liberté (!) d'association, dernière machine à proscription nouveau modèle, qu'on est en train de perfectionner par une loi sur la liberté (!) d'enseignement puis, par la Séparation de l'Eglise et de l'Etat et une loi sur la police des Cultes.

Est-ce oui ou non ce que Notre-Dame de la Salette avait annoncé si on ne l'écoutait pas : « L'EGLISE AURA UNE CRISE AFFREUSE ? » Est ce oui ou non exactement depuis que nous avons organisé contre son Message, par toutes sortes de moyens inavouables, la conspiration du silence et de la calomnie que la coupe de nos péchés déborde, que les châtiments sans arrêt *se succèdent* grandissant toujours ?...

Ils continueront, m'a dit Mélanie, jusqu'à l'expulsion des curés de leurs presbytères, des Evêques de leurs palais; jusqu'à la fermeture et la confiscation des églises; jusqu'aux massacres du clergé, et ces massacres seront pires que sous la Terreur. Beaucoup seront tués par vengeance personnelle; ceux qui auront faibli ne seront pas épargnés : le projet des maçons est de faire pécher les consacrés avant de les tuer ! Je vis que ces morts violentes étaient, en très grand nombre, toute autre chose que le martyre : que c'était la réalisation dans toute son horreur du mot « MALHEUR ! » de l'Ecriture... Vous ne voulez pas du message de la miséricorde, vous repoussez la main tendue : il n'y a plus rien à faire : Dieu abandonnera les hommes a eux-mêmes... Ce sera le temps des ténèbres... L'Eglise aura une crise affreuse, etc. [1]

On ira à la Salette, à Lourdes, à Paray-le-Monial, à Rome, à Jérusalem, etc., en chantant : « Sauvez Rome et la France ! » On ne fait que ça depuis trente-quatre ans ! On inventera des pèlerinages d'hommes et même de prêtres. On organisera des congrès de la Sainte Vierge, des ligues de l'Ave Maria, des congrès eucharistiques, des neuvaines, etc. Tout sera d'une parfaite insignifiance pour apaiser Dieu irrité, parce que, en somme, *on vit à sa guise* et que, pour ne pas entendre les reproches de sa Mère, on piétine son Message.

Je suis loin de désapprouver en soi ces manifestations religieuses : on dit qu'elles combattent un peu le respect humain... Mais la Sainte Vierge a demandé davantage, et surtout qu'on l'écoute. Elle a dit : « Pour un temps, Dieu ne se souviendra plus de la France ni de l'Italie, parce que l'Evangile de Jésus-Christ n'est plus connu. » Les chrétiens ne savent plus même faire le signe de la Croix !... Prononçons-nous ces paroles : « Au nom du Père et du Fils et du Saint-Esprit » avec le respect seulement et l'attention d'un simple officier ministériel de l'ordre civil disant : « Au nom de la Loi? » Si nous faisons assez mal le signe de la Croix, comment faisons-nous le reste?... Sans faire ce que la Sainte Vierge nous a demandé, tout ce que nous imaginerons pour apaiser Dieu est moins que rien : c'est l'histoire de Caïn lui offrant ses rebuts et gardant le péché dans son cœur.

Il ne faut pas, comme disait Notre-Seigneur, faire

---

(1) On a objecté des lettres où Mélanie annonçait des malheurs pour une époque que les événements ont démentie. Si l'on avait entendu ses paroles et jugé les événements au point de vue de la foi, comme nous l'avons fait dans cet ouvrage, on aurait eu, au contraire, la preuve que toutes ses prédictions se sont réalisées. C'est en se mettant à un autre point de vue, que les Juifs ont mal compris les prophéties messianiques et n'ont point vu leur accomplissement en Notre-Seigneur. Quelle est cette époque qu'elle annonçait comme début des « malheurs » ? — 1880. — Les événements l'ont-ils démentie ?!!!

de l'accessoire le principal. « MALHEUR A VOUS, HYPO-
CRITES, QUI PAYEZ LA DIME POUR UNE FEUILLE DE MENTHE,
D'ANETH ET DE CUMIN, ET NÉGLIGEZ LES CHOSES LES PLUS IMPOR-
TANTES DE LA LOI : LA JUSTICE, LA MISÉRICORDE, LA BONNE FOI !
IL FALLAIT FAIRE LES UNES ET NE PAS OMETTRE LES AUTRES. »
Payer la dîme du cumin, de l'aneth et de la menthe,
c'était certainement très bien. C'est très bien aussi de
faire des pèlerinages, etc., surtout si l'on était en un
temps de paix religieuse, et qu'on apportât dans ces
manifestations un grand esprit de foi. Il y a peut-
être en cela beaucoup d'extérieur, beaucoup de poudre dépensée à faire un beau feu d'artifice... C'est
quelque chose quand même si, comme vous le dites,
cela combat un peu le respect humain ; mais il ne
faut pas oublier le reste : il ne faut pas oublier que
vous êtes des coupables, et qu'il y a une sentence ;
vous ne faites pas attention à cette sentence.

Il est bien probable que la Sainte Vierge, pour
être obéie, aurait été plus sage de mettre sa miséricorde au prix qu'il nous aurait plu de fixer nous-
mêmes... Mais qu'y faire ? Il est question de sentence ;
et vraisemblablement nous n'avons pas le droit de la
prononcer nous-mêmes.

Comment en sommes-nous arrivés à nous imaginer
que nous aurions le dernier mot : que nous mettrions
dans notre poche le Message de notre Reine, « *Regina
cleri*, » et qu'il nous suffirait de faire chanter « Sauvez
Rome et la France ! » pour tout sauver... par des
moyens plus faciles que ceux qu'Elle avait prescrits ?

Le Message de la Salette était le signe de la
miséricorde pour tout le peuple de Marie, à commencer par la France : nous l'avons méprisé ! Sera-t-il
le signe de la justice, à commencer par la France ?...

Malheur à ceux qui veulent obliger DIEU à se taire !

Hélas ! pourquoi la si miséricordieuse Reine du
Ciel est-elle obligée de laisser *glorifier* son Message *par
des punitions ?* Serait-ce la fin d'une vaine patience ?...
Un seul coup de mort est parti de la main du Sauveur ;

c'était aux derniers jours de sa vie publique. Le lundi avant sa Passion, il dit au figuier stérile, figure des incrédules Pharisiens : « *Que jamais il ne naisse de fruit de toi !* » Et sur l'heure, le figuier commença de se flétrir. Et, le même jour, une voix vint d'en haut qui disait : « *J'ai glorifié mon Fils et le glorifierai encore.* » Et, six jours après, le signe de sa glorieuse résurrection, assez éclatant pour convertir la gentilité, laissait une partie des Juifs dans leur aveuglement.

A l'heure des grands châtiments prédits, la Règle et le Message en sortant triomphants du tombeau où des cœurs obstinés ont cru les sceller, laisseront-ils ces cœurs obstinés dans leur aveuglement ?...

—

Combien notre douce Mère préférerait glorifier uniquement par des grâces son Message et sa Règle !... J'ai vu mon père, presque à l'agonie et âgé de 80 ans, guérir *subitement* d'une prostatique chronique, humainement inguérissable et passée à l'état aigu ! Son seul remède fut une neuvaine à Notre-Dame de la Salette, par la récitation de la prière ci-dessous devant la petite image qui est en tête de la Brochure de Mélanie [1] :

Le cinquième jour de notre neuvaine, 19 septembre 1897, anniversaire de l'Apparition, ses souffrances au lieu de diminuer furent atroces...

---

(1) *Notre-Dame de la Salette !* **Au nom de votre Message publié par votre fidèle Voyante, et de la Règle que vous lui avez donnée pour les Apôtres des derniers temps,** *j'ose vous demander la guérison de mon père et surtout, ma tendre Mère, l'Esprit de Jésus-Christ.*

Puisque vous avez parlé en Reine du clergé et du monde, manifestez votre toute-puissance et votre gracieuse miséricorde à votre peuple indignement trompé ; **glorifiez ce Message et cette Règle, si redoutés de l'Enfer et pour cela, si combattus !**

Hâtez l'heure où sera vénérée dans toute l'Eglise cette grande Révélation : éclairez les imprudents qui la dédaignent ; démasquez les hyprocrites qui propagent par des mensonges leur incrédulité de parti pris ; confondez les intrigants qui retardent la fondation de l'Ordre Religieux appelé de vos vœux ; ne permettez pas que le mépris de vos avertissements et de vos désirs soit cause plus longtemps de nos malheurs croissants.

Alors Dieu cessera « d'abandonner les hommes à eux-mêmes », votre règne arrivera, et se réaliseront vos magnifiques promesses.

Ainsi soit-il !

Le lendemain, comme je demandais au médecin s'il restait quelque espoir de le sauver, il me répondit : « *Votre père est perdu !...* »

Alors je **m'acharnai** à ces mots de la prière : Notre-Dame de la Salette ! Au nom de votre Message publié par votre fidèle Voyante et de la Règle que vous lui avez donnée... guérissez mon père mourant ! **Glorifiez ce message et cette règle si redoutés de l'enfer et pour cela si combattus !** — Je ne cessais de répéter ces mots avec la confiance que la Sainte Vierge glorifierait ainsi son Message et **me bénirait d'avoir, plus que personne, propagé la brochure de sa fidèle Voyante.** Je lui promettais en même temps, de **continuer de la faire connaître et de la défendre.**

Le huitième jour, 22 septembre vers 5 heures du soir, il dit tout à coup : « **Je sens que je suis guéri.** » Toute souffrance avait disparu ! Il vécut encore trois ans, sans se ressentir **une seule fois** de cette infirmité chronique, **inguérissable chez les vieillards,** dont il avait souffert, **tous les jours, plus de 20 ans.**

Il mourut d'une autre maladie, dans sa quatre-vingt-quatrième année.

Je connais par mes amis d'autres grâces peut-être non moins grandes, accordées à la *foi explicite* au Secret. Je me bornerai à en citer une, que je puis absolument certifier : la guérison d'une pieuse femme, mourant d'un cancer que les médecins nommaient *carcinome.* Les deux médecins de l'Hôpital de Vichy, où j'étais alors aumônier, me dirent que ce cancer est sans guérison, même quand il est peu avancé ; qu'après une opération, il récidive toujours. D'ailleurs le mal était très avancé, et le docteur Champagnat m'assura que ma *domestique*, dans 15 jours, serait au cimetière. La pauvre femme comprit aux chuchotements de l'autre médecin, le Docteur Nicolas, avec la Sœur infirmière qu'elle était condamnée et refusa de faire usage du liniment qu'on lui avait donné pour la forme... Elle commença, confiante, une neuvaine à Notre-Dame de la Salette. À la suite de cette neuvaine elle fut entièrement guérie, il ne resta pas même de cicatrice, m'a dit une sœur. Rosalie Mallot, veuve Descluzet, est dans ses 72 ans, se porte très bien et travaille.

IV

Maintenant nous n'avons plus qu'à conclure, et il me semble que nous pouvons le faire brièvement, par cette simple lettre de Sœur Marie de la Croix, que je recevais sur la fin de mon travail. N'oublions pas que c'est l'Ambassadrice de la Reine du Ciel. N'oublions pas que l'opposition qu'elle *savait* que rencontrerait sa mission, et la *Vue* qu'elle eut de nos malheurs « sciaient son âme en deux » depuis 58 ans ! Qu'on lui passe ces expressions. — Mais elle ne s'étonnait pas que DIEU l'eût choisie. Le 1ᵉʳ octobre 1902, Mgr l'Evêque d'Amiens lui disait : « Ma chère fille, Vous devez bénir Dieu qui vous a choisie entre mille ! » — « Monseigneur, répondit-elle, il a bien été forcé de me prendre : il a regardé dans le monde entier, il n'a pas trouvé plus bas : voilà pourquoi il m'a choisie, le Tout-Puissant avait besoin du néant. »

La lettre de ce « néant » sera notre conclusion.

« Cusset, 25 novembre 1903.

« Mon très Révérend et très cher Père,

«... Hélas ! ceux qui se voient visés dans le Secret sont les « ennemis de ce miséricordieux Secret, tout comme les grands « prêtres condamnèrent à mort notre divin Sauveur...

« Puisque la Mère de Dieu et de tous les chrétiens par adop- « tion au pied de la Croix a recommandé de faire savoir à son « peuple tout son Message, qu'attendons-nous pour obéir à la « Vierge-Mère, vu que nous voyons se dérouler chaque jour les « châtiments annoncés dans ce Secret ?

« Et qu'attendons-nous de plus pour croire, puisque la Sainte « Eglise s'est prononcée favorable autant qu'Elle peut le faire « quand il s'agit de révélations ? Pie IX prescrivit à l'évêque de « Grenoble de bâtir un beau Temple sur la Montagne de la « Salette. Léon XIII couronna la Statue et donna au Sanctuaire « le titre de Basilique. Que nous faut-il de plus pour nous frap- « per la poitrine, pour reconnaître que tous, tous nous avons

« *péché, tous nous avons provoqué la justice de Dieu, tous nous*
« *avons trempé nos lèvres à la source empoisonnée de nos dépra-*
« *vées passions, dont l'ivresse nous plonge dans les ténèbres?*

    « *Qui a mauvaise volonté pour régler sa vie sur la Loi de*
« *Dieu, sur les maximes de l'Evangile, trouvera toujours des*
« *motifs de douter de tout ce qu'il veut douter* (sic) ; *la foi de*
« *ces personnes n'est pas une foi sanctifiante ...»*

Oui, qu'attendons nous?... Il reste, nous l'avons dit en commençant, une espérance, il reste surtout un impérieux devoir ; mais l'heure est pressante et le devoir est urgent.

Au début des châtiments prédits dont nous sentons déjà les rudes atteintes, hâtons l'**Heure de la Miséricorde**, par notre foi, nos prières, notre pénitence et nos larmes. Sortons de cette torpeur mortelle qui n'est pas de la confiance en Dieu... « *Soumettons-nous* », afin qu'au moment où éclatera le coup de tonnerre annonçant l'**Heure de la Justice,** les divins avertissements du triomphe final nous consolent : « *Per consolationem Scripturarum spem habeamus !* »

Dans ces jours de désespérance où aucune prévision humaine, aucun secours humain ne pourront donner l'énergie de se résigner à de si grands maux, la Miséricorde promise nous fera trouver cette énergie, la reconnaissance envers Dieu et l'amour ; parce que, au lieu de ne regarder que la terre et les hommes, nous traverserons ce déluge de maux les yeux levés au Ciel, « *Respicite et levate capita vestra : quoniam appropinquat redemptio vestra.* » (Luc, XXI, 28.)

Et puis, qui sait ? Qui sait si avec Marie il est jamais trop tard ? Qui sait ce qui se passerait si, avant la catastrophe définitive, la Voix de la Très douce Vierge finissait par être entendue, vénérée, méditée ?...

APPENDICE

PROPHÉTIES MODERNES [1]

Ε mot de la Salette n'a pas été un mot isolé : ç'a été au contraire comme la péroraison d'un long discours de la Providence. Car DIEU ne cesse pas de parler. Autrefois il parlait par les prophètes et les apôtres disaient : Aujourd'hui il est venu parler lui-même. Depuis, il n'a pas cessé de parler par des prophètes encore, et ce qu'il y a de particulier dans le fait de la Salette c'est que les hommes de notre temps peuvent dire : Aujourd'hui il nous parle par sa Mère. L'harmonie des prophéties ne cesse jamais dans l'Eglise, et le chant de la Salette n'est autre chose qu'une voix plus mélodieuse et plus entraînante dans ce vaste concert, le chant de notre Mère du Ciel. Recueillons les harmonies éparses qui ont comme préparé ce dernier chant.

Joseph de Maistre écrivait dans les premières années du XIXe siècle : « Il faut nous tenir prêts pour un événement immense dans l'ordre divin... Des oracles redoutables annoncent que les temps sont arrivés. » Il ajoutait que la génération avec laquelle il vivait ne verrait pas ces choses : c'est donc nous qui allons les voir.

Ces oracles auxquels le grand penseur chrétien faisait allusion, ces oracles que malgré son génie il étudiait, sont de nombreuses prophéties, dont les unes fort anciennes, d'autres

---

(1) Nous ne reproduisons pas de prophéties « NOUVELLES ». Celles que nous citons sont imprimées depuis plus de cinquante ans et ne sont rappelées ici qu'à titre de DOCUMENT.

toutes récentes, annonçaient que notre époque ne finirait pas sans un coup terrible, tel que le monde n'en a jamais vu. Bien d'autres prophéties sont venues, depuis, confirmer celles auxquelles de Maistre croyait fermement. Donc, osons le dire, ce qui nous donne la certitude absolue des prédictions terribles de la Salette, ce n'est pas seulement la grande autorité de cette divine prophétie étroitement liée à l'apparition que l'Eglise croit certaine, c'est aussi que d'innombrables prophéties, et très respectables, ont annoncé ces mêmes événements (1). On pourrait presque affirmer que tous les voyants, depuis plus d'un siècle, tous les personnages morts en odeur de sainteté, tous les serviteurs de Dieu déclarés vénérables par l'Eglise, ou déjà béatifiés et même canonisés, ont prophétisé l'époque malheureuse dans laquelle nous sommes, et annoncé qu'elle finirait par un coup de foudre de la justice divine.

—

1. Saint Joseph-Benoît Labre voyait souvent le feu parcourir la France, et disait que Paris serait détruit à cause de ses blasphèmes.

(1) Les prophéties d'origine divine se démontrent par leur accomplissement ; or ces prophéties se sont accomplies jusqu'ici, non seulement dans leur ensemble. à savoir, la longue période des malheurs actuels ; mais encore dans plusieurs détails.

Par exemple : « *Pauvre Louis-Philippe*, disait Rosa Colomba, religieuse dominicaine du couvent de Taggia, près Nice, morte le 6 Juin 1847, *tu t'enfuiras un jour de la France pour aller mourir en Angleterre.* » — « La persécution commencera par les Jésuites. Les religieux seront chassés et dépouillés. » (La même.) — Pie IX mourra l'année où les Russes toucheront à Constantinople. (Bienheureux Curé d'Ars.) — Victor-Emmanuel mourra *colle scarpe*, avec les souliers. (Un paysan.) Anna Taïgi avait dit *colle pantufole*, avec les pantoufles. Cette minime circonstance s'est réalisée. Le matin du 9 janvier 1878, Victor-Emmanuel voulut, malgré le conseil des médecins, se lever : on l'habilla, on le *chaussa* et il mourut dans un fauteuil. — La haine contre le clergé ira toujours croissante. (Plusieurs textes.) — Tout semblera bouleversé au point que Dieu semblera ne plus s'occuper des hommes. (Vénérable Bernard Clausi.) — En ce temps-là il n'y aura plus de distance ; les plus lourdes voitures marcheront sans chevaux et voleront avec la rapidité des oiseaux ; on se parlera d'un bout du monde à l'autre dans une minute.

Alors le luxe sera tellement grand que les marchandes de lait porteront des tabliers de soie et que les femmes ne sauront plus comment s'habiller. (*Santa Sybilla*, livre qui parut en Allemagne dans les premières années de l'Imprimerie. Des vieillards se souviennent d'avoir lu, dans leur enfance, ce détail qui les avait frappés davantage : quand on se parlera d'un bout du monde à l'autre en un instant, il viendra de grands malheurs sur la terre.) — Enfin, on sait que Sœur Labouré avait prédit, dès 1830, la guerre de 1870 et la Commune avec les détails suivants : la croix sera méprisée, les rues seront pleines de sang, l'archevêque mourra, il y aura des victimes dans le clergé de Paris et dans les Communautés, mais pas dans les deux familles de Saint Vincent. Tout cela s'est réalisé. Sœur Labouré avait dit : « 40 ans et 10, et après, la paix. » Cela aussi est exact, car « 40 ans et 10, et après, la paix » indiquent deux époques, deux dates. dont chacune n'est que le *commencement* d'une ère malheureuse : 1870, *commencement* de la période sanglante, qui se termine avec la Commune de 1871 : 1880, qui *commence* la persécution légale. Mais, de même que la prophétie ne faisait pas connaître la date à laquelle devait *finir* la période sanglante commencée en 1870, ainsi ne fait-elle pas connaître la fin de la persécution légale, de la deuxième période malheureuse qui sera suivie de la paix : « et après, la paix ».

2. Le Vénérable curé d'Ars, après avoir annoncé la guerre de 1870 et la Commune, ajoutait :

« La grosse affaire n'est pas passée, Paris sera changé, et aussi deux ou trois autres villes. Paris sera démoli et brûlé tout de bon ; pas tout entier cependant... Il y aura une limite que la destruction ne franchira pas... On croira cependant que tout est perdu, et le bon Dieu sauvera tout... Ce ne sera pas long... Les ennemis reviendront et détruiront tout sur leur passage ; on ne leur résistera pas, mais après cela on leur coupera les vivres et on leur fera éprouver de grandes pertes... Cette fois on se battra tout de bon... Oh ! comme ils se battront ! On les chassera vers leur pays... Et il n'y en a guère qui y rentreront... Alors on leur reprendra tout ce qu'ils auront enlevé et même beaucoup plus... »

3. Le père Necktou [1], mort en odeur de sainteté dans la première révolution, disait en parlant de notre époque :

« Il se formera en France deux grands partis, qui se feront une guerre à mort ; le plus faible triomphera. *Il y aura alors un moment si affreux qu'on se croira à la fin du monde...* Les méchants ne prévaudront pas. Rien à faire sinon de persévérer, chez soi, dans la prière... Dans ce *bouleversement qui sera général et non pour la France seulement*, Paris sera détruit. A la suite de cet événement affreux, tout rentrera dans l'ordre... *Le triomphe de l'Eglise sera tel qu'il n'y en aura jamais plus de semblable.* »

4. L'abbé Souffrant avait prédit les événements de 1815 et de 1817 [2]. Interrogé par ses amis sur l'avenir, il répondit entre autres choses :

« Vous entendrez plusieurs cris : Vive la République ! puis, Vive Napoléon !... Enfin, Vive le grand monarque que Dieu nous garde !... Avant le grand monarque, des malheurs très grands surviendront. Le sang coulera par torrents dans le Nord et dans le Midi. Je vois couler le sang dans certains endroits comme la pluie par nos jours d'orage... Paris sera détruit par une guerre d'extermination que se feront deux mauvais partis. L'Ouest sera épargné, à cause de sa foi. *Il viendra un moment où l'on croira tout perdu ; c'est alors que tout sera sauvé : il n'y aura pour ainsi dire pas d'intervalle...* »

5. On se souvient que la sœur Marianne, de Blois, a fait les mêmes prédictions [3] :

---

(1) Le Père Necktou était regardé par les religieux de la Compagnie de Jésus à laquelle il appartenait, comme un saint et comme un prophète. C'est ce qu'on peut voir dans la vie de Mgr d'Avian de Sanzai, mort archevêque de Bordeaux, écrite par Mgr Lyonnet, archevêque d'Albi — En 1764, le Père Necktou prédit à Mgr d'Aviau, alors tout jeune enfant, qu'il parviendrait au siège d'une florissante cité, tout près d'un grand fleuve. — Il a ressuscité un enfant qu'une mère lui apporta à la maison de la compagnie de Poitiers. — Mme Geoffray, décédée en 1842, supérieure des Dames du Sacré-Cœur à Lyon, à l'âge de 82 ans, certifiait que le Père Necktou consulté par elle en 1783, lui avait prédit qu'elle serait religieuse dans un institut dont la fondatrice jouait alors à la poupée (Mme Barat avait alors 3 ou 4 ans).

(2) Ce saint prêtre, curé de Maumusson, au diocèse de Nantes, avant la Révolution, et mort en 1828, a fait des prédictions verbales qui sont demeurées très populaires dans l'ouest de la France.

(3) La sœur Marianne, morte saintement en 1804, avait prédit tous les grands événements qui ont eu lieu depuis le commencement du siècle : la chute de Bonaparte, les Cent Jours, la mort du duc de Berry et la naissance inattendue du duc de Bordeaux, la révolution de 1830, celle de 1848, la guerre de 1870. En annonçant ces événements, elle est entrée dans certains petits détails qui se sont accomplis à la lettre.

« Avant le grand combat, dit-elle, les méchants seront les maîtres ; ils feront tout le mal qu'ils pourront, mais non tout celui qu'ils voudront ; ils n'en auront pas le temps. *Les bons, moins nombreux, seront sur le point d'être anéantis, mais un coup du Ciel les sauvera...* Il arrivera des choses telles que les plus incrédules seront forcés de dire : **Le doigt de Dieu est là !** O puissance de Dieu ! Il y aura une nuit terrible, personne ne dormira. Ces troubles ne seront pas longs ; s'ils étaient longs, personne n'y tiendrait ; *quand tout semblera perdu, tout sera sauvé.* C'est alors qu'arriveront les courriers portant la Bonne nouvelle ; c'est alors qu'on chantera un *Te Deum* comme on n'en a jamais chanté : c'est alors que règnera le *Prince* qu'on ira chercher et sur lequel on ne comptait pas. *Le Triomphe de la religion après le grand combat sera tel que l'on n'aura jamais rien vu de semblable ;* toutes les injustices seront réparées, les lois civiles seront mises en harmonie avec celles de Dieu et de l'Eglise. L'instruction donnée aux enfants sera très chrétienne, les corporations d'ouvriers seront rétablies, et le triomphe de l'Eglise et de la France sera splendide (1). »

6. Les prédictions d'une pieuse voyante de Lyon, Marie des Brotteaux, morte en réputation de sainteté en 1843, à l'âge de 70 ans, ne sont ni moins claires ni moins concordantes :

« Telle on a vu commencer la révolution, telle on la verra finir, mais plus promptement, *par un prodige qui étonnera l'univers, et où les méchants seront châtiés d'une manière épouvantable...* Paris sera réduit comme Sodome et Gomorrhe ; et ce qui restera de ses habitants se réfugiera à Lyon... Quand on verra leur fuite, le grand événement sera proche... Grand combat près de Lyon dans la vallée de Saint-Fons... Les étrangers seront repoussés. Au moment où Dieu voulut commencer sa justice, j'entendis un coup de tonnerre si extraordinaire que la terre fut ébranlée. Ce sera le signal auquel les bons chrétiens connaîtront que l'heure est arrivée pour le *grand coup final... L'événement qui terminera la révolution sera si effrayant qu'on se croira à la fin du monde...* Les méchants voudront tuer tous les bons *dont ils auront fait des listes ;* mais ils seront frappés d'aveuglement, renversés par une force divine, et s'entre-tueront.

---

(1) « Cette prospérité durera-t-elle longtemps ? » demanda Mlle de Leyrette (sœur Providence) alors âgée de 25 ans. — « Ah ! répondit sœur Marianne, vous n'en verrez pas la fin, ni les religieuses qui seront avec vous. »

Sœur Providence en avait conclu qu'elle ne mourrait pas avant le triomphe. Quand donc elle mourut, vers 1874, ce fut un scandale : on méprisa, depuis, la prophétie de Blois. Mais à tort, car sœur Marianne n'avait pas prédit que Mlle Leyrette vivrait jusqu'au triomphe. La réponse ci-dessus prouve seulement que la fin de cette période de prospérité était si éloignée, qu'en *supposant* que sœur Providence la vît commencer, certainement ni elle ni ses compagnes ne la verraient finir. Quand saint Paul écrivait aux Thessaloniciens (chapitre IV) : « Nous qui vivons et qui sommes réservés pour l'avènement du Seigneur nous ne devancerons point ceux qui sont morts. Car... ceux qui seront morts en JÉSUS-CHRIST ressusciteront les premiers. Puis nous autres, qui sommes vivants, et qui aurons été réservés jusqu'alors, nous serons emportés avec eux sur les nuées, pour aller dans les airs au devant de JÉSUS-CHRIST, etc. » Quand saint Paul écrivait cela, est-ce qu'il prédisait que lui et les Thessaloniciens vivraient jusqu'à la fin du monde ? Evidemment non ; mais seulement ce qui arrivera aux fidèles qui vivront alors. Prenons donc garde de ne faire dire aux prophéties que ce qu'elles disent clairement et expressément. C'est ce que l'apôtre Saint Jean observait à propos d'une parole de Notre-Seigneur de laquelle les disciples avaient conclu que l'apôtre bien-aimé ne mourrait point ; il faisait remarquer que le divin Maître *n'avait pas dit cela. Exiit sermo iste inter fratres quia discipulus ille non moritur. Et non dixit ei Jesus : Non moritur, sed : Sic eum volo manere donec veniam, quid ad te ? (Joan., XXI, 23.)*

Autre explication admise par le couvent de Blois : Sœur Marianne avait parlé de deux sortes de prospérités : l'une concernant la communauté, qui était alors dans l'indigence, l'autre concernant l'Eglise. La prospérité dont sœur Providence ne devait pas voir la fin concernait la communauté.

7. Marie des Terreaux, également de Lyon, humble fille doué de l'esprit prophétique, morte en 1832, à l'âge de 21 ans, a fait les mêmes prédictions, dans des termes parfois identiques. La scène dont elle eut une vision se passa dans une plaine des environs de la ville :

« ... Le combat fut épouvantable et vint comme s'éteindre à l'entrée de la place Bellecour. Presque tous les méchants périrent. *Après avoir entendu avant le combat une voix terrible qui criait :* **Tout est perdu !** *tout à coup j'entendis une voix douce et agréable qui disait :* **Tout est sauvé !** »

« J'ai vu des hommes qui revenaient du grand combat ; ils disaient : Comment avons-nous pu échapper à ce grand massacre ? — Les uns se touchaient la poitrine, d'autres le côté, et, trouvant avec étonnement des croix, des médailles, des reliques, ils s'écriaient : Ah ! c'est ma femme, c'est ma fille, c'est ma sœur qui les ont placées dans mes habits, voilà ce qui nous a préservés, et ils se convertirent. »

« Au moment où la France sera châtiée d'une manière terrible, **tout l'univers** le sera aussi. On ne m'a pas dit comment. »

« Il m'a été annoncé qu'il y aurait des événements si effrayants, que ceux qui n'en auraient pas été prévenus... penseraient être à la **fin du monde**. Mais tout à coup la révolution finira par un grand miracle qui fera l'étonnement de l'univers ; le peu de méchants qui restera, se convertira... »

8. Le laboureur Martin, à force d'instances de l'archange Raphaël, alla, en 1817, prévenir Louis XVIII que la profanation du dimanche, le manque de respect des choses saintes, les désordres du carnaval et l'absence de pénitence pendant le carême enflammaient le courroux divin, et que la France serait accablée de maux si ces désordres continaient.

« Si l'on ne fait pas ce que je dis, lui répéta plusieurs fois l'archange... **la majeure partie du peuple périra**, la France sera livrée en proie et en opprobre à toutes les nations... »

9. La vénérée Mère de Bourg entendit de la bouche de Notre-Seigneur les mêmes plaintes et les mêmes menaces [1]

« Le Seigneur m'a fait des plaintes d'une manière terrible ; il se plaint de cette fureur à chercher le plaisir : il se plaint des danses scandaleuses, de l'indécence et du luxe des parures... l'autorité divine est entièrement méconnue... aussi l'ordre n'est que factice... Il y aura dans notre France un **renversement effroya-**

---

[1] La vénérée mère du Bourg, fondatrice de la Congrégation des Sœurs du Sauveur et de la Sainte-Vierge, a été l'une des âmes les plus comblées de faveurs surnaturelles du dix-neuvième siècle. Presque jamais ses fréquentes extases ne se terminaient sans que son corps, affranchi des lois de la pesanteur, ne s'élevât de terre à la vue de ses filles, heureuses des dons extraordinaires accordés à leur Mère. Que de fois aussi, l'avenir a été dévoilé à cet ange de la terre, qui appelait les anges du ciel ses frères !... Elle est morte à la Maison-Mère de la Souterraine (Creuse), en 1862.

J'écrivis le 14 février 1874 à la T. R. Mère Générale pour qu'elle voulût bien me confirmer l'authenticité de la prédiction ci-dessus, publiée par un neveu de la vénérée fondatrice. Elle me répondit : « Une partie de ces détails ont été reproduits dans la Vie de notre fondatrice. « Quant aux détails personnels et intimes « qui la concernent, et à ses communications secrètes, il nous est défendu de les « livrer, le procès diocésain entamé pour « la béatification, etc. » Voir sa Vie, par l'abbé Bersange, publiée en 1891.

ble. Cependant ces jours seront abrégés en faveur des justes. Dieu élèvera sur le trône un roi modèle, un roi chrétien... la religion consolée refleurira, et tous les peuples béniront le règne du prince donné par Dieu ; mais ensuite le mal reprendra le dessus et durera plus ou moins jusqu'à la fin des temps. La lumière d'en haut ne m'a pas été donnée pour les derniers événements du monde dont parle l'Apocalypse. »

Il n'y a pas que les voyants français qui aient annoncé ces châtiments universels et le miraculeux triomphe de l'Eglise.

10. La Vénérable Anna-Maria Taïgi, morte en 1837, si célèbre par le don unique et sans exemple dans la vie des Saints de voir un soleil mystérieux, placé à quelques pieds d'elle, non seulement ce qui se passait d'un bout du monde à l'autre, mais encore les secrets de l'avenir et l'état des âmes d'outre-tombe, parlait souvent au prêtre, son confident, de la persécution que l'Eglise doit traverser, et de la malheureuse époque où l'on verrait une foule de gens, que l'on croyait estimables, se démasquer. Elle demanda quelquefois à Dieu quels seraient ceux qui résisteraient à cette terrible épreuve ? Il lui fut répondu : « Ceux auxquels j'accorderai l'esprit d'humilité. »

C'est pourquoi Anna-Maria Taïgi établit dans sa famille l'usage de réciter après le Rosaire du soir, trois *Pater, Ave, Gloria Patri*, à la Sainte Trinité, pour obtenir qu'elle daignât, par sa miséricorde et sa bonté infinie, « mitiger le fléau que sa justice réservait à ces temps malheureux ». Ce fléau lui avait été manifesté à plusieurs reprises dans le mystérieux soleil. Il plut à Dieu de lui révéler aussi que l'Eglise, après avoir traversé plusieurs douloureuses épreuves, remporterait un « triomphe si éclatant que les hommes en seraient stupéfaits, et que des nations entières retourneraient à l'unité de l'Eglise romaine et que la terre changerait de face » [1].

11. La Mère Agnès Steiner, dont Pie IX et Léon XIII ont reconnu la sainteté [2], écrivait le 24 octobre 1852 :

---

[1] On a attribué encore à la Vénérable la prédiction de *trois jours de ténèbres*, pestilentielles, horribles, peuplées de visions effroyables. Ces ténèbres feront mourir surtout les ennemis hypocrites ou avoués de la Sainte Eglise. L'air sera alors empesté par les démons, qui apparaîtront sous toutes sortes de formes hideuses. Les cierges bénits préserveront de mort, et leur lumière seule luira dans l'obscurité. Après les ténèbres, la Santa Casa de Lorette sera transportée par les anges à Rome, dans l'église de Sainte-Marie-Majeure. Les Russes seront convertis ainsi que l'Angleterre et la Chine, etc. Toutes ces choses merveilleuses, d'après le témoignage de personnes recommandables, auraient été réellement dites par la Vénérable, mais elles manquent d'une garantie suffisante d'authenticité. Les documents du procès de béatification n'en font pas mention. Voir : La Vénérable servante de Dieu Anna-Maria Taïgi, d'après les documents authentiques du procès de sa béatification, par le P. Bouffier, de la Compagnie de Jésus, p. 125.

Une autre prophétesse, Canori Mora, décédée à Rome en 1825, fait de la catastrophe une description encore plus détaillée et plus horrible ; mais s'il est possible que sa prophétie soit authentique, les ouvrages où nous la trouvons rapportée sont dépourvus de critique.

[2] La Mère Steiner, née dans le Tyrol en 1813, supérieure et fondatrice des tertiaires cloîtrées de Saint François, à Nocéra (Ombrie) de 1842 à 1863, année de sa mort,

FÊTE ANNIVERSAIRE DE L'APPARITION

LE 19 SEPTEMBRE 1853

Au moment de la Messe solennelle célébrée sur le versant du Gargas, au-dessus de la Fontaine Miraculeuse, plus de 12,000 pèlerins se trouvaient réunis sur la Montagne de la Salette. Les Croix (érigées depuis l'Apparition) indiquent le sentier que suivit la Sainte Vierge, quand après son Discours, Elle quitta le ravin de la Sézia et gravit le tertre opposé.

« J'entends fréquemment les plaintes du Seigneur ; il me dit : Ce ne sont pas les lumières qui manquent, mais on refuse d'accomplir ma volonté. Vois l'état des âmes et de la foi. Regarde l'Italie et les autres royaumes. Mais ils s'instruiront par les châtiments, et ma main sera aussi sur le clergé... O Rome, je pleure sur toi, comme jadis je pleurais sur Jérusalem ! »

Le 26 janvier 1854, la T. S. Vierge lui dit :

« Il est des choses qui déplaisent et auxquelles on ne veut pas croire... Il y aura encore une autre tempête, et puis viendra la tranquillité, alors tous ou presque tous seront renouvelés. *Vois combien d'hommes auront alors disparu de la terre.* »

En 1861, la mère Agnès dit à Mgr Madrigali :

« Le Seigneur m'a permis de voir le monde renouvelé. Oh ! qu'il était beau ! *Bien peu ! Bien peu resteront du monde ancien...* ils ne penseront pas aux choses de la terre... »

12. Le Vénérable Bernard Clausi, religieux Minime de Rome, mort en 1850, d'une sainteté éminente, remarquable par ses prédictions et par ses miracles, disait, en 1849, que la révolution, qui faisait trembler alors toute l'Europe,

« N'était qu'une mascarade de peu de durée, et qu'il viendrait une époque durant laquelle tout serait bouleversé, et où la main de l'homme serait impuissante et qu'alors le Seigneur y mettrait ses très saintes mains, et que, comme un éclair, tout serait arrangé de telle sorte que même les méchants seraient forcés de reconnaître la main de Dieu. »

Il répétait souvent, dit la Mère Marguerite Laudi, religieuse du monastère de Saint-Philippe de Néri, à Rome, il répétait d'une manière à jeter la terreur et l'épouvante :

« Qu'il viendra un fléau terrible, dirigé uniquement contre les impies. Ce sera un fléau tout nouveau, qui n'a jamais eu lieu : il se fera sentir *dans le monde entier ;* le ciel et la terre s'uniront pour le produire ; il sera instantané et passera en un moment ; de grands pécheurs se convertiront alors, parce qu'ils reconnaîtront la main de Dieu. Mais avant qu'il arrive, les maux auront tellement augmenté qu'il paraîtra que tous les démons sont sortis de l'enfer ; et les bons vivront dans un véritable martyre par les persécutions des méchants (1). Gardez-vous bien de croire, répétait-il, ceux qui vous diront de quelle sorte sera ce fléau, parce que ce sera une chose nouvelle, qui ne s'est jamais vue, que Dieu n'a révélée à personne et dont il s'est réservé le secret... Les justes échapperont au châtiment vengeur... »

---

eut la double mission d'établir une réforme dans l'ordre de Sainte-Claire et de travailler au bien de l'Eglise par le renouvellement de l'esprit intérieur. En 1859, Pie IX, parlant de cette âme d'élite, dit ces mots : « Sœur Agnès est sainte, vraiment sainte » En 1849, elle fut invitée à venir à Pérouse par Mgr Pecci (Léon XIII) qui fut plein d'estime pour la servante de Dieu. Plusieurs fois, au rapport du P. Ramière, jésuite, (*Messager du Sacré-Cœur* numéros de février et mars 1880) Notre-Seigneur lui a dit : « Le châtiment des péchés *du monde* ne peut être différé plus longtemps à cause du relâchement de la ferveur au sein des ordres religieux et du clergé en général. »

(1) Jusqu'au bout les bons « *se laisseront tenir* » sans comprendre que leur DEVOIR est de SE DÉFENDRE, pour défendre ce qu'ils aiment plus que leur vie : la Sainte Eglise ; et que les chrétiens des croisades n'étaient pas hérétiques quand ils s'écriaient : « DIEU le veut ! » et apprenaient aux Musulmans, non par des pétitions ou des discours, mais par des actes, ce que ce mot voulait dire.

Longue encore serait la liste des saints à qui le Ciel a fait ces mêmes révélations dans la première moitié du XIXe siècle. J'ai omis à dessein tous les saints des siècles précédents : le Vénérable Holzhauser [1], le Bienheureux Bobola, le Bienheureux Amédée, évêque de Lausanne, le saint Pape Benoit XII, Saint Ange, martyr, Saint François de Paule et d'autres ; et en me bornant aux saints de la première moitié du XIXe siècle, encore n'ai-je cité que des Français et des Italiens ; or il existe des prophéties semblables en Allemagne, en Autriche, en Pologne et même en Turquie.

Nous sommes les premiers à reconnaître que, prises isolément, aucune de ces prophéties n'a l'authenticité et la valeur de celle de la Salette. La prophétie de la Salette, à elle seule, suffit pour que nous soyons certains des événements qu'elle annonce. Car c'est un Message que la Reine du Ciel a dicté elle-même et ordonné de faire passer à tout son peuple. La Providence nous devait donc d'assister Mélanie pour que le Message nous parvint sans altération : qu'elle n'y pût mêler involontairement ses idées personnelles. Jamais, depuis les Apôtres, le Ciel n'avait dit : « VOUS LE FEREZ PASSER A TOUT MON PEUPLE. » La révélation de la Salette est plus qu'une révélation privée. Une révélation privée est donnée principalement pour l'instruction et la sanctification de la personne à qui elle est faite ou de quelques autres ; mais celle de la Salette est pour l'instruction et la sanctification de toute l'Eglise. C'est une révélation d'un ordre à part, qui prend rang après les Livres Canoniques, mais immédiatement après. C'est la « GRANDE NOUVELLE », a dit la Belle Dame : c'est l'Apocalypse de MARIE.

Les autres prophéties que nous avons citées n'ont pas ce caractère ; on n'en peut tirer qu'une conclusion vraiment logique : elles ne sont pas toutes fausses, elles ne sont pas toutes

---

1) Mort en 1658, bien connu pour être un des meilleurs commentateurs de l'Apocalypse et prophète lui-même, il divise l'histoire de l'Eglise en sept âges. D'après lui, le sixième âge commence à notre époque : et alors il doit se faire un changement étonnant par la main de DIEU même, tel qu'on ne peut se l'imaginer : DIEU enverra un grand monarque... qui de concert avec une puissance du Nord, exterminera la race des impies. Il rétablira l'ordre et rendra à chacun son bien. DIEU, dans ce même temps, suscitera un Pontife saint qui, soutenu par le grand monarque, fera briller plus que jamais la gloire de l'Eglise catholique par tout l'univers. On croira la race du grand chef éteinte : point du tout. Un *dur* chef paraîtra contre toute attente, lorsque les amis de l'Eglise et des souverains seront dans la consternation et tellement persécutés qu'ils seront contraints de prendre les armes, auxquelles DIEU donnera le plus merveilleux succès... Toutes les hérésies seront reléguées dans l'enfer, d'où elles sont sorties : l'Empire du Turc sera brisé, et toutes les nations viendront et adoreront leur DIEU dans la vraie foi catholique et romaine... ».

Interrogé un jour où il pouvait trouver des lumières si extraordinaires pour interpréter un livre si difficile, l'humble serviteur de DIEU répondit en versant des larmes : « Je ne suis qu'un enfant à qui l'on tient la plume et dont on conduit la main pour écrire. »

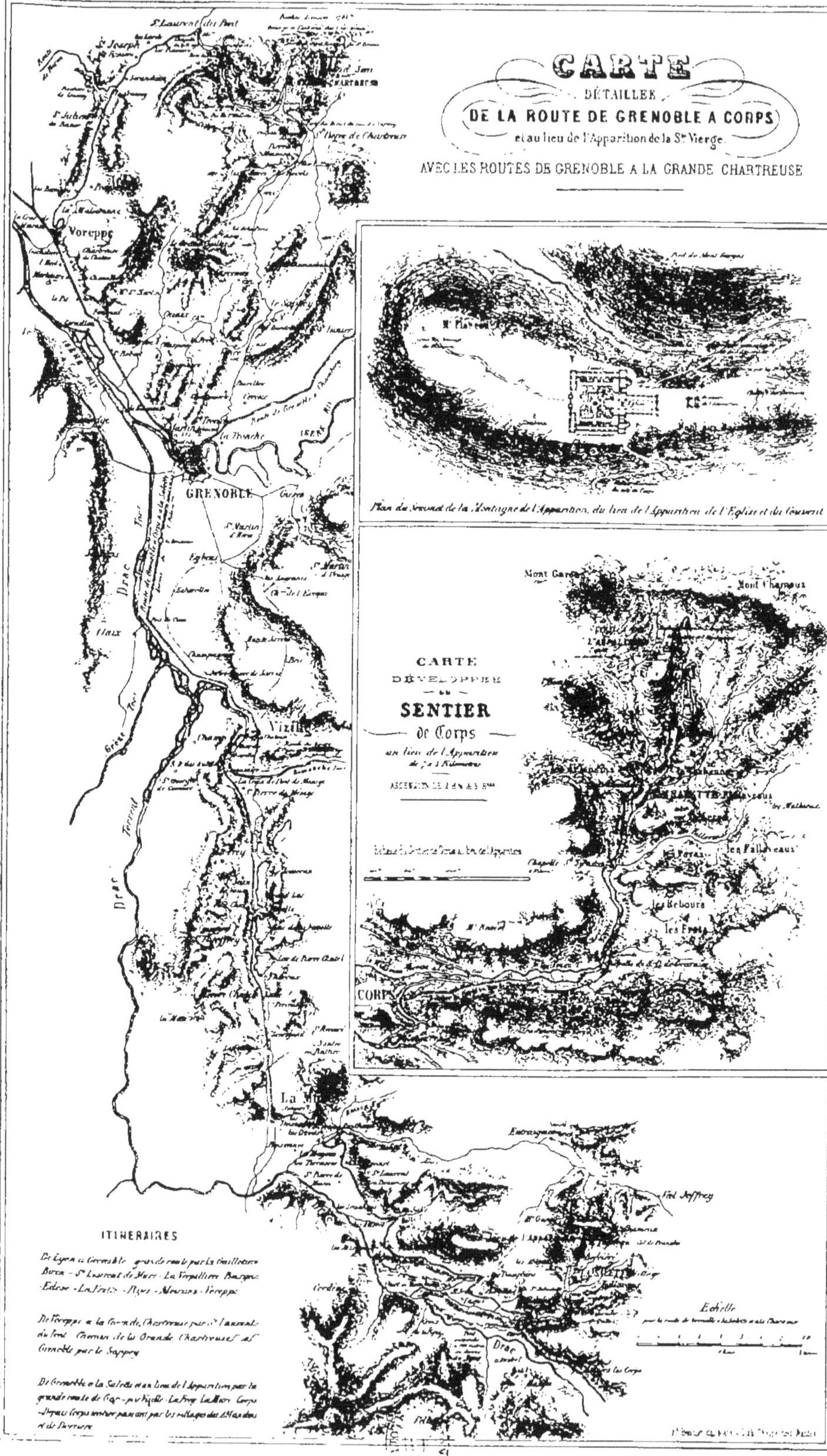

CARTE
DÉTAILLÉE
DE LA ROUTE DE GRENOBLE A CORPS
et au lieu de l'Apparition de la Ste Vierge.
AVEC LES ROUTES DE GRENOBLE A LA GRANDE CHARTREUSE
Plan du Sommet de la Montagne de l'Apparition, du lieu de l'Apparition de l'Église et du Couvent
CARTE
DÉVELOPPÉE
DU
SENTIER
de Corps
au lieu de l'Apparition
ASCENSION DE 3 kil. 1/2
GRENOBLE
Voreppe
Vizille
La Mure
CORPS
Mont Gargas
Mont Chamoux
Drac
ITINÉRAIRES
Échelle

vraies non plus : on n'a donc aucun fond à faire sur les particularités qu'elles peuvent renfermer. Si pourtant, dans leur ensemble, on peut constater une idée générale et identique, quelque chose comme une poussée vers une conclusion commune à toutes malgré la divergence des détails, ce quelque chose n'est pas à dédaigner. Or, cette poussée existe : toutes, avec des différences accidentelles dont on peut faire le cas qu'on voudra, toutes ont une convergence vers ce qu'on a appelé le Grand Coup. Elles s'accordent sur ce point ; et c'est précisément dans cet accord que j'ai cru, à bon droit, trouver une confirmation de la grande Voix de la Salette. Cette dernière suffit, mais les autres la confirment. Aucune des autres, prise isolément, n'a son authenticité, sa divinité, ni son intégrité démontrées absolument, et l'on serait imprudent d'en serrer le texte pour y bâtir un raisonnement ; mais tant de prophéties unanimes sur le sujet qui nous occupe ne sauraient être toutes altérées. Ce serait inconcevable. *Leur unanimité constitue une véritable certitude.* Il est donc deux fois prouvé déjà que le Grand Coup arrivera.

Ainsi se vérifie et par Notre-Dame de la Salette et par d'innombrables voyants le témoignage de sainte Hildegarde :

« Chaque fois que Dieu se propose de châtier le genre humain pour ses prévarications, il le fait prédire par des hommes ou le manifeste par les créatures, afin qu'ils n'aient point sujet de se plaindre de leurs maux. »

LE XXVᵉ CHAPITRE D'ISAIE

Certains événements sont d'une importance si exceptionnelle qu'il n'a pas suffi à la Providence de les annoncer par des prophéties privées, elle les a fait connaître d'avance il y a bien des siècles par les prophéties même *canoniques*, c'est-à-dire celle des Livres Saints. Autant les Livres Saints l'emportent sur les autres livres, autant les prophéties canoniques sur les prophéties privées. Il semble impossible de fournir une preuve absolue de l'authenticité *divine* d'une prophétie privée, il n'y a qu'une déclaration de l'Eglise qui puisse lui donner *absolument* ce caractère, et l'Eglise ne fait jamais cette déclaration. L'Eglise, de fait, ne se désintéresse pas de ces prophéties : elle les accepte, quand elle croit devoir les accepter, avec tout le respect qu'elle doit aux manifestations divines : elle les mentionne dans les bulles de canonisations de certains saints, dans les oraisons de sa liturgie, ou bien dans certaines cérémonies solennelles, comme il est arrivé dans la concession de l'office de Notre-Dame de la Salette et le couronnement de la Statue par ordre du Saint-Père ; c'est la plus haute approbation qu'elle ait pour ce genre de faits, et elle n'en peut avoir d'autres. Elle ne fait pas et ne peut faire de leur exposé l'objet d'un article de foi, l'objet d'une nouvelle révélation à l'Eglise.

On ne saurait donc dire des prophéties privées que nous avons citées jusqu'ici, même de la plus respectable de toutes, celle de la Salette, on ne saurait dire, sans aucune crainte de se tromper, ce que dit la théologie des Ecritures Canoniques, et ce que répétait Léon XIII avec l'autorité de son magistère infaillible, que :

« Les Saints Livres ont été *écrits* sous l'inspiration de Dieu, et que cette inspiration s'applique à l'ensemble et à *toutes les parties* de chacun d'eux et non pas seulement ce qui touche à la foi et aux mœurs, selon la prétention intolérable de quelques-uns. — De là il résulte qu'il faut tenir pour vrai *tout* ce qui est dans les Saintes Ecritures. »

Ces considérations étaient nécessaires pour donner à la preuve que nous allons essayer le rang privilégié qu'elle mérite. Ce que nous avons dit de la certitude du Grand Coup pour notre époque va être confirmé par une prophétie canonique dont le texte nous est présenté par l'Eglise infaillible. Et cette prophétie que nous allons citer est du plus grand prophète de l'Ancien Testament, le prophète Isaïe.

Au sentiment de plusieurs commentateurs de la Sainte Ecriture, un grand nombre de versets d'Isaïe paraissent se rapporter aux derniers temps et à notre époque. Ce sentiment est conforme à ce que le Saint-Esprit lui-même a dit de ce prophète dans le Livre de l'Ecclésiastique :

« Isaïe fut un grand prophète... il vit par un grand don de l'esprit de Dieu ce qui devait arriver dans les derniers temps ; et il consola ceux qui dans la suite devaient être affligés dans Sion. Il prédit ce qui devait arriver jusqu'à la fin des siècles ; et il découvrit les choses secrètes avant qu'elles arrivassent. *Isaias propheta magnus... Spiritu magno vidit ultima, et consolatus est lugentes in Sion. Usque in sempiternum ostendit futura, et abscondita antequam evenirent.* » (*Eccli.*, *XLVIII*, 25, 27, 28.)

Plus de 50 versets des chapitres 1, 3, 8, 10, 20, 24, 26, 46 et 63 d'Isaïe sont tout à fait remarquables en ce sens. Nous citerons ceux du chapitre 24 qui est le plus important pour notre question. Les maux de l'Eglise et de la société, le Grand Coup qui doit clore l'ère présente, le triomphe universelle de la foi aussitôt après, puis la rechute dans le mal et les derniers temps y sont annoncés. Et quand on pense que cela est écrit depuis le septième siècle avant JÉSUS-CHRIST, on peut avoir une juste appréhension des commotions effroyables dont la terre est menacée. Car assurément s'il ne s'agissait que de fléaux ordinaires, et si le triomphe qui les suivra avait des exemples dans le passé, DIEU n'aurait pas fait prédire ces événements tant de siècles d'avance, et avec tant de majesté, comme on le verra, ni avec une clarté qu'on trouve rarement dans les prophéties avant leur accomplissement. C'était donc afin de consoler ceux qui vivront en ces temps malheureux. « *Et consolatus est lugentes in Sion.* »[1]

« Toute prophétie, dit Saint Jérome, est enveloppée d'énigmes et de sens coupés ; le prophète passe d'un objet à un autre, de peur qu'en conservant l'ordre des événements il ne fasse une histoire plutôt qu'une prophétie. *Omnis autem prophetia ænigmatibus involvitur et præcisis sententiis, dum de alio loquitur transit ad aliud ; ne si ordinem Scriptura conservet, non sit vaticinium sed narratio. (In Isaïam, XVI, 1.)* »

C'est cela qui rend si difficile l'interprétation avant que l'événement annoncé soit accompli.

Souvent les prophètes joignent la prédiction qui doit arriver dans peu, avec celle d'un événement, qui n'arrivera que plusieurs siècles après, et ne disent rien de l'intervalle qui doit les séparer ; le premier événement étant l'image du second. On en voit un exemple remarquable dans le vingt-quatrième chapitre de Saint-Mathieu, où Notre-Seigneur lui-même joint ainsi la prédiction de la ruine de Jérusalem sous Titus avec la prédiction de la fin du monde, et se borne à nous en prévenir par ces mots : « *qui legit intelligat.* » Mais dans le chapitre XXIV d'Isaïe, que nous allons citer presque en entier, on verra que la clarté est telle, les pensées concordent si bien avec celles de la Salette, des détails, des signes indiquent si bien l'époque où ces choses auront lieu, que l'interprétation de ce chapitre est possible avant l'accomplissement des événements.

Oui, il est manifeste qu'Isaïe a vu notre époque, que, dans ce chapitre, il a prophétisé les mêmes crimes, les mêmes malheurs pour le monde, les mêmes triomphes pour l'Evangile que Notre-Dame de la Salette. Afin que chacun puisse en juger par lui-même, nous transcrirons les prédictions de la Salette en regard de chacun des versets d'Isaïe et de leur traduction.

---

[1] Les meilleurs interprètes de l'Ecriture, saint Jérome, saint Ambroise, d'autres Pères encore, et en dernier lieu Cornélius à Lapide, ne sachant à quels événements passés rapporter ce chapitre vingt-quatrième d'Isaïe, disent qu'il prédit les fléaux universels des derniers temps. Notre interprétation n'est donc pas nouvelle. Les lumières de la révélation de la Salette nous permettront seulement de mieux préciser les détails et de distinguer plusieurs époques.

Isaïe	Traduction	La Salette
1. Ecce Dominus dissipabit terram, et nudabit eam, et affliget faciem ejus, et disperget habitatores ejus.	1. Voici que le Seigneur dévastera la terre (1) il la dépouillera, il en couvrira la face d'afflictions, et il en dispersera tous les habitants.	Si mon peuple ne veut se soumettre, je suis forcée de laisser aller la main de mon Fils... Dieu va frapper d'une manière sans exemple. Malheur aux habitants de la terre !
2. Et erit sicut populus sic sacerdos : et sicut servus, sic dominus ejus : sicut ancilla, sic domina ejus : sicut emens sic ille qui vendit : sicut fœnerator, sic is qui mutuum accipit : sicut qui repetit, sic qui debet.	2. Alors le prêtre sera comme le peuple : le maître comme l'esclave : la maîtresse comme la servante : celui qui vend comme celui qui achète : celui qui paie intérêt comme celui qui prête son argent : et celui qui doit comme celui qui redemande ce qu'il a prêté.	Malheur aux prêtres et aux personnes consacrées à Dieu !... Dieu va épuiser sa colère, et personne ne pourra se soustraire à tant de maux réunis.
3. Dissipatione dissipabitur terra, et direptione praedabitur.	3. La terre subira ruine sur ruine, et sera livrée à toutes sortes de pillages.	Il y aura une guerre générale qui sera épouvantable... On se tuera, on se massacrera jusque dans les maisons.
Dominus enim locutus est verbum hoc.	Car c'est le Seigneur qui en a prononcé la sentence.	On doit s'attendre à boire le calice de la colère de Dieu.
4. Luxit et defluxit terra et infirmata est : defluxit orbis ; Infirmata est altitudo populi terrae.	4. Larmes et défaillance : la terre est comme épuisée : ses forces dépérissent. Tout ce qu'il y a d'élevé dans le peuple de la terre est tombé dans l'affaissement.	Tout ce que vous sèmerez les bêtes le mangeront. Chaque individu voudra être supérieur à ses semblables. On abolira les pouvoirs civils et ecclésiastiques ; tout ordre et toute justice seront foulés aux pieds.
5. Et terra infecta est ab habitatoribus suis : Quia transgressi sunt leges, mutaverunt jus (2), dissipaverunt fœdus sempiternum.	5. La terre est infectée par la corruption de ceux qui l'habitent. Parce qu'ils ont violé les lois, changé le droit, rompu l'alliance éternelle.	Si la récolte se gâte ce n'est qu'à cause de vous autres. Les péchés des hommes sont cause de toutes les peines qui arrivent sur la terre.
6. Propter hoc maledictio vorabit terram.	6. A cause de cela, la malédiction dévorera la terre ;	Dieu abandonnera les hommes...et enverra des châtiments qui se succèderont... La société est à la veille des fléaux les plus terribles..

---

(1) Dévastation absolument sans exemple, selon le savant commentaire de Cornélius à Lapide. Dieu, dit-il, rendra la terre informe et vide, « *inanem et vacuam reddet terram* » : c'est le sens de l'expression *dissipabit terram*. Autant vant dire qu'il semblera la ramener au chaos ; car Moïse ne décrit pas le chaos autrement : « *terra autem erat inanis et vacua.* » — Ces premiers mots du premier verset sont le résumé de tout cet étonnant chapitre d'Isaïe.

(2) **Mutaverunt jus !** Quelle précision et quelle énergie pour désigner par un seul mot la sacrilège substitution des **Droits de l'homme** aux Droits de Dieu : « Ceux qui infectent la terre de leur corruption ont changé le droit, *mutaverunt jus !* » Isaïe pouvait il mieux caractériser notre époque et nos *législateurs !*

Isaïe	Traduction	La Salette
Et peccabunt habitatores ejus : ideoque insanient cultores ejus.	Ses habitants n'en deviendront que plus pécheurs : c'est pourquoi leur intelligence s'obscurcira.	Les conducteurs du peuple de Dieu ont négligé la prière et la pénitence, et le démon a obscurci leurs intelligences.
Et relinquentur homines pauci.	**Et il n'y demeurera que peu d'hommes.**	**La terre deviendra comme un désert.**
7. Luxit vindemia, infirmata est vitis.	7. La vendange pleure, la vigne dépérit.	Les raisins pourriront.
10. Attrita est civitas vanitatis (1).	10. La cité de vanité est broyée.	Paris sera brûlé (1).
12. Relicta est in urbe solitudo.	12. La ville ne sera plus qu'un désert.	Plusieurs grandes villes seront ébranlées et englouties par des tremblements de terre.
13. Quia hæc erunt in medio (?) terræ, in medio populorum : quomodo si paucæ olivæ quæ remanserunt, excutiantur ex oleâ ; et racemi cum fuerit finita vindemia.	13. Et ce qui restera d'habitants sur la terre, parmi les peuples, sera comme quelques olives qui demeurent sur un arbre après qu'on l'a dépouillé de ses fruits, ou comme quelques raisins après qu'on a fait la vendange.	Tout à coup les persécuteurs de l'Eglise de Jésus-Christ et tous les hommes adonnés au péché périront, et la terre deviendra comme un désert.
14. Hi levabunt vocem suam, atque laudabunt : cum glorificatus fuerit Dominus.	14. Ceux qui resteront élèveront leurs voix et chanteront des cantiques de louanges lorsqu'ils verront que Dieu aura été glorifié.	Alors se fera la paix, la réconciliation de Dieu avec les hommes, Jésus-Christ sera servi, adoré et glorifié ;
16. A finibus terræ laudes audivimus, gloriam Justi.	16. Nous avons entendu des extrémités du monde les louanges, la gloire du Juste.	La charité fleurira partout....... L'Evangile sera prêché partout.
Et dixi : secretum meum mihi ! secretum meum mihi ! Væ mihi (2) : prævaricantes prævaricati sunt, et prævaricatione transgressorum prævaricati sunt.	J'ai dit alors : mon secret est pour moi ! mon secret est pour moi ! Hélas ! que ne puis-je parler ! Ils ont violé la loi, et le mépris qu'ils en ont fait est monté jusqu'à son comble.	

La fin de ce verset a plus qu'une concordance de texte, il offre une concordance historique vraiment remarquable. Quel est, en effet, ce SECRETUM MEUM MIHI ! répété deux fois mystérieusement, sinon la communication, par le Ciel à la terre, des deux secrets de Maximin et de Mélanie, et spécialement de celui de Mélanie, qui eut davantage à en souffrir. « Hélas ! que ne puis-je parler ! » Cette plainte ne peut-être une accu-

---

(1) Les obus et la foudre *broient* et *incendient*. — Remarque curieuse : c'est le secret de la Salette qui a désigné par son nom la cité *de vanité*. On peut voir dans le grand commentaire de Cornélius à Lapide, que les anciens interprètes ne savaient à quelle cité appliquer cette épithète, et que lui-même, encore au 16e siècle, n'en connaissait pas une à laquelle ce titre convînt.

(2) *Heu mihi, quia... eloqui non valeo... hinc intime crucior* (Cornélius à Lapide).

sation contre le Ciel qui a donné un secret ; n'est-ce pas la prédiction de la faute que l'on fit d'empêcher de publier ce secret en 1858, à l'époque où la Sainte Vierge l'avait permis ? Oui, malheureuse qu'elle fut de ne pouvoir parler : car Napoléon III démasqué, dénoncé au monde comme le plus dangereux ennemi de l'Eglise, aurait été paralysé, le pape n'aurait pas été dépouillé, le mépris des lois divines ne serait pas, aujourd'hui, monté jusqu'à son comble.

Victime de son Secret, elle lutta jusqu'à son dernier soupir pour le faire connaître. Le jour même de sa mort elle écrivit cette admirable lettre (page 135) à un prêtre, qui lui demandait la conduite à tenir dans la persécution prédite. Elle multipliait ses pénitences pour sa chère France ! *Orante sempiternelle* elle passait, depuis soixante ans, toutes ses nuits en prière ! Victime volontaire, s'offrant aux coups de la justice divine pour les autres, elle tombe enfin, épuisée de fatigue, de mortifications effrayantes et de privations de toutes sortes connues de Dieu seul !... « Pour ceux, écrivit Mgr Cecchini, qui ont eu l'avantage de connaître cette âme d'élite, privilégiée de la Reine du Ciel, elle ne tenait plus de ce monde que par les faibles attaches d'un corps consommé par les ardeurs de la charité et par les rigueurs de la pénitence. » — *Malheureuse qu'elle fut de ne pouvoir parler* et de voir le mépris de Dieu, par suite de ce silence, monter jusqu'à son comble !

Les versets suivants concernent les événements qui auront lieu au temps de l'antechrist : c'est une dernière concordance de cet étonnant chapitre avec la révélation de la Salette :

Isaïe	Traduction	La Salette
19. Confractione confringetur terra, contritione contereetur terra, commotione commovebitur terra.	19. La terre souffrira des élancements qui la déchireront, des déchirements qui la briseront, des secousses qui l'ébranleront.	L'eau et le feu donneront au globe de la terre des mouvements convulsifs et d'horribles tremblements qui feront engloutir des montagnes.
20. Agitatione agitabitur terra sicut ebrius, et auferetur (1) quasi tabernaculum unius noctis : et gravabit eam iniquitas sua, et corruet, et non adjiciet ut resurgat.	20 Elle sera agitée, elle chancellera comme un homme ivre, elle sera transférée comme une tente dressée pour une nuit ; accablée par le poids de son iniquité elle tombera sans que jamais elle s'en relève.	La terre qui, depuis trois jours sera en de continuelles évolutions, ouvrira son sein plein de feu..... Alors l'eau et le feu purifieront la terre, et consumeront toutes les œuvres de l'orgueil des hommes.
21-22. In die illâ visitabit Dominus super... reges terræ, qui sunt super terram. Et in congregabuntur	21-22. En ce temps-là, le Seigneur visitera les rois du monde qui sont sur la terre, et les ayant ramassés	Voici le roi des rois des ténèbres. Voici la bête avec ses sujets, se disant le Sauveur du monde. Il s'élèvera

____

(1) *Non quoad substantiam, sed quoad speciem et figuram* (Cornélius).

Isaïe	Traduction	La Salette
in congregatione unius fascis in lacum, et claudentur ibi in carcere : et post multos dies visitabuntur.	et liés ensemble comme un fagot, il les jettera dans l'abîme, où il les tiendra en prison : et longtemps après il les visitera (1).	avec orgueil..... Il tombera..... Il sera plongé pour jamais avec tous les siens dans les gouffres éternels... et tout sera renouvelé.
23. Et erubescet luna, et confundetur sol cum regnaverit Dominus exercituum.	23. La lune rougira, et le soleil sera tout obscurci, quand viendra le règne du Seigneur des armées.	Les astres perdront leurs mouvements réguliers ; la lune ne reflétera qu'une faible lumière rougeâtre... Dieu sera servi et glorifié.

Peut-on demander une concordance plus complète et plus exacte, d'un bout à l'autre ? Que faut-il encore pour établir que ce chapitre XXIV d'Isaïe prédit les mêmes événements que la révélation de la Salette : c'est-à-dire l'apostasie des nations chrétiennes, une longue suite de châtiments, une catastrophe imminente et sans exemple, un triomphe pour l'Eglise splendide et universel, immédiatement après, et enfin la venue prochaine de l'antechrist ?.... D'ailleurs, abstraction faite de cette merveilleuse concordance, le texte d'Isaïe ne laisse aucun doute. En effet, pour qu'il n'y ait pas d'équivoque possible, pour qu'on ne puisse supposer qu'il s'agit d'une autre époque que l'époque actuelle, pour désigner, en un mot, cette époque par un signe caractéristique, il donne au verset septième le signe de la maladie, du dépérissement de la vigne « *Luxit vindemia infirmata est vitis* », maladie qui, depuis l'ère chrétienne au moins, n'a sévi dans le monde qu'en ces dernières années (2).

---

(1) Il les visitera au jour du jugement général, dit saint Thomas : pour les condamner de nouveau, ajoute Suarez. Or si cette *visite* n'aura lieu que *longtemps après*, serait-ce donc que le jugement dernier ne suivra pas de près la mort de l'antechrist ! Nous avons vu que la prédiction de la Salette semble dire, et que la *rue* dit expressément la même chose. Concordance partout.

(2) « *La Nature* » publiait en son numéro 1,054, sous la signature de Georges Vitoux, un article intitulé *Strabon et le Phylloxéra* dont on nous saura gré de citer quelques lignes.

« *Au temps de cet auteur (Strabon, géographe grec, né vers 60 avant Jésus-Christ), les vignerons tout comme leurs modernes confrères devaient lutter contre les ennemis de leurs vignes. Insectes et parasites, hélas ! ne sont point d'invention moderne, et jadis comme à présent, l'on avait fort à faire pour s'opposer à leurs déprédations. Les remèdes, du reste, ne manquaient pas, et les écrivains d'alors en notaient les formules au cours de leurs ouvrages. Et c'est ainsi que Strabon, au livre VI, chapitre VIII de sa Géographie, transcrit les lignes suivantes :*

Posidonius parle d'une terre bitumineuse, l'Ampelitis, qu'on extrait d'une mine aux environs de Séleucie du Pierius et qui sert de préservatif contre l'insecte qui attaque la vigne. On n'a qu'à frotter la vigne malade avec un mélange de terre et d'huile et cela suffit pour tuer la bête, avant qu'elle ait pu monter de la racine aux bourgeons. Posidonius ajoute que, du temps qu'il était prytane de Rhodes, on y trouvait une terre toute pareille, mais qui exigeait une dose plus forte d'huile ».

(*La Nature*, 12 août 1893).

La note de Strabon est précise. L'insecte dont il parle doit être le phylloxéra. Voilà pourquoi nous avons restreint à l'ère chrétienne notre affirmation. Il est vrai qu'outre le phylloxéra nous avons aujourd'hui pour lui faire cortège l'oïdium, le mildiou, l'érichnose, l'anthracnose, le cochylis, le black-root, l'ortiorhynchus sulcatus, etc... de sorte qu'on peut bien dire que jamais, en aucun temps, ne s'est réalisé comme à notre époque le « *Luxit vindemia, infirmata est vitis* ». La vigne n'est pas seulement malade, comme du temps de Strabon, elle est attaquée par une légion de maladies.

Ainsi les prophéties canoniques non moins que les prophéties privées nous donnent de pressants avertissements de nous convertir et de nous sanctifier avant le dénouement final et horriblement tragique de la crise à nulle autre pareille que nous traversons. Bientôt, bientôt, il sera trop tard ! Combien de millions d'hommes coupables auront disparu en un instant ! « *Relinquentur homines pauci !* » Mais si nous méritons d'être du petit nombre des épargnés « *Hi levabunt vocem suam atque laudabunt*» , quel bonheur de voir, dans quelques années, cette ère de paix et de prospérité, de diffusion de la vérité et de la lumière évangélique sur toute la terre, ce triomphe de l'Eglise militante, le plus grand, le plus merveilleux, le plus splendide qu'elle ait eu et aura jamais !

RAISON PHILOSOPHIQUE :

Loi de Providence et Loi de Justice

D'après tout ce qui précède, il est incontestable que les événements de notre siècle tiennent une grande place dans les révélations que le Ciel a faites à la terre. J'essaierai de démontrer que non seulement la raison ne contredit point à la possibilité d'événements si prodigieux, mais que la raison philosophique chrétienne, indépendamment même des prophéties, en a comme l'intuition. Aux yeux de la raison le Grand Coup aura lieu, parce qu'il est nécessaire : 1° Comme acte de providence en faveur de l'Eglise ; 2° Comme châtiment de l'impiété : deux lois divines qui n'ont jamais manqué de s'accomplir ; loi de Providence, loi de Justice.

1° Loi de Providence

L'Eglise a des promesses immortelles ; or elle ne peut subsister longtemps dans les conditions de la guerre qui lui est faite actuellement partout ; *humainement parlant* elle est perdue.

Aucune force *humaine* ne peut arrêter l'élan de la société dans son évolution actuelle. Cette évolution est complète. Fille de l'Eglise, dans les siècles passés elle essayait bien parfois des empiétements ridicules, des révoltes même furieuses. Mutineries d'un enfant plus ou moins indocile elle savait, la fièvre passée, rentrer dans le devoir.

Mais peu à peu elle s'est imaginée qu'elle devenait adulte, elle a rêvé d'émancipation d'abord ; les soins maternels qu'elle recevait lui ont paru une insulte, c'était temps pour elle de marcher seule ; elle s'est déclarée libre... Dans les principes nouveaux l'enfant devenu grand n'est-il pas libre vis-à-vis de sa mère ?

De la liberté à l'indifférence il n'y avait qu'un pas. Un pas aussi de l'indifférence à l'hostilité. Ces deux pas ont été franchis, surnoisement d'abord, ensuite avec impudence. L'Eglise catholique, c'est l'ennemie. La guerre a été déclarée avec une franchise brutale, puis menée avec une stratégie telle, que l'œil le moins clairvoyant y voit sans peine la main d'un ennemi plein d'expérience ; certes oui, la main du vieux vaincu, le général obstiné qui n'a cessé de combattre depuis sa grande défaite du Vendredi Saint et a pris de l'expérience sur les champs de bataille de dix-neuf siècles.

Il a enfin fondé la *société moderne* ; il en a fait une citadelle armée de toutes les forces de la terre et qui tient tant d'espace que bientôt elle ne permettra pas à la religion du Christ d'occuper la moindre place au soleil.

Voyez : au cœur de la citadelle nouvelle, la franc-maçonnerie. Tous les gouvernements sont empoisonnés de sectaires, dont l'objectif avoué est la destruction de l'Eglise. « Employant à la fois la ruse et l'audace, la secte... a envahi tous les rouages de la hiérarchie sociale et commence à prendre dans les Etats modernes une puissance qui équivaut à la souveraineté. » (Paroles de Léon XIII, Encycl. *Humanum genus.*) Et elle ne désarmera jamais : « La franc- maçonnerie, continue l'encyclique, n'est pas autre chose, tout au moins dans les hauts grades, que la religion occulte de Satan. » Et lui, il ne désarme jamais.

Il est vrai qu'il a contre lui la Croix du Rédempteur, la Croix qui a déjà brisé son empire, le paganisme universel ; mais la Croix n'agit que dans le cœur des fidèles ; celui qui nous a créés sans nous ne nous sauvera pas sans nous.. Il veut la coopération de la foi. La Croix ne fera rien sans la foi. Aussi, la foi, une foi héroïque seule pourrait opposer une résistance sérieuse à ce retour de Satan. Mais où est la foi ? L'enfer sait mieux que nous que la Croix est invincible, mais la foi... la foi qui n'est jamais dans nos âmes qu'une flamme vacillante... les souffles de l'enfer étaient-ils impuissants à l'éteindre ? Regardez autour de vous : cette lumière autrefois si brillante, qu'est-elle devenue ? Les masses reviennent au paganisme ; les nations chrétiennes ont laissé pourrir la vérité chez elles. Le culte de Lucifer est organisé dans le monde depuis le 20 septembre 1870, date où tombait le pouvoir temporel pontifical ; il a ses autels, ses temples, ses rituels, ses adorateurs. Cela n'indigne pas trop. Vive la liberté !

Cette persécution, dirigée par Satan en personne[1], faut-il s'étonner qu'elle soit menée avec une suite, avec une intelligence et une habileté prestigieuses, dans le temps même où les catholiques sont visiblement frappés d'aveuglement et d'impuissance ?[2] Nos institutions sont ruinées progressivement ; nos ennemis maintiennent une juste distance entre chacune de leurs victoires ; ils attendent, avant d'entreprendre un nouvel empiètement, que l'esprit public se soit habitué aux effets du précédent.

Parallèlement, on avilit aux yeux des fidèles leurs chefs religieux, par des lois où le prêtre est confondu avec la multitude, où il est vexé par des laïcs, des hérétiques, des libres penseurs, des francs-maçons, des juifs, des athées, dans son administration et jusque dans le sanctuaire.

Cette persécution n'a pas eu d'exemple dans le passé. Le résultat naturel des persécutions fut toujours de resserrer les liens entre les fidèles et les prêtres ; celle-ci, mille fois plus désastreuse pour l'Eglise que les supplices violents et la mort, sépare les ouailles de leurs pasteurs.

Trois fois seulement dans son existence séculaire l'Eglise a été en face d'un pareil attentat : à l'époque de l'Empereur Julien, puis dans ces jours néfastes du Bas Empire quand Photius entraîna dans le schisme l'Eglise d'Orient tout entière, enfin aux XIVe et XVe siècles dans l'épreuve lamentable du Grand Schisme d'Occident : aucune de ces crises n'est comparable à la crise contemporaine.

A ces époques de grande incertitude, la foi avait son drapeau de ralliement ; aujourd'hui cette suprême espérance semble manquer ; on a enlevé au peuple chrétien sa confiance dans l'autorité de l'Eglise enseignante. Pendant que le monde subit une impiété inconnue jusqu'à ce jour, les fidèles ignorants comme des païens et ne pouvant être préservés de l'incrédulité et de l'irréligion que par la confiance en leurs

---

(1) « En personne » ; ceci n'est point une figure. « Il est avéré, dit Mgr Meurin, très exactement renseigné, il est avéré que Satan se fait voir et communique personnellement avec son premier remplaçant et ses adjoints, leur faisant savoir tout ce qu'il voudra commander aux « *Enfants de la Veuve* » (c'est ainsi que les adeptes eux-mêmes désignent la franc-maçonnerie): oui, il est vrai, rigoureusement vrai, que Satan se manifeste à ses suppôts, se fait voir personnellement et dirige *en personne*

la persécution actuelle contre l'Eglise.

(2) En Autriche-Hongrie, en Italie, en France, on a capitulé presque sans combat devant les sectaires ; et ceux-ci mènent une campagne acharnée en Espagne et en Portugal. Depuis longtemps la secte tyrannise la plupart des Etats de la catholique Amérique du Sud. A quoi attribuer une pareille situation dans la catholicité ? Au manque d'énergie et aux divisions, aux petits côtés de l'esprit et du cœur humain, à une sorte *d'aveuglement*.

prêtres, se défient d'eux comme de leurs pires ennemis [1]. N'est-il pas évident que si cette situation se prolonge, accompagnée de la laïcisation de l'enseignement à tous les degrés, aggravée de la suppression de toutes les libertés ecclésiastiques, de tout ce qui constitue la personnalité de la religion catholique, scellée enfin de tout ce que les sectes nous préparent encore, n'est-il pas évident qu'une situation pareille c'est, *humainement parlant*, la fin de l'Eglise ?

S'il est beaucoup de chrétiens qui ne voient pas ce péril imminent, c'est, nous le disions tout à l'heure, qu'ils sont frappés d'aveuglement, et que, d'ailleurs, leur foi est si molle que cela ne les émeut pas du tout ; mais nos ennemis sont plus clairvoyants, et ils disent entre eux le mot du prince Joseph Napoléon : « Si l'Eglise y échappe, je croirai à sa divinité ! »

Du reste, quand on veut se rendre compte des périls qui menacent l'Eglise, ce n'est pas assez d'interroger ses amis et même ses ennemis, il faut la regarder elle-même, il faut voir ses préoccupations, ses inquiétudes, entendre ses prières. Là est la grande lumière. Dieu a donné à son Eglise l'intuition surnaturelle des crises qu'elle doit traverser, pour qu'elle puisse se préparer à tenir tête à l'orage. Or, a-t-on jamais vu une pareille inquiétude dans l'Eglise, de si noirs pressentiments ? L'a-t-on jamais entendue réciter des prières comme celles qui suivent maintenant le saint sacrifice de la messe : des exorcismes, de vrais exorcismes « contre les démons qui courent de tous côtés, afin que Dieu les rejette en enfer : *Satanam aliosque spiritus malignos qui pervagantur in mundo in infernum detrude ?*

Donc le Grand Coup est nécessaire comme acte de Providence en faveur de l'Eglise, et puisque l'Eglise a des promesses immortelles, il aura lieu. C'est ce que proclamait Pie IX dans son allocution du 22 juin 1871, alors que le mal était encore loin des proportions actuelles : « Le Seigneur, disait-il, viendra à notre secours... Il me semble qu'il se prépare déjà à faire, pour le moment désigné par la divine sagesse, *un miracle si sublime que le monde en sera dans la stupéfaction.* » — Il disait encore à un évêque d'Orient : « Le monde est plongé dans le mal, il ne peut continuer comme cela ; une main humaine est impuissante à le sauver : *il faut que la main de Dieu se manifeste visiblement, et je dis : Nous verrons cette main divine avec les yeux de notre corps.*

---

[1] Ces aveugles appellent par leurs votes et placent à la tête de toutes les administrations des incrédules, des francs-maçons, des juifs, quand au contraire ils auraient besoin de faire de vigoureux efforts pour secouer le joug.

Aux yeux de la raison, le Grand Coup aura lieu en vertu de deux lois divines : la loi de Providence et la loi de Justice, qui n'ont jamais manqué de s'accomplir. Nous venons de voir la première loi, il nous reste à parler de la seconde.

2° Loi de Justice

C'est une loi de l'histoire que l'hérésie et l'impiété, quand elles se sont réalisées, ont été rudement châtiées toujours [1].

Rappelons-nous les châtiments du siècle de Luther et de Calvin, les guerres de religion, les incendies ravageant l'Europe... Or *l'athéisme, le matéralisme, le spiritisme, le luciférianisme* de notre siècle l'emportent infiniment en perversité et en impiété sur l'arianisme, sur le protestantisme, sur toutes les hérésies ensemble du passé. Et ces quatre choses, ces quatre abîmes d'iniquité : matéralisme, athéisme, spiritisme, luciférianisme, sont des extrêmes qui se rencontrent dans une haine profonde de la foi chrétienne ; qui résument toutes les hérésies et sont l'absolue négation de tout le dogme chrétien.

L'erreur obtient de la sorte son horrible unité : mensonge total dans son principe, et total dans sa conclusion. Telles les Ecritures nous la montrent, au delà de la naissance des mondes, dans les mystérieuses profondeurs de la lutte angélique, telle elle apparaît, par son émiettement partiel, dans les hérésies des jours passés depuis l'incarnation, telle elle renaît immortelle et formidable dans la monstrueuse concentration de tous ses éléments aux derniers jours de la race humaine, *Matérialisme, Athéisme, Luciférianisme, Spiritisme*, c'est toujours le Fils de la Vierge montré, dans les lointains de l'avenir, aux anges révoltés et repoussé par le cri blasphématoire du prince des démons : *Non serviam ! Similis ero Altissimo !*

Matérialisme : tout est matière ; **Spiritisme :** les Esprits sont les maîtres du monde ; **Athéisme :** Dieu n'est pas ; **Luciférianisme :** Lucifer est le Dieu bon ; contradictions inouïes et brutales dans leur audace, infernale synthèse du mal depuis les temps où les siècles n'étaient pas nés, jusqu'à son affreuse renaissance aux jours où les siècles vont mourir. C'est toujours Jésus, le grand signe de contradiction prédit au mystère de la Présentation au temple ; mais ici, signe d'une

---

[1] Lactance, dans un livre célèbre : *De morte persecutorum*, a fait admirablement ressortir que cette loi de justice divine de la mort misérable des empereurs romains persécuteurs, a son application pour tous les individus constitués en dignité qui persécutent l'Eglise.

contradiction totale comme seule elle peut sortir des intelligences angéliques dévoyées. Or Jésus contredit, c'est MARIE contredite aussi, MARIE la victorieuse des tronçons du Serpent, puisque seule elle a tué, dit l'Eglise, toutes les hérésies dans tout le cours de l'histoire, mais MARIE victorieuse aussi de la tête du Serpent puisque la prophétie première, la prophétie du paradis terrestre disait : *Ipsa conteret caput tuum.*

Elle se lève pour accomplir son œuvre annoncée dans cette prophétie fameuse.

La Vierge, la Reine outragée, est descendue du Ciel sur la montagne de la Salette pour avertir son peuple qu'une lutte terrible allait s'engager, qui surpassera toutes celles qu'elle a déjà livrées à son irréconciliable ennemi. Quoique environnée, invisiblement mais réellement comme Reine, de sa Cour, elle se montre seule, *Sola interemisti,* pour cette lutte décisive entre le Serpent et la Femme, entre Lucifer et la Vierge-Mère. L'issue de la bataille ne saurait être douteuse : mais si la victoire sera certaine du côté du ciel, la résistance sera formidable du côté de l'enfer. « Malheur à la terre et à la mer, dit une voix qui vient du ciel, car le démon descend vers vous avec une grande colère, sachant que peu de temps lui reste encore : *Væ terræ et mari, quia descendit diabolus ad vos habens iram magnam sciens quod modicum tempus habet.* » (Apoc., 12. 12.) L'agonie du dragon sera épouvantable ; et le triomphe universel de l'Eglise par sa Reine bien-aimée le plus grand qu'elle aura jamais eu !

Où s'arrêtera la vengeance de DIEU vengeant sa mère insultée..... vengeant ses christs (ses prêtres) livrés au mépris, *Nolite tangere christos meos.....* vengeant son Eglise enchaînée, dont la liberté est tout ce qu'il y a de plus cher au monde, « car DIEU n'aime rien tant au monde que la liberté de son Eglise », a dit l'illustre Baronius dans ses Annales ? Où s'arrêtera la vengeance du ciel sur le monde devenu *chair* comme immédiatement avant le déluge ?.... Elle ne peut s'arrêter que devant le repentir ; or, la nature de ces crimes est de ceux qui aveuglent et endurcissent : les hommes, malgré la grandeur des maux dont ils sont menacés et la multiplicité des avertissements célestes, ne savent point crier miséricorde. Jonas trouverait-il aujourd'hui une Ninive capable de s'humilier ?...

Eclairés par tant de signes divins et humains sur la certitude d'une catastrophe imminente et suprême, nous attendrons avec *crainte* le passage de la justice de DIEU, avec *humilité* le discernement qu'il fera des bons et des mauvais, avec *espérance* le grand triomphe. *Cum exarserit in brevi ira ejus, beati omnes qui confidunt in eo.* Mais quand la poussière qui s'élèvera sous les pieds de tant d'armées, qui sortira de l'écroulement de tant de monuments sera tombée, quand les tourbillons de fumée qui s'échapperont de tant de villes en flammes seront dissipés ; quand la mort aura fait taire les gémissements de tant de victimes ; quand au cri « tout est perdu » un écho du ciel aura répondu « tout est sauvé ! » alors, on apercevra la Croix, et au pied de cette Croix un monde nouveau, et on chantera un *Te Deum* comme on n'en a jamais chanté : « *Hi levabunt vocem suam atque laudabunt cum glorificatus fuerit Dominus.* » Les prêtres, l'Evangile à la main, parcourront ces ruines ; ressusciteront la société chrétienne plus belle, plus universelle qu'elle fut jamais. « *A finibus terræ laudes audivimus, gloriam Justi.* »

Que Jésus et Marie soient aimés de tous les cœurs !

5 DÉCEMBRE 1905.

(Envoi du manuscrit à Rome, le 22 Décembre 1905.)

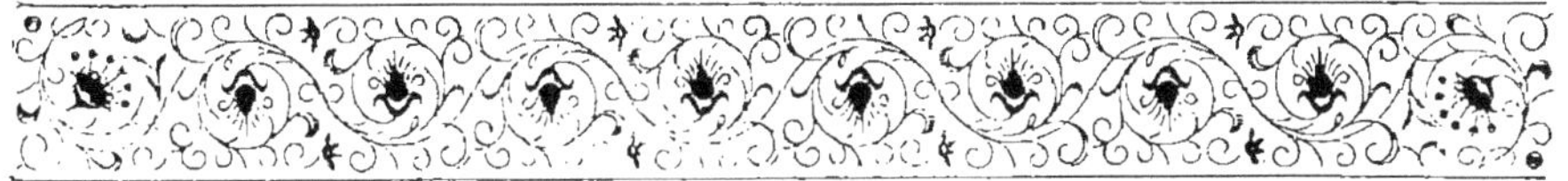

TABLE DES MATIÈRES

TROISIÈME PARTIE

APPENDICE

Imp. Cooperativa Poligraphica. — 53, piazza della Pigna.

Du même Auteur :

Le Panthéisme moderne. **1.50**

**Les Vertus Naturelles et Surnaturelles,
infuses et acquises.** . . . . **1. —**

« Ces TRAITÉS m'ont très vivement intéressé par leur précision et leur clarté. Je les crois appelés à rendre de grands
services aux prêtres et aux élèves des grands séminaires ».

(Thomas BOUTRY, *Vicaire Général de Moulins*).

De son côté, le Révérendissime Père Dom Sébastien
WYART, *Abbé Général des Cisterciens Réformés*, écrivait
à l'auteur :

Cher Monsieur le Curé,

« J'apprends du théologien de Sept-Fonts qu'il a lu et examiné un manuscrit que vous vous proposez de faire imprimer.
Il m'affirme que ce livre, d'une doctrine irréprochable, sera très
utile à la santification des religieux et même des simples fidèles.
Aussi je viens, pour vous encourager à le publier, vous prier de
m'en réserver un bon nombre d'exemplaires ».

Veuillez agréer, cher Monsieur le Curé, etc.,

Imp. Coopérativa Poligraphica. — 53, Piazza della Pigna